房地产公司管理制度丛书

房地产开发流程

——房地产项目报批报建实操一本通

第2版

余源鹏　主编

机械工业出版社

本书是一本理论与实操相结合的、内容全面的有关房地产项目开发流程的报批报建实操指南书。按房地产项目开发需要的五证，即国有土地使用证、建设用地规划许可证、建设工程规划许可证、建筑工程施工许可证、商品房预售许可证，分五章对房地产项目开发的报批报建手续进行阐述，包括房地产项目国有土地使用权获取阶段报批报建指南，房地产项目建设用地规划阶段报批报建指南，房地产项目建设工程规划设计阶段报批报建指南，房地产项目建筑工程施工许可与施工阶段报批报建指南，商品房预售许可阶段与建设工程竣工验收阶段报批报建指南。本书适合房地产开发企业开发部、投资部、发展部、项目拓展部、前期管理部等投资开发部门的管理人士和从业人员参考阅读。

图书在版编目（CIP）数据

房地产开发流程：房地产项目报批报建实操一本通/余源鹏主编. —2版. —北京：机械工业出版社，2015.12（2023.8重印）

（房地产公司管理制度丛书）

ISBN 978-7-111-52369-7

Ⅰ.①房… Ⅱ.①余… Ⅲ.①房地产开发—项目管理—中国 Ⅳ.①F299.233

中国版本图书馆 CIP 数据核字（2015）第301102号

机械工业出版社（北京市百万庄大街22号 邮政编码100037）

策划编辑：赵 荣 责任编辑：赵 荣 宋 燕
责任校对：炊小云 封面设计：张 静
责任印制：常天培
固安县铭成印刷有限公司印刷
2023年8月第2版第12次印刷
184mm×260mm·18印张·443千字
标准书号：ISBN 978-7-111-52369-7
定价：48.00元

凡购本书，如有缺页、倒页、脱页，由本社发行部调换

电话服务	网络服务
服务咨询热线：010-88361066	机工官网：www.cmpbook.com
读者购书热线：010-68326294	机工官博：weibo.com/cmp1952
010-88379203	金 书 网：www.golden-book.com
封面无防伪标均为盗版	教育服务网：www.cmpedu.com

编写人员名单

主　编：
　　余源鹏

策划顾问：
　　广州市智南投资咨询有限公司

参编人员：

陈秀玲	蔡燕珊	梁嘉恩	夏　庆	林达愿	陈友芬	张雄辉
王旭丹	宋明志	余鑫泉	蒋祥初	罗慧敏	陈思雅	刽俊琼
唐璟怡	崔美珍	胡银辉	黄　颖	李惠东	叶志兴	陈晓冬
刽丹霞	黄志英	张家进	罗宇玉	张　洁	罗　艳	曾　琳
肖文敏	林敏玲	李苑茹	邓祝庆	谭玉婵	莫润冰	杜志杰
林旭生	马新芸	刘雁玲	朱嘉蕾	杨逸婷	陈小哲	罗婷尹
谭嘉媚	杨秀梅	黎敏慧				

前　言

我国是一个拥有13亿多人口的国家，伴随着经济的发展和城镇化的进程，十几年来各级城镇的房地产投资开发十分火爆，几乎所有的房地产投资商和开发商均取得丰厚的利润。因此，越来越多有实力的企业以及投资者将继续进入房地产投资开发行业，而已经进入这一行业的企业也将得到进一步的发展。同时，从事房地产业的人员数量也将与日俱增。

房地产项目开发是一项非常复杂的工作。一个房地产项目的开发建设，需要到很多的政府行政主管部门办理各种报建报批手续，这些手续有的环环相扣，有的可以同时进行，如果其中一项办不好，将影响其他工作的顺利进行，从而影响房地产项目整体的开发建设，最终将影响投资者和开发商的资金回笼速度和投资回报利润。

由于房地产项目开发要办理的手续非常多，而且很繁琐，就算是业内从业多年的人员也未必能完全清楚了解其操作的全流程，同时市面上也很少有专门介绍房地产项目开发报批报建指南的相关图书，为了使想进入房地产行业的企业和投资商能对房地产项目的报批报建有更深入的了解，明确各事项办理的先后顺序，以提高报批报建效率，优化报批报建流程，使广大的房地产开发报建从业人员能顺利开展工作，经过多年的研究探索，我们特别策划编写了本书。

需要说明的是，房地产项目在报批报建的过程中，所涉及的政府行政管理部门众多，包括了国土局、规划局、建设局、房管局、发改委、环保局、人防办、消防局、园林局、地震局、水务局、供电局、市政局、卫生局、民政局、气象局、交通局、公安局等。在不同的城市，上述政府行政管理部门的名称会有所不同，在编写此书时，为了方便读者阅读，对各政府行政管理部门的名称进行统一称谓，读者在阅读参考本书时要根据当地的实际情况和最新规定进行操作。

本书按房地产项目开发需要的五证，即国有土地使用证、建设用地规划许可证、建设工程规划许可证、建筑工程施工许可证、商品房预售许可证为节点，共分五章对房地产项目开发的报批报建手续进行实操指南，这五章的内容具体如下：

第1章，房地产项目国有土地使用权获取阶段报批报建指南，主要讲述国有土地使用权出让的相关概念、招标拍卖挂牌出让国有土地使用权的范围与程序、招标拍卖挂牌的资格申请与审查、招标拍卖挂牌活动的实施、中标通知书

前言

或成交确认书的签订、国有土地使用权出让合同的签订、契税及土地出让金的缴纳以及国有土地使用证的办理等内容。

第2章，房地产项目建设用地规划阶段报批报建指南，主要讲述房地产开发企业的设立、房地产开发企业的资质办理、房地产项目的备案/核准、环境影响评价的办理以及建设用地规划许可证的办理等内容。

第3章，房地产项目建设工程规划设计阶段报批报建指南，主要讲述建设工程方案设计的招标投标、建设工程方案设计审查、建设工程初步设计审查、项目命名与道路命名的申报以及建设工程规划许可证的办理等内容。

第4章，房地产项目建筑工程施工许可与施工阶段报批报建指南，主要讲述建设工程施工图审查备案，"工程建设项目报建表"的审批，建设工程施工、监理招标和合同备案，建设工程质量安全监督登记和施工安全措施备案，余泥渣土排放证的办理，建筑工程施工许可证的办理，建设工程放线、验线的办理，建设工程临时施工设施的报批以及建设工程永久设施的报批等内容。

第5章，商品房预售许可阶段与建设工程竣工验收阶段报批报建指南，主要讲述房屋面积预测的办理、商品房预售许可证的办理、商品房预售广告备案、商品房预售款使用的申请、建设工程竣工专项验收的办理、建设工程竣工验收备案和竣工档案归档、门牌号码的申报、房屋面积实测的办理、新型墙体材料专项基金和建设工程工资保障金核退的办理以及房地产权的初始登记等内容。

本书是一本理论与实操相结合的内容全面的有关房地产项目开发流程的报批报建实操指南书，具有以下几个特点：

第一，专业性。本书有别于一般的房地产理论图书，它是针对房地产项目开发流程报批报建而量身定做的一本针对性极强的书。同时，本书中的流程、概念和操作要点都是经过严谨的推敲而得出来的。

第二，针对性。本书所讲述的报批报建是仅针对房地产开发项目的，而不针对其他建设工程项目的报批报建流程工作，因为这两者在国有土地使用权获取阶段和建设用地规划阶段的工作内容和流程会有比较大的区别。

第三，实操性。本书的编写人员全部来自多年从事房地产项目开发的一线专家，实操经验丰富，力求通过全面实用的操作流程和全国各地的实际案例范本，使读者可以在最短的时间内学习借鉴到国内最先进的房地产项目开发操作流程。同时，本书一如既往地保持了我们编写房地产图书的实操性风格，力求体现现实工作的内容、要求和深度，并尽量使每一位读者在仔细阅读本书后能对房地产项目开发流程和报批报建工作流程有更深入的了解。

第四，时效性。本书以编者的工作经验为基础，总结了现今全国各大城市和地区房地产项目开发报批报建办理手续的具体要求，体现了最新的房地产项目开发办理各种手续的最新流程和要求。

第五，全面性。本书针对房地产项目报批报建的全流程而编写。这些流程覆盖面广且全面到位。

第六，流程性和工具性。本书按照房地产项目开发流程各项工作的时间先后顺序来分节编写，具有流程化和模块化的特征，读者在实际工作中，可以直接找到本书中相应的章节进行参考借鉴。

第七，范本性。本书对房地产项目开发流程各项报批报建手续的办理要求引用北京、广州、天津、郑州、武汉、东莞、重庆、徐州、济南、中山、佛山、百色、长沙、合肥、惠州、青岛、江门、三明州18个涵盖一二三线城市的政府行政规范为范本。读者可以直接对其进行参考借鉴和修改使用。

第八，易读性。本书在语言表达上尽量做到通俗易懂，即使是刚进入这个行业的人员也能充分理解编者想表达的意思，从而更好地掌握房地产项目开发流程报批报建手续的办理和房地产项目开发企业内部的工作要求。

本书是所有有意进入房地产投资开发行业的投资者、决策者和从业者的必读书籍，是房地产开发企业的董事长、董事、总经理、副总经理、总监等高层管理人员的必备参考用书，是广大房地产从业人员职业晋级的实用读本。

本书适合房地产开发企业开发部、投资部、发展部、项目拓展部、前期管理部等投资开发部门的管理人员和从业人员参考阅读；也适合房地产开发企业财务、研发、设计、工程、材料、市场、招商、销售、策划、运营、客服、人事、行政等部门的经理、主管和从业人员阅读；还适合任职于房地产项目开发的拆迁、设计、监理、勘察、施工、建材、设备、装修等专业服务企业的从业人员阅读参考，适合计划、建设、规划、国土、质检、安检、市政、交通、环卫、文化、人防、消防、供水、供电、供气、供暖、园林、防震、民政、气象、公安等与房地产项目开发相关的政府行政主管单位和事业单位的管理工作人员了解阅读。同时，本书还适合准备进入房地产行业的人员学习阅读，并可作为房地产相关专业师生的优秀参考教材。

在本书的编写过程中，得到了广州市智南投资咨询有限公司相关同仁以及业内部分专业人员的支持和帮助，使得本书能及时与读者见面。本书是我们编写的"房地产公司管理制度丛书"中的一本，有关房地产其他相关实操性知识，请读者参阅我们陆续编写出版的书籍，也请广大读者对我们所编写的书籍提出宝贵建议和指正意见。对此，编者将十分感激。另外，为感谢广大读者的长期支持，请购买过余源鹏主编的房地产和物业管理图书的读者关注我们微信公众号"余源鹏房地产大讲堂"，我们将每天为您推送最新的房地产政策法规和市场动态，也请读者登录我们的网站（www.caky.com）免费下载最新房地产一手资料和《中国房地产情报》。

编　者

目 录

前言

第1章 房地产项目国有土地使用权获取阶段报批报建指南 ⋯⋯⋯⋯⋯⋯⋯⋯⋯⋯⋯⋯ 1
  1.1 国有土地使用权出让的相关概念 ⋯⋯⋯⋯⋯⋯⋯⋯⋯⋯⋯⋯⋯⋯⋯⋯⋯⋯⋯⋯⋯⋯⋯⋯ 4
  1.2 招标拍卖挂牌出让国有土地使用权的范围与程序 ⋯⋯⋯⋯⋯⋯⋯⋯⋯⋯⋯⋯⋯⋯⋯⋯ 6
    1.2.1 招标拍卖挂牌出让国有土地使用权的范围 ⋯⋯⋯⋯⋯⋯⋯⋯⋯⋯⋯⋯⋯⋯⋯⋯⋯ 6
    1.2.2 招标拍卖挂牌出让国有土地使用权的程序 ⋯⋯⋯⋯⋯⋯⋯⋯⋯⋯⋯⋯⋯⋯⋯⋯⋯ 7
  1.3 招标拍卖挂牌的资格申请与审查 ⋯⋯⋯⋯⋯⋯⋯⋯⋯⋯⋯⋯⋯⋯⋯⋯⋯⋯⋯⋯⋯⋯⋯ 7
    1.3.1 招标拍卖挂牌的资格申请 ⋯⋯⋯⋯⋯⋯⋯⋯⋯⋯⋯⋯⋯⋯⋯⋯⋯⋯⋯⋯⋯⋯⋯⋯ 7
    1.3.2 招标拍卖挂牌的资格审查 ⋯⋯⋯⋯⋯⋯⋯⋯⋯⋯⋯⋯⋯⋯⋯⋯⋯⋯⋯⋯⋯⋯⋯⋯ 9
  1.4 招标拍卖挂牌活动的实施 ⋯⋯⋯⋯⋯⋯⋯⋯⋯⋯⋯⋯⋯⋯⋯⋯⋯⋯⋯⋯⋯⋯⋯⋯⋯⋯ 10
    1.4.1 招标活动的实施 ⋯⋯⋯⋯⋯⋯⋯⋯⋯⋯⋯⋯⋯⋯⋯⋯⋯⋯⋯⋯⋯⋯⋯⋯⋯⋯⋯⋯ 10
    1.4.2 拍卖活动的实施 ⋯⋯⋯⋯⋯⋯⋯⋯⋯⋯⋯⋯⋯⋯⋯⋯⋯⋯⋯⋯⋯⋯⋯⋯⋯⋯⋯⋯ 11
    1.4.3 挂牌活动的实施 ⋯⋯⋯⋯⋯⋯⋯⋯⋯⋯⋯⋯⋯⋯⋯⋯⋯⋯⋯⋯⋯⋯⋯⋯⋯⋯⋯⋯ 12
  1.5 中标通知书或成交确认书的签订 ⋯⋯⋯⋯⋯⋯⋯⋯⋯⋯⋯⋯⋯⋯⋯⋯⋯⋯⋯⋯⋯⋯⋯ 14
    1.5.1 中标通知书的签订 ⋯⋯⋯⋯⋯⋯⋯⋯⋯⋯⋯⋯⋯⋯⋯⋯⋯⋯⋯⋯⋯⋯⋯⋯⋯⋯⋯ 14
    1.5.2 成交确认书的签订 ⋯⋯⋯⋯⋯⋯⋯⋯⋯⋯⋯⋯⋯⋯⋯⋯⋯⋯⋯⋯⋯⋯⋯⋯⋯⋯⋯ 14
  1.6 国有土地使用权出让合同的签订 ⋯⋯⋯⋯⋯⋯⋯⋯⋯⋯⋯⋯⋯⋯⋯⋯⋯⋯⋯⋯⋯⋯⋯ 15
  1.7 契税及土地出让金的缴纳 ⋯⋯⋯⋯⋯⋯⋯⋯⋯⋯⋯⋯⋯⋯⋯⋯⋯⋯⋯⋯⋯⋯⋯⋯⋯⋯ 21
  1.8 国有土地使用证的办理 ⋯⋯⋯⋯⋯⋯⋯⋯⋯⋯⋯⋯⋯⋯⋯⋯⋯⋯⋯⋯⋯⋯⋯⋯⋯⋯⋯ 22
    1.8.1 国有土地使用证的办理手续 ⋯⋯⋯⋯⋯⋯⋯⋯⋯⋯⋯⋯⋯⋯⋯⋯⋯⋯⋯⋯⋯⋯⋯ 22
    1.8.2 国有土地使用证办理的注意要点 ⋯⋯⋯⋯⋯⋯⋯⋯⋯⋯⋯⋯⋯⋯⋯⋯⋯⋯⋯⋯⋯ 28
  附录1.1 中华人民共和国土地管理法(2004年版) ⋯⋯⋯⋯⋯⋯⋯⋯⋯⋯⋯⋯⋯⋯⋯⋯⋯ 28
  附录1.2 招标拍卖挂牌出让国有建设用地使用权规定(2007年版) ⋯⋯⋯⋯⋯⋯⋯⋯⋯⋯ 39
  附录1.3 招标拍卖挂牌出让国有土地使用权规范(2006年版) ⋯⋯⋯⋯⋯⋯⋯⋯⋯⋯⋯⋯ 42
  附录1.4 城市房地产开发经营管理条例(2011年修订) ⋯⋯⋯⋯⋯⋯⋯⋯⋯⋯⋯⋯⋯⋯⋯ 54

第2章 房地产项目建设用地规划阶段报批报建指南 ⋯⋯⋯⋯⋯⋯⋯⋯⋯⋯⋯⋯⋯⋯⋯ 59
  2.1 房地产开发企业的设立 ⋯⋯⋯⋯⋯⋯⋯⋯⋯⋯⋯⋯⋯⋯⋯⋯⋯⋯⋯⋯⋯⋯⋯⋯⋯⋯⋯ 60
    2.1.1 房地产开发企业设立的条件 ⋯⋯⋯⋯⋯⋯⋯⋯⋯⋯⋯⋯⋯⋯⋯⋯⋯⋯⋯⋯⋯⋯⋯ 60
    2.1.2 房地产开发企业备案 ⋯⋯⋯⋯⋯⋯⋯⋯⋯⋯⋯⋯⋯⋯⋯⋯⋯⋯⋯⋯⋯⋯⋯⋯⋯⋯ 60

2.2 房地产开发企业的资质办理 ·· 60
　2.2.1 暂定资质证书的办理 ·· 61
　2.2.2 各资质等级证书的办理 ·· 62
　2.2.3 房地产开发企业资质的年审 ·· 64
　2.2.4 房地产开发企业资质的变更 ·· 64
2.3 房地产项目的备案/核准 ·· 65
　2.3.1 房地产项目备案手续的办理 ·· 65
　2.3.2 房地产项目核准手续的办理 ·· 66
2.4 环境影响评价的办理 ·· 69
2.5 建设用地规划许可证的办理 ·· 72
　2.5.1 办理建设用地规划许可证的手续 ·· 72
　2.5.2 办理建设用地规划许可证的注意要点 ·· 73
附录 2.1　房地产开发企业资质管理规定（2015 年修改版）······························ 74
附录 2.2　中华人民共和国环境影响评价法（2003 年版）·································· 78
附录 2.3　中华人民共和国城乡规划法（2008 年版）·· 82

第 3 章　房地产项目建设工程规划设计阶段报批报建指南 ·········· 91

3.1 建设工程方案设计的招标投标 ·· 92
3.2 建设工程方案设计审查 ·· 94
　3.2.1 建设工程设计方案的内容 ·· 94
　3.2.2 建设工程方案设计的审查要点 ·· 94
　3.2.3 建设工程方案设计审查手续的办理 ·· 95
　3.2.4 办理建设工程方案设计审查的注意要点 ·· 102
3.3 建设工程初步设计审查 ·· 102
　3.3.1 建设工程初步设计的审查要点 ·· 102
　3.3.2 建设工程初步设计审查手续的办理 ·· 103
3.4 项目命名与道路命名的申报 ·· 107
　3.4.1 项目命名与道路命名申报手续的办理 ·· 107
　3.4.2 项目命名与道路命名申报的注意要点 ·· 111
3.5 建设工程规划许可证的办理 ·· 111
　3.5.1 办理建设工程规划许可证的手续 ·· 112
　3.5.2 办理建设工程规划许可证的注意要点 ·· 119
附录　建筑工程方案设计招标投标管理办法（2008 年版）······························ 119

第 4 章　房地产项目建筑工程施工许可与施工阶段报批报建指南 ·········· 127

4.1 建设工程施工图审查备案 ·· 128
　4.1.1 建设工程施工图的审查要点 ·· 128
　4.1.2 建设工程施工图审查手续的办理 ·· 128

　　4.1.3　建设工程施工图审查情况备案手续的办理 ･･････････････････････････････ 133
　4.2　工程建设项目报建表的审批 ･･ 140
　　4.2.1　工程建设项目报建的主要内容 ･･ 141
　　4.2.2　工程建设项目报建表审批手续的办理 ･･････････････････････････････････ 141
　4.3　建设工程施工、监理招标和合同备案 ････････････････････････････････････ 143
　　4.3.1　建设工程施工监理招标登记和备案手续的办理 ････････････････････････ 144
　　4.3.2　建设工程施工和监理合同备案手续的办理 ･････････････････････････････ 150
　4.4　建设工程质量安全监督登记和施工安全措施备案 ･･････････････････････ 155
　　4.4.1　建设工程质量安全监督登记手续的办理 ･･･････････････････････････････ 156
　　4.4.2　建设工程施工安全措施备案手续的办理 ･･･････････････････････････････ 160
　4.5　余泥渣土排放证的办理 ･･･ 167
　4.6　建筑工程施工许可证的办理 ･･ 169
　　4.6.1　办理建筑工程施工许可证的条件 ･･ 169
　　4.6.2　办理建筑工程施工许可证的手续 ･･ 169
　　4.6.3　办理建筑工程施工许可证的注意要点 ･････････････････････････････････ 173
　4.7　建设工程放线、验线的办理 ･･･ 175
　4.8　建设工程临时施工设施的报批 ･･･ 177
　　4.8.1　建设工程临时施工设施报批手续的办理 ･･･････････････････････････････ 177
　　4.8.2　建设工程临时施工设施报批的注意要点 ･･･････････････････････････････ 180
　4.9　建设工程永久设施的报批 ･･ 181
　　4.9.1　建设工程永久设施报批手续的办理 ････････････････････････････････････ 181
　　4.9.2　建设工程永久设施报批的注意要点 ････････････････････････････････････ 188
　附录4.1　房屋建筑和市政基础设施工程施工图设计文件审查管
　　　　　　理办法(2013年版) ･･･ 189
　附录4.2　工程建设项目报建管理办法(1994年版) ････････････････････････････ 194
　附录4.3　房屋建筑和市政基础设施工程施工招标投标管理办法(2001年版) ････ 195
　附录4.4　建设工程质量管理条例(2000年版) ･････････････････････････････････ 202
　附录4.5　建设工程安全生产管理条例(2004年版) ････････････････････････････ 210
　附录4.6　建筑工程施工许可管理办法(2014年版) ････････････････････････････ 219

第5章　商品房预售许可阶段与建设工程竣工验收阶段报批报建指南　223

　5.1　房屋面积预测的办理 ･･ 224
　　5.1.1　房屋面积预测手续的办理 ･･･ 224
　　5.1.2　房屋面积预测手续办理的注意要点 ････････････････････････････････････ 224
　5.2　商品房预售许可证的办理 ･･ 225
　　5.2.1　商品房预售许可证办理的条件 ･･･ 225
　　5.2.2　商品房预售许可证申请手续的办理 ････････････････････････････････････ 226
　　5.2.3　商品房预售许可证办理的注意要点 ････････････････････････････････････ 232

5.3 商品房预售广告备案	233
5.4 商品房预售款使用的申请	234
5.5 建设工程竣工专项验收的办理	236
5.5.1 建设工程竣工专项验收手续的办理	236
5.5.2 建设工程竣工专项验收办理的注意要点	242
5.6 建设工程竣工验收备案和竣工档案归档	242
5.6.1 建设工程竣工验收备案手续的办理	242
5.6.2 建设工程竣工档案归档手续的办理	248
5.7 门牌号码的申报	251
5.8 房屋面积实测的办理	252
5.8.1 房屋面积实测手续的办理	252
5.8.2 房屋面积实测手续办理的注意要点	252
5.9 新型墙体材料专项基金和建设工程工资保障金核退的办理	254
5.10 房地产权的初始登记	256
附录5.1 城市商品房预售管理办法（2004年版）	260
附录5.2 房屋建筑和市政基础设施工程竣工验收备案管理办法（2009年版）	262
附录5.3 房屋登记办法（2008年版）	263

第1章

房地产项目国有土地使用权获取阶段报批报建指南

房地产项目报批报建业务贯穿整个房地产开发过程，其涉及的政府行政管理部门众多，办理手续复杂，为提高报批报建效率，需要明确各事项办理的先后顺序，优化报批报建流程。

房地产项目开发报批报建流程主要分为国有土地使用权获取阶段、建设用地规划许可阶段、建设工程规划许可阶段、建筑工程施工许可与施工阶段、商品房预售许可与建设工程竣工验收阶段，但由于各城市发展情况不同，相关政府行政管理部门对申报要求不同，而且随着城市的发展，相关政府部门的要求也会有相应的调整，以下的房地产项目开发报批报建流程图(图 1-1)仅供读者参考。

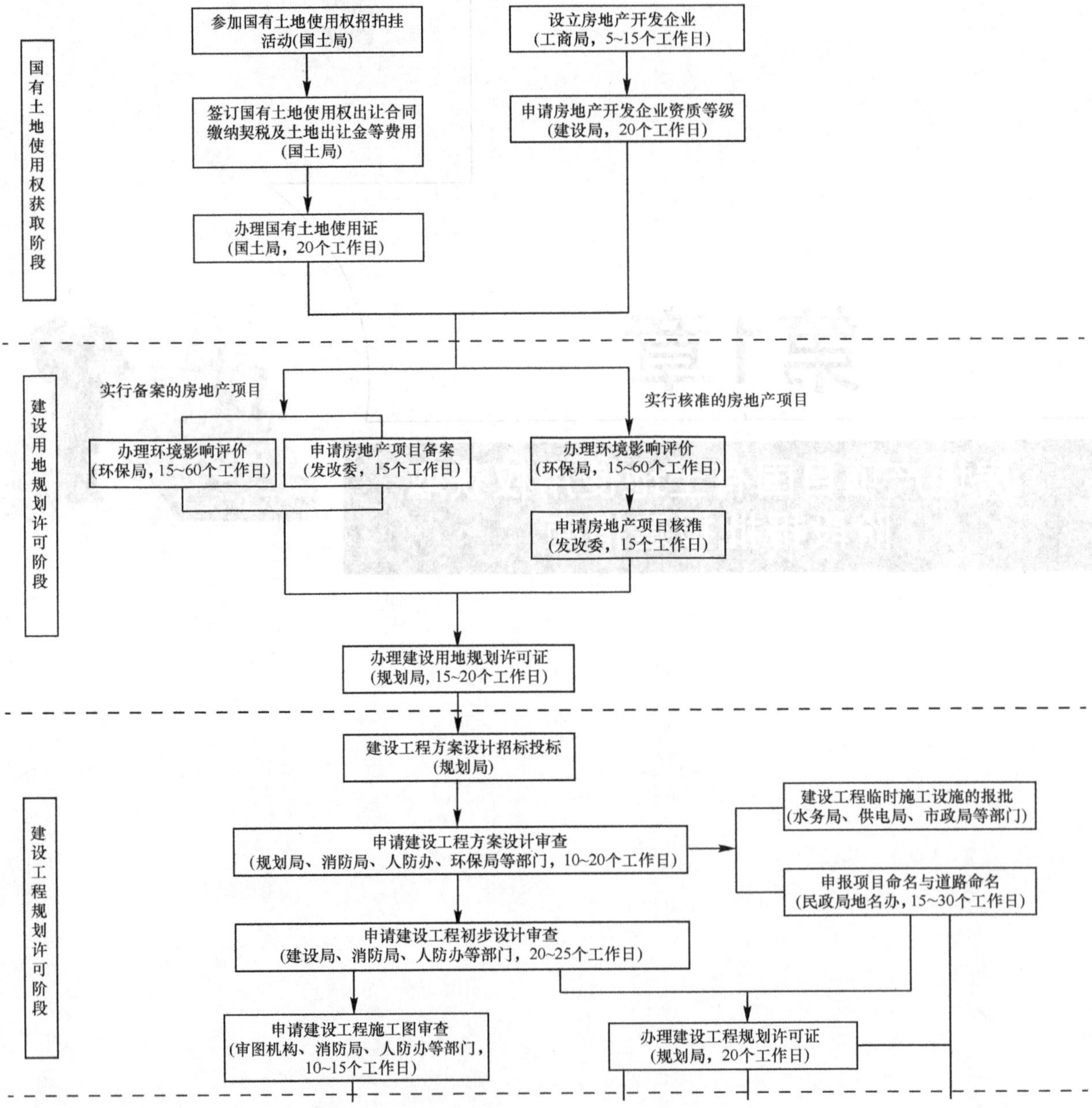

图 1-1　房地产项目开发报批报建流程图

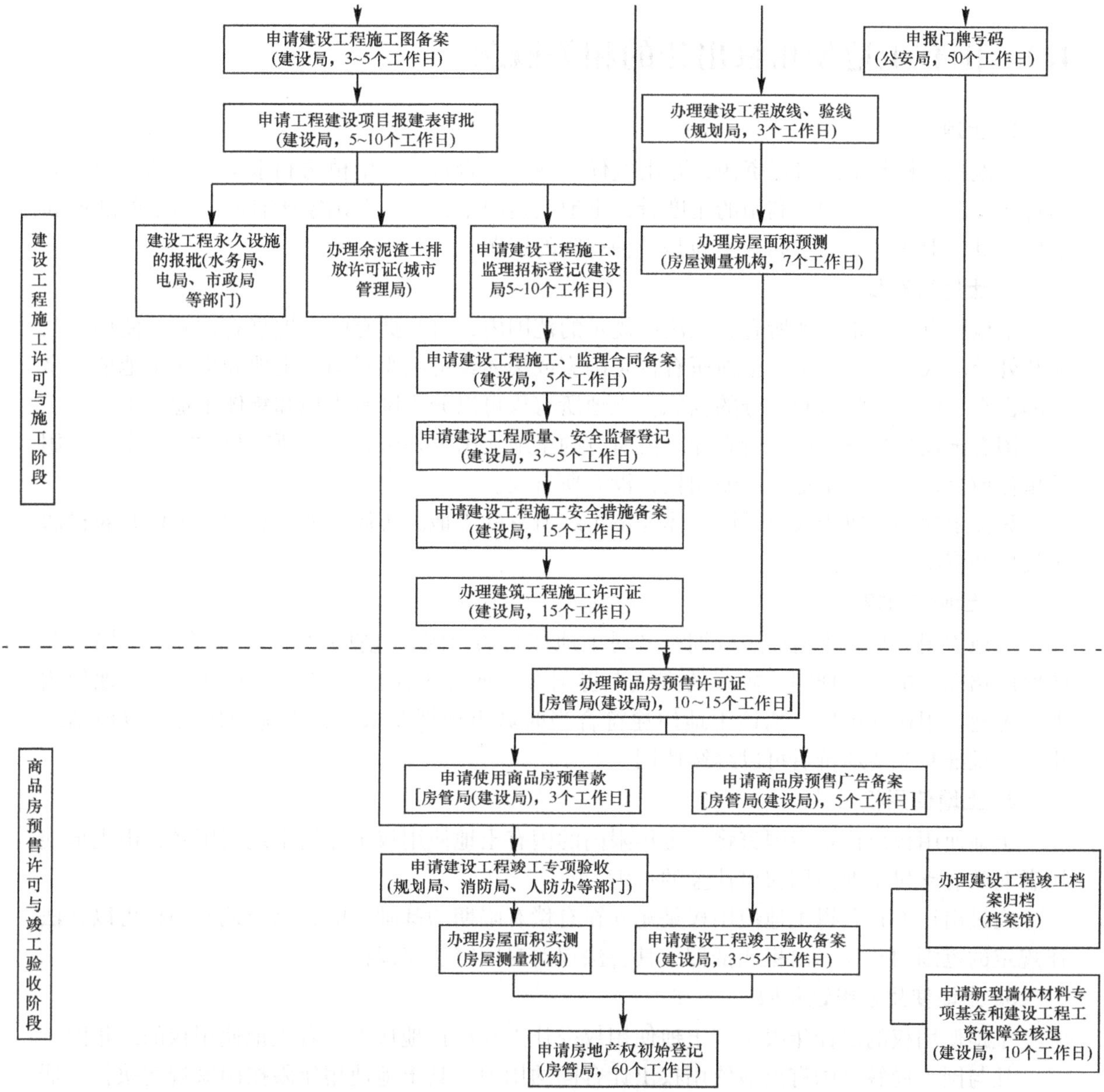

第1章 房地产项目国有土地使用权获取阶段报批报建指南

图1-1 房地产项目开发报批报建流程图(续)

无论是已经注册成立的房地产开发企业,还是准备投资开发房地产项目的投资者,获取国有土地使用权是其进行房地产开发的前提。根据《城市房地产开发经营管理条例》《招标拍卖挂牌出让国有建设用地使用权规定》等相关法律法规的规定,房地产开发用地应当以招标拍卖挂牌方式取得,但国家另有规定的除外(如经济适用房可以采用划拨方式、某些政府重点扶持的项目可以采用协议出让)。此外,房地产开发企业还可能通过转让、收购项目、并购房地产公司股权、合作开发等方式获取土地资源。

根据2007年国土资源部发布的《关于加大闲置土地处置力度的通知》,建设用地使用权实行净地出让,因此,房地产开发企业在正常情况下通过招标拍卖挂牌获取国有土地使用权的土地是已经完成必要的通水、通电、通路、土地平整等前期开发、具备直接动工开发的条件的土地。

1.1 国有土地使用权出让的相关概念

1. 土地

土地是一种基本的自然资源，是由气候、地貌、岩石、土壤植物和水文组成的一个独立的自然综合体。从管理和利用的角度看，土地就是国土，是一个国家所有的地球上的陆地和水域及其向上或向下的空间。土地是一种有限的资源。

2. 土地所有权

土地所有权是指土地所有者在法律规定的范围内，对其拥有的土地享有占有、使用、收益和处分的权利。在我国，土地所有权是国家或集体经济组织对国家土地和集体土地依法享有的占有、使用、收益和处分的权能。土地所有权可以分为国有土地和集体土地两类。

国有土地是指属于国家所有即全民所有的土地。国家是国有土地所有权的唯一主体，用地单位或个人对国有土地只有使用权，没有所有权。

集体土地是指属于农村居民集体经济组织所有的土地。集体土地所有权的主体是农村居民集体经济组织。

3. 土地使用权

土地使用权是指土地使用权拥有者对土地使用的权限，包括开发权、收益权、处置权。政府以招标、拍卖、挂牌、协议的方式，将国有土地使用权在一定年限内出让给土地使用者。土地使用权期满后，如该土地用途符合当时城市规划要求的，土地使用者可以申请续用，经批准并补清地价后可以继续使用。

4. 土地使用权出让

土地使用权出让是指国家将一定年限内的国有土地使用权出让给土地使用者，由土地使用者向政府支付土地使用权出让金的行为。

通过出让方式获得土地使用权是建立在有偿有限期的基础上的，该土地使用权可以在法律规定的范围内转让、出租或抵押，其合法权益受国家法律保护。

5. 土地使用权出让年限

土地使用权的出让年限是指土地使用权受让人在出让地块上享有土地使用权的总年限。

凡与国土局签订国有土地使用权出让合同的用地，其土地使用年限按国家规定执行，居住用地 70 年；工业用地 50 年；教育、科技、文化、卫生、体育用地 50 年；商业、旅游、娱乐用地 40 年；综合用地或者其他用地 50 年。

6. 协议出让国有土地使用权

协议出让国有土地使用权是指国家以协议方式将国有土地使用权在一定年限内出让给土地使用者，由土地使用者向国家支付土地使用权出让金的行为。

7. 招标出让国有土地使用权

招标出让国有土地使用权是指市、县国土资源管理部门发布招标公告或者投标邀请书，邀请特定或者不特定的法人、自然人和其他组织参加国有土地使用权投标，根据投标结果确定土地使用者的行为。

招标出让的一般程序有招标、投标、定标、签约、履约五个阶段。目前，招标是土地使用权出让方式中最常用的一种，一般由各级土地储备中心负责办理招标的相关事宜。投标人中标后获得其土地使用权。

8. 拍卖出让国有土地使用权

拍卖出让国有土地使用权是指市、县国土资源管理部门发布拍卖公告，由竞买人在指定时间、地点进行公开竞价，根据出价结果确定土地使用者的行为。

拍卖的一般程序是：出让人发出拍卖公告，将土地使用权拍卖事宜向社会公布；竞买，即在拍卖场所，竞投人以拍卖方式向拍卖人做出应价；签约，应价高者与出让人签订土地使用权出让合同；履约，受让人交付土地使用权出让金，出让人向受让人交付土地，受让人领取土地使用权证书，获得其土地使用权。

9. 挂牌出让国有土地使用权

挂牌出让国有土地使用权是指市、县国土资源管理部门发布挂牌公告，按公告规定的期限将拟出让宗地的交易条件在指定的土地交易场所挂牌公布，接受竞买人的报价申请并更新挂牌价格，根据挂牌期限截止时的出价结果确定土地使用者的行为。

10. 土地使用权划拨

土地使用权划拨是指有批准权的人民政府依法批准，在用地者缴纳补偿、安置等费用后将该幅土地交其使用，或者将土地使用权无偿交给土地使用者使用的行为。土地使用权的划拨是计划经济的产物，其逐渐地为土地使用权出让或转让所取代。

划拨土地使用权的范围包括国家机关用地和军事用地；城市基础设施和公用事业用地；国家重点扶持的能源、交通、水利等项目用地；经济适用房项目建设用地；法律、行政法规规定的其他用地。

11. 土地使用权转让

土地使用权转让是指土地使用权出让后，土地使用权的受让人将土地使用权转移的行为，包括出售、交换和赠予等。

12. 土地使用权租赁

土地使用权租赁是指国家将国有土地在一定年限内直接出租给土地使用者，由土地使用者向国家按年交付租金的行为。以租赁方式取得的土地使用权不得转让、转租和抵押。

13. 拆迁

拆迁是指经城市规划、土地管理机关批准，将原土地合法使用者及房屋合法使用者迁到其他地方安置，并拆除清理原有建筑或其他妨碍项目实施的地上物，为新的建设项目施工创造条件的行为。拆迁可简单理解为人的搬迁和建筑物的拆除。

根据国土资源部第 11 号令，房地产开发经营性用地均由土地储备中心以招标、拍卖、挂牌等方式出让，出让的地块均为熟地，不需要土地受让方进行征地拆迁。若因特殊原因，必须进行征地拆迁的，该工作原则上是在国土资源局取得建设拆迁临时用地许可证或土地使用权证即可提出申请。实际操作中只要与土地出让方达成协议，即可进行拆迁。征地、拆迁都是项目开工前的重要工作。征地、拆迁工作的完成是申请项目开工的必备条件之一。

14. 土地储备

土地储备是指市、县人民政府国土资源管理部门为实现调控土地市场、促进土地资源合

理利用目标，依法取得土地，进行前期开发、储存以备供应土地的行为。

15. 生地
生地是指可能为房地产开发与经营活动所利用，但尚未开发的农地和荒地，即待开发的国有土地，离城镇较远、无市政基础设施、未开发利用的土地。

16. 毛地
毛地主要是指城市中需要拆迁而尚未拆迁的土地，即已有地上建筑物及附属设施的建筑物，将被改建的土地。

17. 熟地
熟地是指已完成市政基础设施建设的土地，达到"三通一平"或"七通一平"施工条件的土地。

18. 三通一平
三通一平是指水通、电通、路通和场地平整。

19. 七通一平
七通一平是指给水通、排水通、电力通、通信通、燃气通、路通、供热通和场地平整。

20. 地籍
地籍是指反映土地的位置（地界、地号）、数量、质量、权属和用途（地类）等基本状况的簿籍（或清册），也称土地的户籍。

21. 宗地
宗地是地籍的最小单元，是指以权属界线组成的封闭地块。城市的土地，以宗地为基本单位统一编号，叫宗地号，又称地号。它有四层含义：区、带、片、宗，从大范围逐级体现其所在的地理位置。例如，B107-24 这个地号表示 B 区第 1 带 07 片第 24 宗地。

22. 宗地图
宗地图是土地使用合同书附图及房地产登记卡附图。它反映了一宗地的基本情况，包括宗地权属界线、界址点位置，宗地内建筑物位置与性质，与相邻宗地的关系等。证书附图即房地产证后面的附图，是房地产证的重要组成部分，主要反映权利人拥有的房地产情况及房地产所在宗地情况。

23. 净地
净地是指国家在土地出让时，已经完成拆除平整，不存在需要进一步拆除的建筑物、构建物等设施的土地。

土地一级开发，是指由政府或其授权委托的企业，对一定区域范围内的城市国有土地（毛地）或农村集体土地（生地）进行统一的征地、拆迁、安置、补偿，并进行适当的市政配套设施建设，使该区域范围内的土地达到"三通一平""五通一平"或"七通一平"建设条件（熟地），再对熟地进行有偿出让或转让的过程。

1.2 招标拍卖挂牌出让国有土地使用权的范围与程序

1.2.1 招标拍卖挂牌出让国有土地使用权的范围

根据 2006 年颁布的《招标拍卖挂牌出让国有土地使用权规范》（试行）规定，以下六类情形必须纳入招标拍卖挂牌出让国有土地使用权范围：

（1）工业、商业、旅游、娱乐和商品住宅等经营性用地，其中工业用地包括仓储用地，但不包括采矿用地。

（2）其他土地供地计划公布后同一宗地有两个或两个以上意向用地者的。

（3）划拨土地使用权改变用途，国有土地划拨决定书或法律、法规、行政规定等明确应当收回土地使用权，实行招标拍卖挂牌出让的。

（4）划拨土地使用权转让，国有土地划拨决定书或法律、法规、行政规定等明确应当收回土地使用权，实行招标拍卖挂牌出让的。

（5）出让土地使用权改变用途，国有土地使用权出让合同约定或法律、法规、行政规定等明确应当收回土地使用权，实行招标拍卖挂牌出让的。

（6）依法应当招标拍卖挂牌出让的其他情形。

1.2.2　招标拍卖挂牌出让国有土地使用权的程序

招标拍卖挂牌出让国有土地使用权的程序如下：

（1）编制供地方式。

（2）编制、确定出让方案。

（3）地价评估，确定底价。

（4）编制出让文件。

（5）发布出让公告。

（6）申请和资格审查。

（7）招标拍卖挂牌活动实施。

（8）签订国有土地使用权出让合同，结果公布。

（9）颁发建设用地批准书，交付土地，办理土地登记。

1.3　招标拍卖挂牌的资格申请与审查

房地产开发企业一般可以从国土局等网站发布的土地出让公告获取出让土地的基本情况和相关规划指标，在公司开发部（或称为发展部、前期部等）进行信息的初步分析和地价估算之后，确定要取得该块土地的，需要到国土局办理招标拍卖挂牌登记，并缴纳相应的保证金，在通过审查之后，才有资格参加招标拍卖挂牌活动。

1.3.1　招标拍卖挂牌的资格申请

根据2006年国土资源部颁布的《招标拍卖挂牌出让国有土地使用权规范》（试行），国有土地使用权招标拍卖挂牌出让的申请人，可以是中华人民共和国境内外的法人、自然人和其他组织，但法律法规对申请人另有限制的除外。申请人可以单独申请，也可以联合申请。

申请人需要在公告规定期限内缴纳出让公告规定的投标、竞买保证金，并根据申请人类型，持相应文件向出让人提出竞买、竞投申请。

（1）法人申请的，应提交下列文件：

1）申请书。
2）法人单位有效证明文件。
3）法定代表人的有效身份证明文件。
4）申请人委托他人办理的，应提交授权委托书及委托代理人的有效身份证明文件。
5）保证金缴纳凭证。
6）招标拍卖挂牌文件规定需要提交的其他文件。
（2）自然人申请的，应提交下列文件：
1）申请书。
2）申请人有效身份证明文件。
3）申请人委托他人办理的，应提交授权委托书及委托代理人的身份证明文件。
4）保证金缴纳凭证。
5）招标拍卖挂牌文件规定需要提交的其他文件。
（3）其他组织申请的，应提交下列文件：
1）申请书。
2）表明该组织合法存在的文件或有效证明。
3）表明该组织负责人身份的有效证明文件。
4）申请人委托他人办理的，应提交授权委托书及委托代理人的身份证明文件。
5）保证金缴纳凭证。
6）招标拍卖挂牌文件规定需要提交的其他文件。
（4）境外申请人申请的，应提交下列文件：
1）申请书。
2）境外法人、自然人、其他组织的有效身份证明文件。
3）申请人委托他人办理的，应提交授权委托书及委托代理的有效身份证明文件。
4）保证金缴纳凭证。
5）招标拍卖挂牌文件规定需要提交的其他文件。

上述文件中，申请书必须用中文书写，其他文件可以使用其他语言，但必须附中文译本，所有文件的解释以中文译本为准。

（5）联合申请的，应提交下列文件：
1）联合申请各方共同签署的申请书。
2）联合申请各方的有效身份证明文件。
3）联合竞买、竞投协议，协议要规定联合各方的权利、义务，包括联合各方的出资比例，并明确签订国有土地使用权出让合同时的受让人。
4）申请人委托他人办理的，应提交授权委托书及委托代理人的有效身份证明文件。
5）保证金缴纳凭证。
6）招标拍卖挂牌文件规定需要提交的其他文件。

申请人竞得土地后，拟成立新公司进行开发建设的，应在申请书中明确新公司的出资构成、成立时间等内容。出让人可以根据招标拍卖挂牌出让结果，先与竞得人签订国有土地使用权出让合同，在竞得人按约定办理完新公司注册登记手续后，再与新公司签订国有土地使用权出让合同变更协议;也可按约定直接与新公司签订国有土地使用权出让合同。

1.3.2 招标拍卖挂牌的资格审查

出让人对出让公告规定的时间内收到的申请进行审查。

(1) 经审查,申请人有下列情形之一的,为无效申请:
1) 申请人不具备竞买资格的。
2) 未按规定缴纳保证金的。
3) 申请文件不齐全或不符合规定的。
4) 委托他人代理但委托文件不齐全或不符合规定的。
5) 法律法规规定的其他情形。

(2) 经审查,符合规定条件的,申请人具有投标或竞买资格,可以参加招标拍卖挂牌活动。

(3) 申请人对招标拍卖挂牌文件有疑问的,可以书面或者口头方式向出让人咨询,出让人应当为申请人咨询以及查询出让地块有关情况提供便利。根据需要,出让人可以组织申请人对拟出让地块进行现场踏勘。

投标(竞买)申请书范本

＿＿＿＿＿＿国土资源局:

经认真阅读编号为＿＿＿＿＿＿地块的招标(拍卖)(挂牌)出让文件,我方完全接受并愿意遵守你局国有土地使用权招标(拍卖)(挂牌)出让文件中的规定和要求,对所有文件均无异议。

我方现正式申请参加你局于＿＿＿＿年＿＿＿＿月＿＿＿＿日在＿＿＿＿＿＿(地点)举行的＿＿＿＿＿＿地块国有土地使用权招标(拍卖)(挂牌)活动。

我方愿意按招标(拍卖)(挂牌)出让文件规定,缴纳投标(竞买)保证金人民币＿＿＿＿＿＿万元(大写)(￥＿＿＿＿＿＿)。

若能中标(竞得)该地块,我方保证按照国有土地使用权招标(拍卖)(挂牌)出让文件的规定和要求履行全部义务。

若我方在国有土地使用权招标(拍卖)(挂牌)出让活动中,出现不能按期付款或有其他违约行为,我方愿意承担全部法律责任,并赔偿由此产生的损失。

特此申请和承诺。

申请人:＿＿＿＿＿＿＿＿＿＿＿＿＿＿(加盖公章)

法定代表人(或授权委托代理人)签名:＿＿＿＿＿＿

联系人:＿＿＿＿＿＿

地址:＿＿＿＿＿＿

邮政编码:＿＿＿＿＿＿

电话:＿＿＿＿＿＿

申请日期:＿＿＿＿年＿＿＿＿月＿＿＿＿日

投标（竞买）资格确认书范本

_____[投标（竞买）人名称]：

你方提交的对_____号地块的投标（竞买）申请书及相关文件资料收悉。经审查，你方已按规定缴纳了投标（竞买）保证金，所提交文件资料符合我方本次招标（拍卖）（挂牌）出让文件的规定和要求，现确认你方具备参加本次国有土地使用权投标（拍卖竞买）（挂牌竞买）资格。请持此投标（竞买）资格确认书参加我局于_____年_____月_____日_____时在_____（地点）举行的国有土地使用权招标（拍卖）（挂牌）活动。

_____国土资源局
_____年_____月_____日

1.4 招标拍卖挂牌活动的实施

当申请人通过资格审查，符合投标或竞买资格，并收到资格确认书后，应详细了解此次活动的规定与细则，并组织好标书、报价单等相关材料参加招标拍卖挂牌活动。

1.4.1 招标活动的实施

招标人按照国有土地使用权出让公告规定的时间和地点参加国土局组织的投标活动，其基本流程如下。

1. 投标

（1）投标人在规定的时间将标书及其他文件送达指定的投标地点，经招标人登记后，将标书投入标箱。

（2）招标公告允许邮寄投标文件的，投标人可以邮寄，但以招标人在投标截止时间前收到的方为有效。招标人登记后，负责在投标截止时间前将标书投入标箱。

（3）投标人投标后，不可撤回投标文件，并对投标文件和有关书面承诺承担责任。投标人可以对已提交的投标文件进行补充说明，但应在招标文件要求提交投标文件的截止时间前书面通知招标人并将补充文件送至投标地点。

2. 开标

（1）投标人按照招标出让公告规定的时间、地点参加。开标由土地招标拍卖挂牌主持人主持进行。招标主持人邀请投标人或其推选的代表检查标箱的密封情况，当众开启标箱。

（2）标箱开启后，招标主持人应当组织逐一检查标箱内的投标文件，经确认无误后，由工作人员当众拆封，宣读投标人名称、投标价格和投标文件的其他主要内容。

（3）开标过程应当记录。

3. 评标

按照价高者得的原则确定中标人的，可以不成立评标小组。按照综合条件最佳者得的原则确定中标人的，招标人应当成立评标小组进行评标。

（1）评标小组由出让人、有关专家组成，成员人数为5人以上的单数。有条件的地方，可建立土地评标专家库,每次评标前随机从专家库中抽取评标小组专家成员。

(2) 招标人应当采取必要的措施,保证评标在严格保密的情况下进行。

(3) 评标小组可以要求投标人对投标文件中含义不明确的内容做出必要的澄清或者说明,但澄清或者说明不得超出投标文件的范围或者改变投标文件的实质性内容。

(4) 评标小组对投标文件进行有效性审查。有下列情形之一的,为无效投标文件:

1) 投标文件未密封的。

2) 投标文件未加盖投标人印鉴,也未经法定代表人签署的。

3) 投标文件不齐备、内容不全或不符合规定的。

4) 投标人对同一个标的有两个或两个以上报价的。

5) 委托投标但委托文件不齐全或不符合规定的。

6) 评标小组认为投标文件无效的其他情形。

(5) 评标要求。评标小组应当按照招标文件确定的评标标准和方法,对投标文件进行综合评分,根据综合评分结果确定中标候选人。

评标小组应当根据评标结果,按照综合评分高低确定中标候选人排序,但低于底价或标底者除外。同时有两个或两个以上申请人的综合评分相同的,按报价高低排名,报价也相同的,可以由综合评分相同的申请人通过现场竞价确定排名顺序。投标人的投标价均低于底价或投标条件均不能够满足标底要求的,投标活动终止。

4. 定标

招标人应当根据评标小组推荐的中标候选人确定中标人。招标人也可以授权评标小组直接确定中标人。

按照价高者得的原则确定中标人的,由招标主持人根据开标结果,直接宣布报价最高且不低于底价者为中标人。有两个或两个以上申请人的报价相同且同为最高报价的,可以由相同报价的申请人在限定时间内再行报价,或者采取现场竞价方式确定中标人。

1.4.2 拍卖活动的实施

竞买人按照出让公告规定的时间、地点参加拍卖活动。拍卖活动由土地招标拍卖挂牌主持人(以下简称"主持人")主持进行,其基本流程如下。

(1) 主持人宣布拍卖会开始。

(2) 主持人宣布竞买人到场情况。

设有底价的,出让人应当现场将密封的拍卖底价交给主持人,主持人现场开启密封件。

(3) 主持人介绍拍卖地块的位置、面积、用途、使用年限、规划指标要求、建设时间等。

(4) 主持人宣布竞价规则。

主持人宣布拍卖宗地的起叫价、增价规则和增价幅度,并明确提示是否设有底价。在拍卖过程中,主持人可根据现场情况调整增价幅度。

(5) 主持人报出起叫价,宣布竞价开始。

(6) 竞买人举牌应价或者报价。

（7）主持人确认该竞买人应价或者报价后继续竞价。

（8）主持人连续三次宣布同一应价或报价而没有人再应价或出价，且该价格不低于底价的，主持人落槌表示拍卖成交，主持人宣布最高应价者为竞得人。成交结果对拍卖人、竞得人和出让人均具有法律效力。最高应价或报价低于底价的，主持人宣布拍卖终止。

1.4.3 挂牌活动的实施

竞买人按照出让公告规定的时间、地点参加挂牌活动。挂牌活动由土地招标拍卖挂牌主持人（以下简称"主持人"）主持进行，其基本流程如下。

1. 公布挂牌信息

在挂牌公告规定的挂牌起始日，挂牌人将挂牌宗地的位置、面积、用途、使用年期、规划指标要求、起始价、增价规则及增价幅度等，在挂牌公告规定的土地交易地点挂牌公布。挂牌时间不得少于10个工作日。

2. 竞买人报价

符合条件的竞买人应当填写报价单报价。有条件的地方，可以采用计算机系统报价。

竞买人报价有下列情形之一的，为无效报价：

（1）报价单未在挂牌期限内收到的。

（2）不按规定填写报价单的。

（3）报价单填写人与竞买申请文件不符的。

（4）报价不符合报价规则的。

（5）报价不符合挂牌文件规定的其他情形。

3. 确认报价

主持人确认该报价后，更新显示挂牌价格，继续接受新的报价。有两个或两个以上竞买人报价相同的，先提交报价单者为该挂牌价格的出价人。

4. 挂牌截止

挂牌截止应当由主持人主持确定。设有底价的，出让应当在挂牌截止前将密封的挂牌底价交给主持人，挂牌主人现场打开密封件。在公告规定的挂牌截止时间，竞买人应当出席挂牌现场，主持人宣布最高报价及其报价者，并询问竞买人是否愿意继续竞价。

（1）主持人连续三次报出最高挂牌价格，没有竞买人表示愿意继续竞价的，主持人宣布挂牌活动结束，并按下列规定确定挂牌结果：

1）最高挂牌价格不低于底价的，主持人宣布挂牌出让成交，最高挂牌价格的出价人为竞得人。

2）最高挂牌价格低于底价的，主持人宣布挂牌出让不成交。

（2）有竞买人表示愿意继续竞价的，即属于挂牌截止时有两个或两个以上竞买人要求报价的情形，主持人应当宣布挂牌出让转入现场竞价，并宣布现场竞价的时间和地点，通过现场竞价确定竞得人。

5. 现场竞价

现场竞价由主持人主持进行，取得该宗地挂牌竞买资格的竞买人均可参加现场竞价。现场竞价按下列程序举行：

（1）主持人宣布现场竞价的起始价、竞价规则和增价幅度，并宣布现场竞价开始。现场竞价的起始价为挂牌活动截止时的最高报价增加一个加价幅度后的价格。

（2）参加现场竞价的竞买人按照竞价规则应价或报价。

（3）主持人确认该竞买人应价或者报价后继续竞价。

（4）主持人连续三次宣布同一应价或报价而没有人再应价或出价，且该价格不低于底价的，主持人落槌表示现场竞价成交，宣布最高应价或报价者为竞得人。成交结果对竞得人和出让人均具有法律效力。最高应价或报价低于底价的，主持人宣布现场竞价终止。

在现场竞价中无人参加竞买或无人应价或出价的，以挂牌截止时出价最高者为竞得人，但低于挂牌出让底价者除外。

国有土地使用权招标出让投标书范本

_____国土资源局：

经认真阅读_____号地块招标出让文件和现场踏勘，我方完全接受招标出让文件中的规定和要求，愿意以人民币_____万元(大写)(￥_____)的价格竞投该地块国有土地使用权。按照招标文件规定，我方随本标书一同提交以下文件：

（1）_____。

（2）_____。

……

我方承诺，所提交的标书及相关文件真实准确。

我方已按招标出让文件的规定，缴纳了人民币_____万元(大写)(￥_____)的投标保证金。我方承诺，在接到你局发出的中标通知书后，将按约定及时签订国有土地使用权出让合同。如果我方未在规定期限内签订国有土地使用权出让合同，或不能按国有土地使用权出让合同约定交付全部中标价款，或违反招标文件的规定，或不履行本投标书承诺等，均可被视为违约，你局可不退还我方缴纳的投标保证金。

在中标通知书发出后、国有土地使用权出让合同签订及履行以前，本标书为你局与我方之间具有法律约束力的文件。

其他需要说明的事项：_____

投标人：_____(加盖公章)

法定代表人(或授权委托代理人)签名：_____

联系人：_____

地址：_____

邮政编码：_____

电话：_____

投标日期：_____年_____月_____日

1.5 中标通知书或成交确认书的签订

1.5.1 中标通知书的签订

房地产开发企业采取招标方式获取国有土地使用权的,在确定为中标人后,会收到招标人发出的中标通知书,代表成交。同时,中标人之前缴纳的投标保证金将自动转为所获取地块的定金。

中标通知书包括招标人与中标人的名称,出让标的,成交时间、地点、价款,以及双方签订国有土地使用权出让合同的时间、地点等内容。中标通知书对招标人和中标人具有法律效力,招标人改变中标结果,或者中标人不按约定签订国有土地使用权出让合同、放弃中标宗地的,应当承担法律责任。

1.5.2 成交确认书的签订

房地产开发企业采取拍卖或挂牌的方式获取国有土地使用权的,在确定为竞得人后,需要与拍卖人或挂牌人签订成交确认书,不按规定签订成交确认书的,应当承担法律责任。竞得人拒绝签订成交确认书也不能对抗拍卖成交结果的法律效力。

成交确认书应包括拍卖人与竞得人的名称,出让标的,成交时间、地点、价款,以及双方签订国有土地使用权出让合同的时间、地点等内容。成交确认书对拍卖人和竞得人具有法律效力,拍卖人改变拍卖结果的,或者竞得人不按约定签订国有土地使用权出让合同、放弃竞得宗地的,应当承担法律责任。

中标通知书范本

_____(中标人名称):

现确定你方为编号_____地块的国有土地使用权招标出让中标人,有关事项通知如下:

该地块中标单价为每平方米人民币_____元(大写)(¥_____),总价为人民币_____万元(大写)(¥_____)。其中,出让金单价为每平方米人民币_____元(大写)(¥_____),总价为人民币_____万元(大写)(¥_____)。

本中标通知书一经签发,即视为成交。你方缴纳的投标保证金,自动转作受让地块的定金。你方应当于_____年_____月_____日之前,持本中标通知书到_____(地点)与_____国土资源局签订国有土地使用权出让合同。不按期签订国有土地使用权出让合同的,视为你方放弃中标资格,你方应承担相应法律责任。

本中标通知书一式_____份,招标人执_____份,中标人执_____份。特此通知。

招标人:_____(加盖公章)
_____年_____月_____日

成交确认书范本

在_____年_____月_____日_____（地点）举办的国有土地使用权拍卖（挂牌）出让活动中，_____（竞得人）竞得编号_____地块的国有土地使用权。现将有关事项确认如下：

该地块成交单价为每平方米人民币_____元（大写）（￥_____），总价为人民币_____万元（大写）（￥_____）。其中，出让金单价为每平方米人民币_____元（大写）（￥_____），总价为人民币_____万元（大写）（￥_____）。

竞得人缴纳的竞买保证金，自动转作受让地块的定金。_____（竞得人）应当于_____年_____月_____日之前，持本成交确认书到_____（地点）与_____国土资源局签订国有土地使用权出让合同。不按期签订国有土地使用权出让合同的，视为竞得人放弃竞得资格，竞得人应承担相应法律责任。

本成交确认书一式_____份，拍卖（挂牌）人执_____份，竞得人执_____份。

特此确认。

拍卖（挂牌）人：_____

竞得人：_____

1.6 国有土地使用权出让合同的签订

招标拍卖挂牌出让活动结束后，中标人或竞得人应按照中标通知书或成交确认书的约定，与出让人签订国有土地使用权出让合同。

中标人、竞得人支付的投标、竞买保证金，在中标或竞得后转作受让地块的定金。受让人逾期不签订合同的，出让人将终止供地，并且不退还定金。其他投标人、竞买人缴纳的投标、竞买保证金，出让人会在招标拍卖挂牌活动结束后5个工作日内予以退还，不计利息。

国有土地使用权出让合同的主要条款、格式由出让方提出，受让方很少有修改的余地。一般来说，出让合同主要包括以下内容：

（1）出让地块的基本情况，包括地理位置、面积、界限等。

（2）土地出让金额的数量、支付方式和支付期限。

（3）土地使用权的出让期限。

（4）地块的规划设计条件由城市规划部门依据城市规划确定，包括建筑密度、容积率等控制指标，以及工程管线、竖向规划、配建停车场或其他公共设施的要求。

国有土地使用权出让合同范本

第一章　总则

第一条　本合同当事人双方：

出让人：中华人民共和国_____省（自治区、直辖市）_____市（县）_____。

受让人：_____。

根据《中华人民共和国土地管理法》《中华人民共和国城市房地产管理法》《中华人民共和国合同法》和其他法律、行政法规、地方性法规，双方本着平等、自愿、有偿、诚实信用的原则，订立本合同。

第二条　出让人根据法律的授权出让土地使用权，出让土地的所有权属中华人民共和国。国家对其拥有宪法和法律授予的司法管辖权、行政管理权以及其他按中华人民共和国法律规定由国家行使的权力和因社会公众利益所必需的权益。地下资源、埋藏物和市政公用设施均不属于土地使用权出让范围。

第二章　出让土地的交付与出让金的缴纳

第三条　出让人出让给受让人的宗地位于_____，宗地编号为_____，宗地总面积大写_____ m²(小写_____ m²)，其中出让土地面积为大写_____ m²(小写_____ m²)。宗地四至及界址点坐标见附件出让宗地界址图。

第四条　本合同项下出示宗地的用途为_____。

第五条　出让人同意在_____年_____月_____日前将出让宗地交付给受让人，出让方同意在交付土地时该宗地应达到本条第_____款规定的土地条件：

（一）达到场地平整和周围基础设施_____通，即通_____。

（二）周围基础设施达到_____通，即通_____，但场地尚未拆迁和平整，建筑物和其他地上物状况如下：_____
_____。

（三）现状土地条件。

第六条　本合同项下的土地使用权出让年期为_____，自出让方向受让方实际交付土地之日起算，原划拨土地使用权补办出让手续的，出让年期自合同签订之日起算。

第七条　本合同项下宗地的土地使用权出让金为每平方米人民币_____元（大写）(￥_____)；总额为人民币_____元（大写）(￥：_____)。

第八条　本合同经双方签字后_____日内，受让人须向出让人缴付人民币_____元（大写）(￥_____)作为履行合同的定金，定金抵作土地使用权出让金。

第九条　受让人同意按照本条第_____款的规定向出让人支付上述土地使用权出让金。

（一）本合同签订之日起_____日内，一次性付清上述土地使用权出让金。

（二）按以下时间和金额分_____期向出让人支付上述土地使用权出让金。

第一期　人民币_____元（大写）(￥_____)，付款时间：_____年_____月_____日之前。

第二期　人民币_____元（大写）(￥_____)，付款时间：_____年_____月_____日之前。

第　　期　人民币_____元（大写）(￥_____)，付款时间：_____年

_____月_____日之前。

第　期　人民币_____元（大写）（¥_____），付款时间：_____年_____月_____日之前。

分期支付土地出让金的，受让人在支付第二期及以后各期土地出让金时，应按照银行同期贷款利率向出让人支付相应的利息。

第三章　土地开发建设与利用

第十条　本合同签订后_____日内，当事人双方应依附件出让宗地界址图所标示坐标实地验明各界址点界桩，受让人应妥善保护土地界桩，不得擅自改动，界桩遭受破坏或移动时，受让人应立即向出让人提出书面报告，申请复界测量，恢复界桩。

第十一条　受让人在本合同项下宗地范围内新建建筑物的，应符合下列要求：

主体建筑物性质_____。

附属建筑物性质_____。

建筑容积率_____。

建筑密度_____。

建筑限高_____。

绿地比例_____。

其他土地利用要求_____。

第十二条　受让人同意在本合同项下宗地范围内一并修建下列工程并在建成后无偿移交给政府：

（1）_____。

（2）_____。

（3）_____。

第十三条　受让人同意在_____年_____月_____日之前动工建设。

不能按期开工建设的，应提前30日向出让人提出延建申请，但延建时间最长不得超过一年。

第十四条　受让人在受让宗地内进行建设时，有关用水、用气、污水及其他设施同宗地外主管线、用电变电站接口和引入工程应按有关规定办理。

受让人同意政府为公用事业需要而敷设的各种管道与管线进出、通过、穿越受让宗地。

第十五条　受让人在按本合同约定支付全部土地使用权出让金之日起30日内，应持本合同和土地使用权出让金支付凭证，按规定向出让人申请办理土地登记，领取国有土地使用证，取得出让土地使用权。

出让人应在受理土地登记申请之日起30日内，依法为受让人办理出让土地使用权登记，颁发国有土地使用证。

第十六条　受让人必须依法合理利用土地，其在受让宗地上的一切活动，不得损害或者破坏周围环境或设施，使国家或他人遭受损失的，受让人应负责赔偿。

第十七条　在出让期限内，受让人必须按照本合同规定的土地用途和土地使用条件利用土地，需要改变本合同规定的土地用途和土地使用条件的，必须依法办理有关批准手续，并向出让人申请，取得出让人同意，签订土地使用权出让合同变更协议或者重新签订土地使

权出让合同，相应调整土地使用权出让金，办理土地变更登记。

第十八条　政府保留对本合同项下宗地的城市规划调整权，原土地利用规划如有修改，该宗地已有的建筑物不受影响，但在使用期限内该宗地建筑物、附着物改建、翻建、重建或期限届满申请续期时，必须按届时有效的规划执行。

第十九条　出让人对受让人依法取得的土地使用权，在本合同约定的使用年限届满前不收回；在特殊情况下，根据社会公共利益需要提前收回土地使用权的，出让人应当依照法定程序报批，并根据收回时地上建筑物、其他附着物的价值和剩余年期土地使用权价格给予受让人相应的补偿。

第四章　土地使用权转让、出租、抵押

第二十条　受让人按照本合同约定已经支付全部土地使用权出让金，领取国有土地使用证，取得出让土地使用权后，有权将本合同项下的全部或部分土地使用权转让、出租、抵押，但首次转让（包括出售、交换和赠予）剩余年期土地使用权时，应当经出让人认定符合下列第_____款规定之条件：

（一）按照本合同约定进行投资开发，完成开发投资总额的百分之二十五以上。

（二）按照本合同约定进行投资开发，形成工业用地或其他建设用地条件。

第二十一条　土地使用权转让、抵押，转让、抵押双方应当签订书面转让、抵押合同；土地使用权出租期限超过六个月的，出租人和承租人也应当签订书面出租合同。

土地使用权的转让、抵押及出租合同，不得违背国家法律、法规和本合同的规定。

第二十二条　土地使用权转让，本合同和登记文件中载明的权利、义务随之转移，转让后，其土地使用权的使用年限为本合同约定的使用年限减去已经使用年限后的剩余年限。本合同项下的全部或部分土地使用权出租后，本合同和登记文件中载明的权利、义务仍由受让人承担。

第二十三条　土地使用权转让、出租、抵押，地上建筑物、其他附着物随之转让、出租、抵押；地上建筑物、其他附着物转让、出租、抵押，土地使用权随之转让、出租、抵押。

第二十四条　土地使用权转让、出租、抵押的，转让、出租、抵押双方应在相应的合同签订之日起30日内，持本合同和相应的转让、出租、抵押合同及国有土地使用证到土地行政主管部门申请办理土地登记。

第五章　期限届满

第二十五条　本合同约定的使用年限届满，土地使用者需要继续使用本合同项下宗地的，应当至迟于届满前一年向出让人提交续期申请书，除根据社会公共利益需要收回本合同项下土地的，出让人应当予以批准。

出让人同意续期的，受让人应当依法办理有偿用地手续，与出让人重新签订土地有偿使用合同，支付土地有偿使用费。

第二十六条　土地出让期限届满，受让人没有提出续期申请或者虽申请续期但依照本合同第二十五条规定未获批准的，受让人应当交回国有土地使用证，出让人代表国家收回土地使用权，并依照规定办理土地使用权注销登记。

第二十七条　土地出让期限届满，受让人未申请续期的，本合同项下土地使用权和地上

建筑物及其他附着物由出让人代表国家无偿收回，受让人应当保持地上建筑物、其他附着物的正常使用功能，不得人为破坏，地上建筑物、其他附着物失去正常使用功能的，出让人可要求受让人移动或拆除地上建筑物、其他附着物，恢复场地平整。

第二十八条　土地出让期限届满，受让人提出续期申请而出让人根据本合同第二十五条之规定没有批准续期的，土地使用权由出让人代表国家无偿收回，但对于地上建筑物及其他附着物，出让人应当根据收回时地上建筑物、其他附着物的残余价值给予受让人相应补偿。

第六章　不可抗力

第二十九条　任何一方对由于不可抗力造成的部分或全部不能履行本合同不负责任，但应在条件允许下采取一切必要的补救措施以减少因不可抗力造成的损失。当事人迟延履行后发生不可抗力的，不能免除责任。

第三十条　遇有不可抗力的一方，应在_____h内将事件的情况以信件、电报、电传、传真等书面形式通知另一方，并且在事件发生后_____日内，向另一方提交合同不能履行或部分不能履行或需要延期履行理由的报告。

第七章　违约责任

第三十一条　受让人必须按照本合同约定，按时支付土地使用权出让金。如果受让人不能按时支付土地使用权出让金的，自滞纳之日起，每日按迟延支付款项的_____‰向出让人缴纳滞纳金，延期付款超过6个月的，出让人有权解除合同，收回土地，受让人无权要求返还定金，出让人并可请求受让人赔偿因违约造成的其他损失。

第三十二条　受让人按合同约定支付土地使用权出让金的，出让人必须按照合同约定，按时提供出让土地。由于出让人未按时提供出让土地而致使受让人对本合同项下宗地占有延期的，每延期一日，出让人应当按受让人已经支付的土地使用权出让金的_____‰向受让人给付违约金。出让人延期交付土地超过6个月的，受让人有权解除合同，出让人应当双倍返还定金，并退还已经支付土地使用权出让金的其他部分，受让人并可请求出让人赔偿因违约造成的其他损失。

第三十三条　受让人应当按照合同约定进行开发建设，超过合同约定的动工开发日期满一年未动工开发的，出让人可以向受让人征收相当于土地使用权出让金20%以下的土地闲置费；满2年未动工开发的，出让人可以无偿收回土地使用权；但因不可抗力或者政府、政府有关部门的行为或者动工开发必需的前期工作造成动工开发迟延的除外。

第三十四条　出让人交付的土地未能达到合同约定的土地条件的，应视为违约。受让人有权要求出让人按照规定的条件履行义务，并且赔偿延误履行而给受让人造成的直接损失。

第八章　通知和说明

第三十五条　本合同要求或允许的通知和通信，不论以何种方式传递，均自实际收到时起生效。

第三十六条　当事人变更通知、通信地址或开户银行、账号的，应在变更后15日内，将新的地址或开户银行、账号通知另一方。因当事人一方迟延通知而造成的损失，由过错方承担责任。

第三十七条 在缔结本合同时，出让人有义务解答受让人对于本合同所提出的问题。

第九章 适用法律及争议解决

第三十八条 本合同订立、效力、解释、履行及争议的解决均适用中华人民共和国法律。

第三十九条 因履行本合同发生争议，由争议双方协商解决，协商不成的，按本条第_____款规定的方式解决：

（一）提交_____仲裁委员会仲裁。

（二）依法向人民法院起诉。

第十章 附则

第四十条 本合同依照本条第_____款之规定生效。

（一）本合同项下宗地出让方案业经_____人民政府批准，本合同自双方签订之日起生效。

（二）本合同项下宗地出让方案尚需经_____人民政府批准，本合同自_____人民政府批准之日起生效。

第四十一条 本合同一式_____份，具有同等法律效力，出让人、受让人各执_____份。

第四十二条 本合同和附件共_____页，以中文书写为准。

第四十三条 本合同的金额、面积等项应当同时以大、小写表示，大小写数额应当一致，不一致的，以大写为准。

第四十四条 本合同于_____年_____月_____日在中华人民共和国_____省（自治区、直辖市）_____市（县）签订。

第四十五条 本合同未尽事宜，可由双方约定后作为合同附件，与本合同具有同等法律效力。

出让人（章）：

住所：

法定代表人（委托代理人）（签字）：

电话：

传真：

电报：

开户银行：

账号：

邮政编码：

受让人（章）：

住所：

法定代表人（委托代理人）（签字）：

电话：

传真：

电报：

开户银行：
账号：
邮政编码：
　年　　　月　　　日
附：出让宗地界址图［注明边长(m)］
｜界
｜址
｜图
｜粘
｜贴
｜线
比例尺1：
国有土地使用权出让合同使用说明：
（一）国有土地使用权出让合同包括合同正文和附件出让宗地界址图。
（二）本合同的出让人为有权出让国有土地使用权的人民政府土地行政主管部门。
（三）合同第四条土地用途按《城镇地籍调查规程》规定的土地二级分类填写，属于综合用地的，应注明各类具体用途及其所占的面积比例。
（四）合同第五条中的土地条件按照双方实际约定选择和填写。属于原划拨土地使用权补办出让手续的，选择第三款；属于待开发建设的用地，应根据出让人承诺交地时的土地开发程度选择第一款或第二款，出让人承诺交付土地时完成拆迁和场地平整的，选择第一款，未完成拆迁和场地平整的，选择第二款，并注明地上待拆迁的建筑物和其他地上物面积等状况。基础设施条件按双方约定填写"七通""三通"等，并具体说明基础设施内容，如"通路、通电、通水"等。
（五）合同第九条土地使用权出让金支付方式的规定中，双方约定土地使用权出让金一次性付清的，选择第一款，分期支付的，选择第二款。
（六）合同第二十条中，属于房屋开发的，选择第一款；属于土地成片开发的，选择第二款。
（七）合同第四十条关于合同生效的规定中，宗地出让方案业经有权人民政府批准的，按照第一款规定生效；宗地出让方案未经有权人民政府批准的，按照第二款规定生效。

1.7　契税及土地出让金的缴纳

契税及土地出让金的缴纳凭证是申请国有土地使用证的必备材料，房地产开发企业在签订国有土地使用权出让合同之后，需持相应的材料到税务局办理土地契税完税证，到国土局办理付清土地出让金证明。

例：合肥市契税及土地出让金缴纳凭证办理的准备材料

（1）办理契税完税证的准备材料：

1）国有土地使用权出让合同（总办提供原件）。

2）招拍挂文件。

3）纳税人相关证明（营业执照、组织代码证、法人身份证、经办人身份证）。

4）国有土地成交确认书（总办提供原件）。

5）其他需缴纳契税的情况及其需提供的材料。

（2）办理付清土地金证明的准备材料：

1）国有土地使用权出让合同（含补充合同）。

2）国有土地成交确认书。

3）出让金登记单（含教育配套费）。

4）缴交土地出让金银行结算凭证回单联（如进账单）（财务提供）。

5）土地契税完税证。

6）住宅类用地需缴纳教育设施配套资金。

（以上数据需成本复核）

1.8 国有土地使用证的办理

1.8.1 国有土地使用证的办理手续

国有土地使用证是证明土地使用者使用国有土地的法律凭证。房地产开发企业在按照国有土地使用权出让合同的规定付清全部土地出让价款后，就可以携带相关的材料到当地国土局申请办理土地登记，领取国有土地使用证，取得国有土地使用权。房地产开发企业在申请办理国有土地使用证时要以当地国土局的具体要求为准带齐所需的材料，按照规定的办理流程到国土局对应的窗口办理。

例：郑州市国有土地使用证的办理手续

（1）出让土地登记。

1）办事程序：土地登记申请→权属审核（询问当事人）→注册登记→核发证书。

2）所需材料：

① 土地登记申请书、申请表。

② 企业法人营业执照、法人代表证明书、组织机构代码证（复印件）。

③ 委托办理的，提交土地登记委托书、法人代表身份证、受托人身份证（复印件）。

④ 国有土地出让合同。

⑤ 土地出让金及契税缴纳凭证。

⑥ 用地批复。

⑦ 原国有土地使用证（补齐出让手续须提供）。

⑧ 宗地图。

⑨ 地籍调查材料。

以上注明为复印件的资料,均需向登记中心窗口交验原件,收取加盖公章的复印件。人民法院裁定补办出让手续的,如不能提供原土地使用证,须由执行法院提供刊登注销土地使用证公告报纸原件。

3)办理时限:20工作日。

(2) 划拨土地登记:

1)办事程序:土地登记申请→权属审核(询问当事人)→注册登记→核发证书。

2)所需材料:

① 土地登记申请书、申请表。

② 企业法人营业执照、法人代表证明书、组织机构代码证(复印件)。

③ 委托办理的,提交土地登记委托书、法人代表身份证、受托人身份证(复印件)。

④ 供地方案批复。

⑤ 国有建设用地划拨决定书、承诺书。

⑥ 原国有土地使用证(回收划拨须提供)。

⑦ 契税缴纳凭证。

⑧ 宗地图。

⑨ 地籍调查材料。

以上注明为复印件的资料,均需向登记中心窗口交验原件,收取加盖公章的复印件。

3)办理时限:20工作日。

(3) 转让土地登记。

1)办事程序:土地登记申请→权属审核(询问当事人)→注册登记→核发证书。

2)所需材料:

① 土地登记申请书、申请表(双方)。

② 企业法人营业执照、法人代表证明书、组织机构代码证(双方复印件)。

③ 委托书办理的,提交土地登记委托书(双方)、法人代表身份证、受托人身份证(双方复印件)。

④ 转让合同。

⑤ 批准转让文件。

⑥ 原国有土地使用证。

⑦ 原出让合同。

⑧ 过户后的房屋所有权证书(涉及房产转让的)。

⑨ 契税及增值税缴纳凭证。

⑩ 宗地图。

⑪ 地籍调查材料。

以上注明为复印件的资料,均需向登记中心窗口交验原件,收取加盖公章的复印件。因人民法院、仲裁机构已经发生法律效力的法律文书而取得土地权利的,可单方申请登记。

3)办理时限:20工作日。

(4) 用途变更登记。

1) 办事程序：土地登记申请→权属审核(询问当事人)→注册登记→核发证书。
2) 所需材料：
① 土地登记申请书、申请表。
② 企业法人营业执照、法人代表证明书、组织机构代码证(复印件)。
③ 委托书。
④ 法人代表身份证、受托人身份证(复印件)。
⑤ 用途变更批准文件。
⑥ 原国有土地使用证。
⑦ 原出让合同(复印件)及补充合同。
⑧ 需补缴出让金的提供出让金缴纳票据。
⑨ 宗地图。
⑩ 地籍调查材料。
以上注明为复印件的资料，据需向登记中心窗口交验原件，收取加盖公章的复印件。
3) 办理时限：20工作日。
(5) 土地使用权继承。
1) 办事程序：土地登记申请→权属审核(询问当事人)→注册登记→核发证书。
2) 所需材料：
① 土地登记申请书、申请表。
② 继承公证书(继承)或遗嘱及公证书(受遗赠)。
③ 死亡证明。
④ 申请人身份证、户口本(复印件)。
⑤ 委托书、经办人身份证明(非申请人本人办理时提供)。
⑥ 原国有土地使用证。
⑦ 变更后的房屋所有权证。
⑧ 相关税票。
⑨ 宗地图。
⑩ 地籍调查资料。
以上注明为复印件的资料，均需向登记中心窗口交验原件，收取加盖公章的复印件。
3) 办理时限：20工作日。
(6) 土地使用者更名(址)。
1) 办事程序：土地登记申请→权属审核(询问当事人)→注册登记→核发证书。
2) 所需材料：
① 土地登记申请书、申请表。
② 企业法人营业执照、法人代表证明书、组织机构代码证(复印件)。
③ 委托书。
④ 法人代表身份证、受托人身份证(复印件)。
⑤ 原国有土地使用证。
⑥ 更名(址)批准文件。

⑦ 完税证明。
⑧ 宗地图。
⑨ 地籍调查材料。
以上注明为复印件的资料，均需向登记中心窗口交验原件，收取加盖公章的复印件。
3) 办理时限：20 工作日。
(7) 遗失补办土地使用证(他项权利证)。
1) 办事程序：土地登记申请→权属审核(询问当事人)→注册登记→核发证书。
2) 所需材料：
① 土地登记申请书、申请表。
② 企业法人营业执照、法人代表证明书、组织机构代码证(复印件)。
③ 委托书。
④ 法人代表身份证、受托人身份证(复印件)。
⑤ 刊登遗失声明的报纸原件(本地市级以上报纸正规版面见报之日满1个月以上)。
⑥ 宗地图。
⑦ 地籍调查材料。
以上注明为复印件的资料，均需向登记中心窗口交验原件，收取加盖公章的复印件。
3) 办理时限：20 工作日。
(8) 分宗、合并土地登记。
1) 办事程序：土地登记申请→权属审核(询问当事人)→注册登记→核发证书。
2) 所需材料：
① 土地登记申请书、申请表。
② 企业法人营业执照、法人代表证明书、组织机构代码证(复印件)。
③ 委托书。
④ 法人代表身份证、受托人身份证(复印件)。
⑤ 建设用地规划许可证(因规划调整分割)。
⑥ 房改文件(因城镇住房分割发证分割)。
⑦ 土地使用证。
⑧ 业主委员会书面意见(办理合格登记须提供，如无业主委员会，需由三分之二以上业主同意)。
⑨ 宗地图。
⑩ 地籍调查材料。
以上注明为复印件的资料，均需向登记中心窗口交验原件，收取加盖公章的复印件。
3) 办理时限：20 工作日。
土地登记申请表范本见表 1-1。

表1-1 土地登记申请表范本

单位：□m² /□hm、万元

申请人情况	登记申请人	□所有权人　□使用权人　□需役地权利人　□权利受让人 □更正登记申请人　□异议登记申请人　□预告登记申请人　□其他				
	名称（姓名）					
	证件种类	□组织机构代码证　□居民身份证　□护照　□军官证　□其他				
	证件编号					
	单位性质	□行政　　□事业　　企业（□国有　□集体　□私营　□外资 □港澳台　□联营　　□股份制　□个体　□其他）□个人				
	通讯地址			邮编：		
	法定代表人或负责人					
	联系人：	联系电话：		电子邮件：		
	代理人姓名			职业资格证书号		
	代理机构名称			联系电话		
	登记申请人	□供役地权利人　□权利转让人　□预告登记义务人　□其他				
	名称（姓名）					
	证件种类	□组织机构代码证　□居民身份证　□护照　□军官证　□其他				
	证件编号					
	单位性质	□行政　　□事业　　企业（□国有　□集体　□私营　□外资 □港澳台　□联营　　□股份制　□个体　□其他）□个人				
	通讯地址			邮编：		
	法定代表人或负责人					
	联系人：	联系电话：		电子邮件：		
	代理人姓名			职业资格证书号		
	代理机构名称			联系电话		
土地情况	坐落	东莞市　　镇　　村（居委、社区）　　路　　号				
	批准情况	用途		实际情况	用途	
		宗地面积	m²		宗地面积	m²
		其中	独用面积	m²		其中	独用面积	m²
			分摊面积	m²			分摊面积	m²
		共用总面积	m²		共用总面积	m²
	权利设立情况	□地表　□地上 □地下		取得价格	万元	
	权属性质	□国有建设用地使用权　□国有农用地使用权　□集体土地所有权 □集体建设用地使用权　□宅基地使用权　□集体农用地使用权				

(续)

土地情况	使用权类型		国有	划拨 □出让 □作价出资(入股) □租赁 □授权经营 □其他		
			集体	□批准拨用宅基地 □批准拨用企业用地 □流转出让 □集体地入股(联营) □荒地拍卖 □其他		
	使用期限			终止日期		
	四至	东		西		
		南		北		
附着物情况	建筑容积率			建筑密度		
	建筑限高			建筑物占地面积		m²
	建筑物类型			申报建筑物权属		
申请依据	批准书或用地批文			批准时间		
	合同号			地块编号		
	地籍调查表	编号_____(　　　)_____				
申请登记的内容	登记的具体事项及理由：					
附图	↑北 比例尺：					
村(居)委会意见	(公章) 负责人：　　　　　　　　　　　　　　　　　20　年　月　日					
备注	需役地坐落	市　　　镇　　　村(居委、社区)　　　路　　　号				

申请人承诺：
本人已完整阅读并充分了解《土地登记须知》的内容且愿意遵守。
本申请所填写的各项内容，皆为本人如实申报和亲笔签署。
本人保证本次申请登记并未侵犯他人合法权益，所提交资料、图件均真实无虚假，如与事实不符或提供虚假的资料、图件，由此引起的法律责任，概由本人承担。
本人自行到国土资源分局办文窗口查询并领取登记结果，逾期未查询的，视为本人已知悉登记结果。
　　申请人签章：　　　　　　　　　　　　　　申请人签章：
　　　　年　月　日　　　　　　　　　　　　　　年　月　日

1.8.2 国有土地使用证办理的注意要点

房地产开发企业在办理国有土地使用证时，需要注意以下几个要点：

（1）股权转让或土地转让项目，应及时办理国有土地使用证的移交或过户。

（2）如所取得国有土地使用证为预登记的临时证照，应按规定办理变更，否则到期应办理延期手续。

（3）国有土地使用证核发的使用权面积是净用地面积，不含市政道路用地面积和公共绿地面积。

（4）为便于项目融资，一个用地面积较大的项目在办理国有土地使用证时，根据资金计划的要求能争取分证则尽量办理分证。如不能分期办理国有土地使用证，在土地抵押贷款环节应将国有土地使用证附图分成几块分别办理他项权利证，可分块分别在不同银行抵押贷款。

（5）在办理国有土地使用证前，应按出让合同约定缴清全部土地出让价款，不存在按出让价款缴纳比例分割发放国有建设用地使用权证书。

国有土地使用证示例见图 1-2。

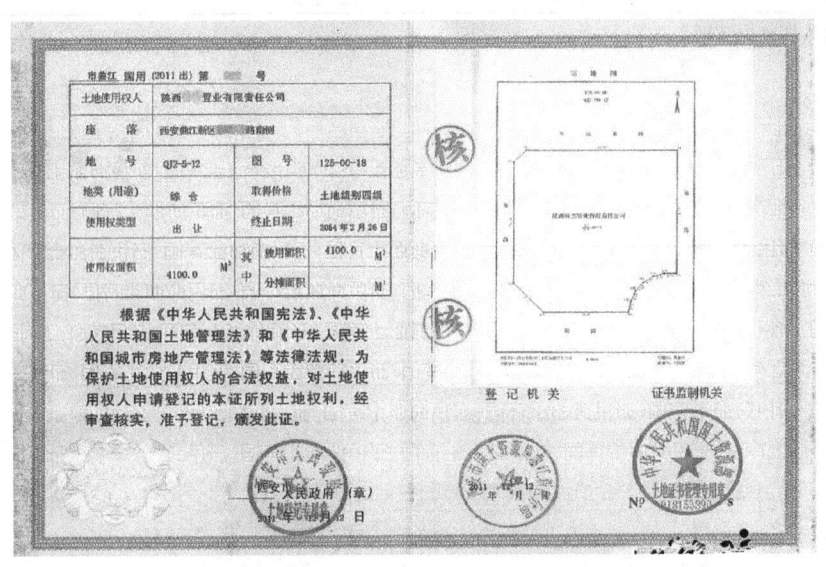

图 1-2　国有土地使用证示例

附录 1.1　中华人民共和国土地管理法（2004 年版）

中华人民共和国土地管理法

（国家主席令第 28 号，自 2004 年 8 月 28 日起实施）

第一章　总则

第一条　为了加强土地管理，维护土地的社会主义公有制，保护、开发土地资源，合理利用土地，切实保护耕地，促进社会经济的可持续发展，根据宪法，制定本法。

第二条　中华人民共和国实行土地的社会主义公有制，即全民所有制和劳动群众集体所有制。

全民所有，即国家所有土地的所有权由国务院代表国家行使。

任何单位和个人不得侵占、买卖或者以其他形式非法转让土地。土地使用权可以依法转让。

国家为了公共利益的需要，可以依法对土地实行征收或者征用并给予补偿。

国家依法实行国有土地有偿使用制度。但是，国家在法律规定的范围内划拨国有土地使用权的除外。

第三条 十分珍惜、合理利用土地和切实保护耕地是我国的基本国策。各级人民政府应当采取措施，全面规划，严格管理，保护、开发土地资源，制止非法占用土地的行为。

第四条 国家实行土地用途管制制度。

国家编制土地利用总体规划，规定土地用途，将土地分为农用地、建设用地和未利用地。严格限制农用地转为建设用地，控制建设用地总量，对耕地实行特殊保护。

前款所称农用地是指直接用于农业生产的土地，包括耕地、林地、草地、农田水利用地、养殖水面等；建设用地是指建造建筑物、构筑物的土地，包括城乡住宅和公共设施用地、工矿用地、交通水利设施用地、旅游用地、军事设施用地等；未利用地是指农用地和建设用地以外的土地。

使用土地的单位和个人必须严格按照土地利用总体规划确定的用途使用土地。

第五条 国务院土地行政主管部门统一负责全国土地的管理和监督工作。

县级以上地方人民政府土地行政主管部门的设置及其职责，由省、自治区、直辖市人民政府根据国务院有关规定确定。

第六条 任何单位和个人都有遵守土地管理法律、法规的义务，并有权对违反土地管理法律、法规的行为提出检举和控告。

第七条 在保护和开发土地资源、合理利用土地以及进行有关的科学研究等方面成绩显著的单位和个人，由人民政府给予奖励。

第二章 土地的所有权和使用权

第八条 城市市区的土地属于国家所有。

农村和城市郊区的土地，除由法律规定属于国家所有的以外，属于农民集体所有；宅基地和自留地、自留山，属于农民集体所有。

第九条 国有土地和农民集体所有的土地，可以依法确定给单位或者个人使用。使用土地的单位和个人，有保护、管理和合理利用土地的义务。

第十条 农民集体所有的土地依法属于村农民集体所有的，由村集体经济组织或者村民委员会经营、管理；已经分别属于村内两个以上农村集体经济组织的农民集体所有的，由村内各该农村集体经济组织或者村民小组经营、管理；已经属于乡（镇）农民集体所有的，由乡（镇）农村集体经济组织经营、管理。

第十一条 农民集体所有的土地，由县级人民政府登记造册，核发证书，确认所有权。

单位和个人依法使用的国有土地，由县级以上人民政府登记造册，核发证书，确认使用权；其中，中央国家机关使用的国有土地的具体登记发证机关，由国务院确定。

确认林地、草原的所有权或者使用权，确认水面、滩涂的养殖使用权，分别依照《中华

人民共和国森林法》《中华人民共和国草原法》和《中华人民共和国渔业法》的有关规定办理。

第十二条 依法改变土地权属和用途的,应当办理土地变更登记手续。

第十三条 依法登记的土地的所有权和使用权受法律保护,任何单位和个人不得侵犯。

第十四条 农民集体所有的土地由本集体经济组织的成员承包经营,从事种植业、林业、畜牧业、渔业生产。土地承包经营期限为三十年。发包方和承包方应当订立承包合同,约定双方的权利和义务。承包经营土地的农民有保护和按照承包合同约定的用途合理利用土地的义务。农民的土地承包经营权受法律保护。

在土地承包经营期限内,对个别承包经营者之间承包的土地进行适当调整的,必须经村民会议三分之二以上成员或者三分之二以上村民代表的同意,并报乡(镇)人民政府和县级人民政府农业行政主管部门批准。

第十五条 国有土地可以由单位或者个人承包经营,从事种植业、林业、畜牧业、渔业生产。农民集体所有的土地,可以由本集体经济组织以外的单位或者个人承包经营,从事种植业、林业、畜牧业、渔业生产。发包方和承包方应当订立承包合同,约定双方的权利和义务。土地承包经营的期限由承包合同约定。承包经营土地的单位和个人,有保护和按照承包合同约定的用途合理利用土地的义务。

农民集体所有的土地由本集体经济组织以外的单位或者个人承包经营的,必须经村民会议三分之二以上成员或者三分之二以上村民代表的同意,并报乡(镇)人民政府批准。

第十六条 土地所有权和使用权争议,由当事人协商解决;协商不成的,由人民政府处理。

单位之间的争议,由县级以上人民政府处理;个人之间、个人与单位之间的争议,由乡级人民政府或者县级以上人民政府处理。

当事人对有关人民政府的处理决定不服的,可以自接到处理决定通知之日起30日内,向人民法院起诉。

在土地所有权和使用权争议解决前,任何一方不得改变土地利用现状。

第三章 土地利用总体规划

第十七条 各级人民政府应当依据国民经济和社会发展规划、国土整治和资源环境保护的要求、土地供给能力以及各项建设对土地的需求,组织编制土地利用总体规划。

土地利用总体规划的规划期限由国务院规定。

第十八条 下级土地利用总体规划应当依据上一级土地利用总体规划编制。

地方各级人民政府编制的土地利用总体规划中的建设用地总量不得超过上一级土地利用总体规划确定的控制指标,耕地保有量不得低于上一级土地利用总体规划确定的控制指标。

省、自治区、直辖市人民政府编制的土地利用总体规划,应当确保本行政区域内耕地总量不减少。

第十九条 土地利用总体规划按照下列原则编制:

(一)严格保护基本农田,控制非农业建设占用农用地。

(二)提高土地利用率。

(三)统筹安排各类、各区域用地。

(四)保护和改善生态环境,保障土地的可持续利用。

（五）占用耕地与开发复垦耕地相平衡。

第二十条　县级土地利用总体规划应当划分土地利用区，明确土地用途。

乡（镇）土地利用总体规划应当划分土地利用区，根据土地使用条件，确定每一块土地的用途，并予以公告。

第二十一条　土地利用总体规划实行分级审批。

省、自治区、直辖市的土地利用总体规划，报国务院批准。

省、自治区人民政府所在地的市、人口在一百万以上的城市以及国务院指定的城市的土地利用总体规划，经省、自治区人民政府审查同意后，报国务院批准。

本条第二款、第三款规定以外的土地利用总体规划，逐级上报省、自治区、直辖市人民政府批准；其中，乡（镇）土地利用总体规划可以由省级人民政府授权的设区的市、自治州人民政府批准。

土地利用总体规划一经批准，必须严格执行。

第二十二条　城市建设用地规模应当符合国家规定的标准，充分利用现有建设用地，不占或者少占农用地。

城市总体规划、村庄和集镇规划，应当与土地利用总体规划相衔接，城市总体规划、村庄和集镇规划中建设用地规模不得超过土地利用总体规划确定的城市和村庄、集镇建设用地规模。

在城市规划区内、村庄和集镇规划区内，城市和村庄、集镇建设用地应当符合城市规划、村庄和集镇规划。

第二十三条　江河、湖泊综合治理和开发利用规划，应当与土地利用总体规划相衔接。在江河、湖泊、水库的管理和保护范围以及蓄洪滞洪区内，土地利用应当符合江河、湖泊综合治理和开发利用规划，符合河道、湖泊行洪、蓄洪和输水的要求。

第二十四条　各级人民政府应当加强土地利用计划管理，实行建设用地总量控制。

土地利用年度计划，根据国民经济和社会发展计划、国家产业政策、土地利用总体规划以及建设用地和土地利用的实际状况编制。土地利用年度计划的编制审批程序与土地利用总体规划的编制审批程序相同，一经审批下达，必须严格执行。

第二十五条　省、自治区、直辖市人民政府应当将土地利用年度计划的执行情况列为国民经济和社会发展计划执行情况的内容，向同级人民代表大会报告。

第二十六条　经批准的土地利用总体规划的修改，须经原批准机关批准；未经批准，不得改变土地利用总体规划确定的土地用途。

经国务院批准的大型能源、交通、水利等基础设施建设用地，需要改变土地利用总体规划的，根据国务院的批准文件修改土地利用总体规划。

经省、自治区、直辖市人民政府批准的能源、交通、水利等基础设施建设用地，需要改变土地利用总体规划的，属于省级人民政府土地利用总体规划批准权限内的，根据省级人民政府的批准文件修改土地利用总体规划。

第二十七条　国家建立土地调查制度。

县级以上人民政府土地行政主管部门会同同级有关部门进行土地调查。土地所有者或者使用者应当配合调查，并提供有关资料。

第二十八条 县级以上人民政府土地行政主管部门会同同级有关部门根据土地调查成果、规划土地用途和国家制定的统一标准，评定土地等级。

第二十九条 国家建立土地统计制度。

县级以上人民政府土地行政主管部门和同级统计部门共同制定统计调查方案，依法进行土地统计，定期发布土地统计资料。土地所有者或者使用者应当提供有关资料，不得虚报、瞒报、拒报、迟报。

土地行政主管部门和统计部门共同发布的土地面积统计资料是各级人民政府编制土地利用总体规划的依据。

第三十条 国家建立全国土地管理信息系统，对土地利用状况进行动态监测。

第四章 耕地保护

第三十一条 国家保护耕地，严格控制耕地转为非耕地。

国家实行占用耕地补偿制度。非农业建设经批准占用耕地的，按照"占多少，垦多少"的原则，由占用耕地的单位负责开垦与所占用耕地的数量和质量相当的耕地；没有条件开垦或者开垦的耕地不符合要求的，应当按照省、自治区、直辖市的规定缴纳耕地开垦费，专款用于开垦新的耕地。

省、自治区、直辖市人民政府应当制定开垦耕地计划，监督占用耕地的单位按照计划开垦耕地或者按照计划组织开垦耕地，并进行验收。

第三十二条 县级以上地方人民政府可以要求占用耕地的单位将所占用耕地耕作层的土壤用于新开垦耕地、劣质地或者其他耕地的土壤改良。

第三十三条 省、自治区、直辖市人民政府应当严格执行土地利用总体规划和土地利用年度计划，采取措施，确保本行政区域内耕地总量不减少；耕地总量减少的，由国务院责令在规定期限内组织开垦与所减少耕地的数量与质量相当的耕地，并由国务院土地行政主管部门会同农业行政主管部门验收。个别省、直辖市确因土地后备资源匮乏，新增建设用地后，新开垦耕地的数量不足以补偿所占用耕地的数量的，必须报经国务院批准减免本行政区域内开垦耕地的数量，进行易地开垦。

第三十四条 国家实行基本农田保护制度。下列耕地应当根据土地利用总体规划划入基本农田保护区，严格管理：

（一）经国务院有关主管部门或者县级以上地方人民政府批准确定的粮、棉、油生产基地内的耕地。

（二）有良好的水利与水土保持设施的耕地，正在实施改造计划以及可以改造的中、低产田。

（三）蔬菜生产基地。

（四）农业科研、教学试验田。

（五）国务院规定应当划入基本农田保护区的其他耕地。

各省、自治区、直辖市划定的基本农田应当占本行政区域内耕地的百分之八十以上。

基本农田保护区以乡（镇）为单位进行划区定界，由县级人民政府土地行政主管部门会同同级农业行政主管部门组织实施。

第三十五条 各级人民政府应当采取措施，维护排灌工程设施，改良土壤，提高地力，防止土地荒漠化、盐渍化、水土流失和污染土地。

第三十六条　非农业建设必须节约使用土地，可以利用荒地的，不得占用耕地；可以利用劣地的，不得占用好地。

禁止占用耕地建窑、建坟或者擅自在耕地上建房、挖砂、采石、采矿、取土等。

禁止占用基本农田发展林果业和挖塘养鱼。

第三十七条　禁止任何单位和个人闲置、荒芜耕地。已经办理审批手续的非农业建设占用耕地，一年内不用而又可以耕种并收获的，应当由原耕种该幅耕地的集体或者个人恢复耕种，也可以由用地单位组织耕种；一年以上未动工建设的，应当按照省、自治区、直辖市的规定缴纳闲置费；连续二年未使用的，经原批准机关批准，由县级以上人民政府无偿收回用地单位的土地使用权；该幅土地原为农民集体所有的，应当交由原农村集体经济组织恢复耕种。

在城市规划区范围内，以出让方式取得土地使用权进行房地产开发的闲置土地，依照《中华人民共和国城市房地产管理法》的有关规定办理。

承包经营耕地的单位或者个人连续二年弃耕抛荒的，原发包单位应当终止承包合同，收回发包的耕地。

第三十八条　国家鼓励单位和个人按照土地利用总体规划，在保护和改善生态环境、防止水土流失和土地荒漠化的前提下，开发未利用的土地；适宜开发为农用地的，应当优先开发成农用地。

国家依法保护开发者的合法权益。

第三十九条　开垦未利用的土地，必须经过科学论证和评估，在土地利用总体规划划定的可开垦的区域内，经依法批准后进行。禁止毁坏森林、草原开垦耕地，禁止围湖造田和侵占江河滩地。

根据土地利用总体规划，对破坏生态环境开垦、围垦的土地，有计划有步骤地退耕还林、还牧、还湖。

第四十条　开发未确定使用权的国有荒山、荒地、荒滩从事种植业、林业、畜牧业、渔业生产的，经县级以上人民政府依法批准，可以确定给开发单位或者个人长期使用。

第四十一条　国家鼓励土地整理。县、乡（镇）人民政府应当组织农村集体经济组织，按照土地利用总体规划，对田、水、路、林、村综合整治，提高耕地质量，增加有效耕地面积，改善农业生产条件和生态环境。

地方各级人民政府应当采取措施，改造中、低产田，整治闲散地和废弃地。

第四十二条　因挖损、塌陷、压占等造成土地破坏，用地单位和个人应当按照国家有关规定负责复垦；没有条件复垦或者复垦不符合要求的，应当缴纳土地复垦费，专项用于土地复垦。复垦的土地应当优先用于农业。

第五章　建设用地

第四十三条　任何单位和个人进行建设，需要使用土地的，必须依法申请使用国有土地；但是，兴办乡镇企业和村民建设住宅经依法批准使用本集体经济组织农民集体所有的土地的，或者乡（镇）村公共设施和公益事业建设经依法批准使用农民集体所有的土地的除外。

前款所称依法申请使用的国有土地包括国家所有的土地和国家征收的原属于农民集体所

有的土地。

第四十四条 建设占用土地，涉及农用地转为建设用地的，应当办理农用地转用审批手续。

省、自治区、直辖市人民政府批准的道路、管线工程和大型基础设施建设项目、国务院批准的建设项目占用土地，涉及农用地转为建设用地的，由国务院批准。

在土地利用总体规划确定的城市和村庄、集镇建设用地规模范围内，为实施该规划而将农用地转为建设用地的，按土地利用年度计划分批次由原批准土地利用总体规划的机关批准。在已批准的农用地转用范围内，具体建设项目用地可以由市、县人民政府批准。

本条第二款、第三款规定以外的建设项目占用土地，涉及农用地转为建设用地的，由省、自治区、直辖市人民政府批准。

第四十五条 征收下列土地的，由国务院批准：

（一）基本农田。

（二）基本农田以外的耕地超过35hm的。

（三）其他土地超过70hm的。

征收前款规定以外的土地的，由省、自治区、直辖市人民政府批准，并报国务院备案。征收农用地的，应当依照本法第四十四条 的规定先行办理农用地转用审批。其中，经国务院批准农用地转用的，同时办理征地审批手续。不再另行办理征地审批；经省、自治区、直辖市人民政府在征地批准权限内批准农用地转用的，同时办理征地审批手续，不再另行办理征地审批，超过征地批准权限的，应当依照本条第一款的规定另行办理征地审批。

第四十六条 国家征收土地的，依照法定程序批准后，由县级以上地方人民政府予以公告并组织实施。

被征用土地的所有权人、使用权人应当在公告规定期限内，持土地权属证书到当地人民政府土地行政主管部门办理征地补偿登记。

第四十七条 征收土地的，按照被征收土地的原用途给予补偿。

征收耕地的补偿费用包括土地补偿费、安置补助费以及地上附着物和青苗的补偿费。征收耕地的土地补偿费，为该耕地被征收前三年平均年产值的六至十倍。征收耕地的安置补助费，按照需要安置的农业人口数计算。需要安置的农业人口数，按照被征收的耕地数量除以征地前被征收单位平均每人占有耕地的数量计算。每一个需要安置的农业人口的安置补助费标准，为该耕地被征收前三年平均年产值的四至六倍。但是，每公顷被征收耕地的安置补助费，最高不得超过被征收前三年平均年产值的十五倍。

征收其他土地的土地补偿费和安置补助费标准，由省、自治区、直辖市参照征收耕地的土地补偿费和安置补助费的标准规定。

被征收土地上的附着物和青苗的补偿标准，由省、自治区、直辖市规定。

征收城市郊区的菜地，用地单位应当按照国家有关规定缴纳新菜地开发建设基金。

依照本条第二款的规定支付土地补偿费和安置补助费，尚不能使需要安置的农民保持原有生活水平的，经省、自治区、直辖市人民政府批准，可以增加安置补助费。但是，土地补偿费和安置补助费的总和不得超过土地被征收前三年平均年产值的三十倍。

国务院根据社会、经济发展水平，在特殊情况下，可以提高征收耕地的土地补偿费和安置补助费的标准。

第四十八条　征地补偿安置方案确定后，有关地方人民政府应当公告，并听取被征地的农村集体经济组织和农民的意见。

第四十九条　被征地的农村集体经济组织应当将征收土地的补偿费用的收支状况向本集体经济组织的成员公布，接受监督。

禁止侵占、挪用被征用土地单位的征地补偿费用和其他有关费用。

第五十条　地方各级人民政府应当支持被征地的农村集体经济组织和农民从事开发经营，兴办企业。

第五十一条　大中型水利、水电工程建设征收土地的补偿费标准和移民安置办法，由国务院另行规定。

第五十二条　建设项目可行性研究论证时，土地行政主管部门可以根据土地利用总体规划、土地利用年度计划和建设用地标准，对建设用地有关事项进行审查，并提出意见。

第五十三条　经批准的建设项目需要使用国有建设用地的，建设单位应当持法律、行政法规规定的有关文件，向有批准权的县级以上人民政府土地行政主管部门提出建设用地申请，经土地行政主管部门审查，报本级人民政府批准。

第五十四条　建设单位使用国有土地，应当以出让等有偿使用方式取得；但是，下列建设用地，经县级以上人民政府依法批准，可以以划拨方式取得：

（一）国家机关用地和军事用地。

（二）城市基础设施用地和公益事业用地。

（三）国家重点扶持的能源、交通、水利等基础设施用地。

（四）法律、行政法规规定的其他用地。

第五十五条　以出让等有偿使用方式取得国有土地使用权的建设单位，按照国务院规定的标准和办法，缴纳土地使用权出让金等土地有偿使用费和其他费用后，方可使用土地。

自本法施行之日起，新增建设用地的土地有偿使用费，百分之三十上缴中央财政，百分之七十留给有关地方人民政府，都专项用于耕地开发。

第五十六条　建设单位使用国有土地的，应当按照土地使用权出让等有偿使用合同的约定或者土地使用权划拨批准文件的规定使用土地；确需改变该幅土地建设用途的，应当经有关人民政府土地行政主管部门同意，报原批准用地的人民政府批准。其中，在城市规划区内改变土地用途的，在报批前，应当先经有关城市规划行政主管部门同意。

第五十七条　建设项目施工和地质勘查需要临时使用国有土地或者农民集体所有的土地的，由县级以上人民政府土地行政主管部门批准。其中，在城市规划区内的临时用地，在报批前，应当先经有关城市规划行政主管部门同意。土地使用者应当根据土地权属，与有关土地行政主管部门或者农村集体经济组织、村民委员会签订临时使用土地合同，并按照合同的约定支付临时使用土地补偿费。

临时使用土地的使用者应当按照临时使用土地合同约定的用途使用土地，并不得修建永久性建筑物。

临时使用土地期限一般不超过两年。

第五十八条　有下列情形之一的，由有关人民政府土地主管部门报经原批准用地的人民

政府或者有批准权的人民政府批准，可以收回国有土地使用权：

（一）为公共利益需要使用土地的。

（二）为实施城市规划进行旧城区改建，需要调整使用土地的。

（三）土地出让等有偿使用合同约定的使用期限届满，土地使用者未申请续期或者申请续期未获批准的。

（四）因单位撤销、迁移等原因，停止使用原划拨的国有土地的。

（五）公路、铁路、机场、矿场等经核准报废的。

依照前款第(一)项、第(二)项的规定收回国有土地使用权的，对土地使用权人应当给予适当补偿。

第五十九条 乡镇企业、乡（镇）村公共设施、公益事业、农村村民住宅等乡（镇）村建设，应当按照村庄和集镇规划，合理布局，综合开发，配套建设；建设用地，应当符合乡（镇）土地利用总体规划和土地利用年度计划，并依照本法第四十四条、第六十条、第六十一条、第六十二条的规定办理审批手续。

第六十条 农村集体经济组织使用乡（镇）土地利用总体规划确定的建设用地兴办企业或者与其他单位、个人以土地使用权入股、联营等形式共同举办企业的，应当持有关批准文件，向县级以上地方人民政府土地行政主管部门提出申请，按照省、自治区、直辖市规定的批准权限，由县级以上地方人民政府批准；其中，涉及占用农用地的，依照本法第四十四条的规定办理审批手续。

按照前款规定兴办企业的建设用地，必须严格控制。省、自治区、直辖市可以按照乡镇企业的不同行业和经营规模，分别规定用地标准。

第六十一条 乡（镇）村公共设施、公益事业建设，需要使用土地的，经乡（镇）人民政府审核，向县级以上地方人民政府土地行政主管部门提出申请，按照省、自治区、直辖市规定的批准权限，由县级以上地方人民政府批准；其中，涉及占用农用地的，依照本法第四十四条的规定办理审批手续。

第六十二条 农村村民一户只能拥有一处宅基地，其宅基地的面积不得超过省、自治区、直辖市规定的标准。

农村村民建住宅，应当符合乡（镇）土地利用总体规划，并尽量使用原有的宅基地和村内空闲地。

农村村民住宅用地，经乡（镇）人民政府审核，由县级人民政府批准；其中，涉及占用农用地的，依照本法第四十四条的规定办理审批手续。

农村村民出卖、出租住房后，再申请宅基地的，不予批准。

第六十三条 农民集体所有的土地的使用权不得出让、转让或者出租用于非农业建设；但是，符合土地利用总体规划并依法取得建设用地的企业，因破产、兼并等情形致使土地使用权依法发生转移的除外。

第六十四条 在土地利用总体规划制定前已建的不符合土地利用总体规划确定的用途的建筑物、构筑物，不得重建、扩建。

第六十五条 有下列情形之一的，农村集体经济组织报经原批准用地的人民政府批准，可以收回土地使用权：

（一）为乡（镇）村公共设施和公益事业建设，需要使用土地的。
（二）不按照批准的用途使用土地的。
（三）因撤销、迁移等原因而停止使用土地的。
依照前款第（一）项规定收回农民集体所有的土地的，对土地使用权人应当给予适当补偿。

第六章 监督检查

第六十六条 县级以上人民政府土地行政主管部门对违反土地管理法律、法规的行为进行监督检查。

土地管理监督检查人员应当熟悉土地管理法律、法规，忠于职守、秉公执法。

第六十七条 县级以上人民政府土地行政主管部门履行监督检查职责时，有权采取下列措施：

（一）要求被检查的单位或者个人提供有关土地权利的文件和资料，进行查阅或者予以复制。
（二）要求被检查的单位或者个人就有关土地权利的问题做出说明。
（三）进入被检查单位或者个人非法占用的土地现场进行勘测。
（四）责令非法占用土地的单位或者个人停止违反土地管理法律、法规的行为。

第六十八条 土地管理监督检查人员履行职责，需要进入现场进行勘测、要求有关单位或者个人提供文件、资料和做出说明的，应当出示土地管理监督检查证件。

第六十九条 有关单位和个人对县级以上人民政府土地行政主管部门就土地违法行为进行的监督检查应当支持与配合，并提供工作方便，不得拒绝与阻碍土地管理监督检查人员依法执行职务。

第七十条 县级以上人民政府土地行政主管部门在监督检查工作中发现国家工作人员的违法行为，依法应当给予行政处分的，应当依法予以处理；自己无权处理的，应当向同级或者上级人民政府的行政监察机关提出行政处分建议书，有关行政监察机关应当依法予以处理。

第七十一条 县级以上人民政府土地行政主管部门在监督检查工作中发现土地违法行为构成犯罪的，应当将案件移送有关机关，依法追究刑事责任；不构成犯罪的，应当依法给予行政处罚。

第七十二条 依照本法规定应当给予行政处罚，而有关土地行政主管部门不给予行政处罚的，上级人民政府土地行政主管部门有权责令有关土地行政主管部门做出行政处罚决定或者直接给予行政处罚，并给予有关土地行政主管部门的负责人行政处分。

第七章 法律责任

第七十三条 买卖或者以其他形式非法转让土地的，由县级以上人民政府土地行政主管部门没收违法所得；对违反土地利用总体规划擅自将农用地改为建设用地的，限期拆除在非法转让的土地上新建的建筑物和其他设施，恢复土地原状，对符合土地利用总体规划的，没收在非法转让的土地上新建的建筑物和其他设施；可以并处罚款；对直接负责的主管人员和其他直接责任人员，依法给予行政处分，构成犯罪的，依法追究刑事责任。

第七十四条 违反本法规定，占用耕地建窑、建坟或者擅自在耕地上建房、挖砂、采石、采矿、取土等，破坏种植条件的，或者因开发土地造成土地荒漠化、盐渍化的，由县级以上人民政府土地行政主管部门责令限期改正或者治理，可以并处罚款；构成犯罪的，依法追究刑事责任。

第七十五条 违反本法规定，拒不履行土地复垦义务的，由县级以上人民政府土地行政主管部门责令限期改正；逾期不改正的，责令缴纳复垦费，专项用于土地复垦，可以处以罚款。

第七十六条 未经批准或者采取欺骗手段骗取批准，非法占用土地的，由县级以上人民政府土地行政主管部门责令退还非法占用的土地，对违反土地利用总体规划擅自将农用地改为建设用地的，限期拆除在非法占用的土地上新建的建筑物和其他设施，恢复土地原状，对符合土地利用总体规划的，没收在非法占用的土地上新建的建筑物和其他设施，可以并处罚款；对非法占用土地单位的直接负责的主管人员和其他直接责任人员，依法给予行政处分；构成犯罪的，依法追究刑事责任。

超过批准的数量占用土地，多占的土地以非法占用土地论处。

第七十七条 农村村民未经批准或者采取欺骗手段骗取批准，非法占用土地建住宅的，由县级以上人民政府土地行政主管部门责令退还非法占用的土地，限期拆除在非法占用的土地上新建的房屋。

超过省、自治区、直辖市规定的标准，多占的土地以非法占用土地论处。

第七十八条 无权批准征收、使用土地的单位或者个人非法批准占用土地的，超越批准权限非法批准占用土地的，不按照土地利用总体规划确定的用途批准用地的，或者违反法律规定的程序批准占用、征收土地的，其批准文件无效，对非法批准征收、使用土地的直接负责的主管人员和其他直接责任人员，依法给予行政处分；构成犯罪的，依法追究刑事责任。

非法批准、使用的土地应当收回，有关当事人拒不归还的，以非法占用土地论处。

非法批准征用、使用土地，对当事人造成损失的，依法应当承担赔偿责任。

第七十九条 侵占、挪用被征收土地单位的征地补偿费用和其他有关费用，构成犯罪的，依法追究刑事责任；尚不构成犯罪的，依法给予行政处分。

第八十条 依法收回国有土地使用权当事人拒不交出土地的，临时使用土地期满拒不归还的，或者不按照批准的用途使用国有土地的，由县级以上人民政府土地行政主管部门责令交还土地，处以罚款。

第八十一条 擅自将农民集体所有的土地的使用权出让、转让或者出租用于非农业建设的，由县级以上人民政府土地行政主管部门责令限期改正，没收违法所得，并处罚款。

第八十二条 不依照本法规定办理土地变更登记的，由县级以上人民政府土地行政主管部门责令其限期办理。

第八十三条 依照本法规定，责令限期拆除在非法占用的土地上新建的建筑物和其他设施的，建设单位或者个人必须立即停止施工，自行拆除；对继续施工的，做出处罚决定的机关有权制止。建设单位或者个人对责令限期拆除的行政处罚决定不服的，可以在接到责令限期拆除决定之日起15日内，向人民法院起诉；期满不起诉又不自行拆除的，由做出处罚决定的机关依法申请人民法院强制执行，费用由违法者承担。

第八十四条 土地行政主管部门的工作人员玩忽职守、滥用职权、徇私舞弊，构成犯罪的，依法追究刑事责任；尚不构成犯罪的，依法给予行政处分。

第八章 附则

第八十五条 中外合资企业、中外合作经营企业、外资企业使用土地的，适用本法；法律另有规定的，从其规定。

附录1.2 招标拍卖挂牌出让国有建设用地使用权规定（2007年版）

招标拍卖挂牌出让国有建设用地使用权规定

（2002年4月3日国土资源部第4次部务会议通过，2007年9月21日国土资源部第3次部务会议修订）

第一条 为规范国有建设用地使用权出让行为，优化土地资源配置，建立公开、公平、公正的土地使用制度，根据《中华人民共和国物权法》《中华人民共和国土地管理法》《中华人民共和国城市房地产管理法》和《中华人民共和国土地管理法实施条例》，制定本规定。

第二条 在中华人民共和国境内以招标、拍卖或者挂牌出让方式在土地的地表、地上或者地下设立国有建设用地使用权的，适用本规定。

本规定所称招标出让国有建设用地使用权，是指市、县人民政府国土资源行政主管部门（以下简称出让人）发布招标公告，邀请特定或者不特定的自然人、法人和其他组织参加国有建设用地使用权投标，根据投标结果确定国有建设用地使用权人的行为。

本规定所称拍卖出让国有建设用地使用权，是指出让人发布拍卖公告，由竞买人在指定时间、地点进行公开竞价，根据出价结果确定国有建设用地使用权人的行为。

本规定所称挂牌出让国有建设用地使用权，是指出让人发布挂牌公告，按公告规定的期限将拟出让宗地的交易条件在指定的土地交易场所挂牌公布，接受竞买人的报价申请并更新挂牌价格，根据挂牌期限截止时的出价结果或者现场竞价结果确定国有建设用地使用权人的行为。

第三条 招标、拍卖或者挂牌出让国有建设用地使用权，应当遵循公开、公平、公正和诚信的原则。

第四条 工业、商业、旅游、娱乐和商品住宅等经营性用地以及同一宗地有两个以上意向用地者的，应当以招标、拍卖或者挂牌方式出让。

前款规定的工业用地包括仓储用地，但不包括采矿用地。

第五条 国有建设用地使用权招标、拍卖或者挂牌出让活动，应当有计划地进行。

市、县人民政府国土资源行政主管部门根据经济社会发展计划、产业政策、土地利用总体规划、土地利用年度计划、城市规划和土地市场状况，编制国有建设用地使用权出让年度计划，报经同级人民政府批准后，及时向社会公开发布。

第六条 市、县人民政府国土资源行政主管部门应当按照出让年度计划，会同城市规划等有关部门共同拟订拟招标拍卖挂牌出让地块的出让方案，报经市、县人民政府批准后，由市、县人民政府国土资源行政主管部门组织实施。

前款规定的出让方案应当包括出让地块的空间范围、用途、年限、出让方式、时间和其他条件等。

第七条　出让人应当根据招标拍卖挂牌出让地块的情况，编制招标拍卖挂牌出让文件。

招标拍卖挂牌出让文件应当包括出让公告、投标或者竞买须知、土地使用条件、标书或者竞买申请书、报价单、中标通知书或者成交确认书、国有建设用地使用权出让合同文本。

第八条　出让人应当至少在投标、拍卖或者挂牌开始日前20日，在土地有形市场或者指定的场所、媒介发布招标、拍卖或者挂牌公告，公布招标拍卖挂牌出让宗地的基本情况和招标拍卖挂牌的时间、地点。

第九条　招标拍卖挂牌公告应当包括下列内容：

（一）出让人的名称和地址。

（二）出让宗地的面积、界址、空间范围、现状、使用年期、用途、规划指标要求。

（三）投标人、竞买人的资格要求以及申请取得投标、竞买资格的办法。

（四）索取招标拍卖挂牌出让文件的时间、地点和方式。

（五）招标拍卖挂牌时间、地点、投标挂牌期限、投标和竞价方式等。

（六）确定中标人、竞得人的标准和方法。

（七）投标、竞买保证金。

（八）其他需要公告的事项。

第十条　市、县人民政府国土资源行政主管部门应当根据土地估价结果和政府产业政策综合确定标底或者底价。标底或者底价不得低于国家规定的最低价标准。

确定招标标底，拍卖和挂牌的起叫价、起始价、底价，投标、竞买保证金，应当实行集体决策。

招标标底和拍卖挂牌的底价，在招标开标前和拍卖挂牌出让活动结束之前应当保密。

第十一条　中华人民共和国境内外的自然人、法人和其他组织，除法律、法规另有规定外，均可申请参加国有建设用地使用权招标拍卖挂牌出让活动。

出让人在招标拍卖挂牌出让公告中不得设定影响公平、公正竞争的限制条件。挂牌出让的，出让公告中规定的申请截止时间，应当为挂牌出让结束日前2天。对符合招标拍卖挂牌公告规定条件的申请人，出让人应当通知其参加招标拍卖挂牌活动。

第十二条　市、县人民政府国土资源行政主管部门应当为投标人、竞买人查询拟出让土地的有关情况提供便利。

第十三条　投标、开标依照下列程序进行：

（一）投标人在投标截止时间前将标书投入标箱。招标公告允许邮寄标书的，投标人可以邮寄，但出让人在投标截止时间前收到的方为有效。

标书投入标箱后，不可撤回。投标人应当对标书和有关书面承诺承担责任。

（二）出让人按照招标公告规定的时间、地点开标，邀请所有投标人参加。由投标人或者其推选的代表检查标箱的密封情况，当众开启标箱，点算标书。投标人少于三人的，出让人应当终止招标活动。投标人不少于三人的，应当逐一宣布投标人名称、投标价格和投标文件的主要内容。

（三）评标小组进行评标。评标小组由出让人代表、有关专家组成，成员人数为五人以上的单数。

评标小组可以要求投标人对投标文件作出必要的澄清或者说明，但是澄清或者说明不得超出投标文件的范围或者改变投标文件的实质性内容。

评标小组应当按照招标文件确定的评标标准和方法，对投标文件进行评审。

（四）招标人根据评标结果，确定中标人。

按照价高者得的原则确定中标人的，可以不成立评标小组，由招标主持人根据开标结果，确定中标人。

第十四条　对能够最大限度地满足招标文件中规定的各项综合评价标准，或者能够满足招标文件的实质性要求且价格最高的投标人，应当确定为中标人。

第十五条　拍卖会依照下列程序进行：

（一）主持人点算竞买人。

（二）主持人介绍拍卖宗地的面积、界址、空间范围、现状、用途、使用年期、规划指标要求、开工和竣工时间以及其他有关事项。

（三）主持人宣布起叫价和增价规则及增价幅度，没有底价的，应当明确提示。

（四）主持人报出起叫价。

（五）竞买人举牌应价或者报价。

（六）主持人确认该应价或者报价后继续竞价。

（七）主持人连续三次宣布同一应价或者报价而没有再应价或者报价的，主持人落槌表示拍卖成交。

（八）主持人宣布最高应价或者报价者为竞得人。

第十六条　竞买人的最高应价或者报价未达到底价时，主持人应当终止拍卖。

拍卖主持人在拍卖中可以根据竞买人竞价情况调整拍卖增价幅度。

第十七条　挂牌依照以下程序进行：

（一）在挂牌公告规定的挂牌起始日，出让人将挂牌宗地的面积、界址、空间范围、现状、用途、使用年期、规划指标要求、开工时间和竣工时间、起始价、增价规则及增价幅度等，在挂牌公告规定的土地交易场所挂牌公布。

（二）符合条件的竞买人填写报价单报价。

（三）挂牌主持人确认该报价后，更新显示挂牌价格。

（四）挂牌主持人在挂牌公告规定的挂牌截止时间确定竞得人。

第十八条　挂牌时间不得少于 10 日。挂牌期间可根据竞买人竞价情况调整增价幅度。

第十九条　挂牌截止应当由挂牌主持人主持确定。挂牌期限届满，挂牌主持人现场宣布最高报价及其报价者，并询问竞买人是否愿意继续竞价。有竞买人表示愿意继续竞价的，挂牌出让转入现场竞价，通过现场竞价确定竞得人。挂牌主持人连续三次报出最高挂牌价格，没有竞买人表示愿意继续竞价的，按照下列规定确定是否成交：

（一）在挂牌期限内只有一个竞买人报价，且报价不低于底价，并符合其他条件的，挂牌成交。

（二）在挂牌期限内有两个或者两个以上的竞买人报价的，出价最高者为竞得人；报价相同的，先提交报价单者为竞得人，但报价低于底价者除外。

（三）在挂牌期限内无应价者或者竞买人的报价均低于底价或者均不符合其他条件的，挂牌不成交。

第二十条　以招标、拍卖或者挂牌方式确定中标人、竞得人后，中标人、竞得人支付的投标、竞买保证金，转作受让地块的定金。出让人应当向中标人发出中标通知书或者与竞得人签订成交确认书。

中标通知书或者成交确认书应当包括出让人和中标人或者竞得人的名称，出让标的，成交时间、地点、价款以及签订国有建设用地使用权出让合同的时间、地点等内容。

中标通知书或者成交确认书对出让人和中标人或者竞得人具有法律效力。出让人改变竞得结果，或者中标人、竞得人放弃中标宗地、竞得宗地的，应当依法承担责任。

第二十一条　中标人、竞得人应当按照中标通知书或者成交确认书约定的时间，与出让人签订国有建设用地使用权出让合同。中标人、竞得人支付的投标、竞买保证金抵作土地出让价款；其他投标人、竞买人支付的投标、竞买保证金，出让人必须在招标拍卖挂牌活动结束后5个工作日内予以退还，不计利息。

第二十二条　招标拍卖挂牌活动结束后，出让人应在10个工作日内将招标拍卖挂牌出让结果在土地有形市场或者指定的场所、媒介公布。

出让人公布出让结果，不得向受让人收取费用。

第二十三条　受让人依照国有建设用地使用权出让合同的约定付清全部土地出让价款后，方可申请办理土地登记，领取国有建设用地使用权证书。

未按出让合同约定缴清全部土地出让价款的，不得发放国有建设用地使用权证书，也不得按出让价款缴纳比例分割发放国有建设用地使用权证书。

第二十四条　应当以招标拍卖挂牌方式出让国有建设用地使用权而擅自采用协议方式出让的，对直接负责的主管人员和其他直接责任人员依法给予处分；构成犯罪的，依法追究刑事责任。

第二十五条　中标人、竞得人有下列行为之一的，中标、竞得结果无效；造成损失的，应当依法承担赔偿责任：

（一）提供虚假文件隐瞒事实的。

（二）采取行贿、恶意串通等非法手段中标或者竞得的。

第二十六条　国土资源行政主管部门的工作人员在招标拍卖挂牌出让活动中玩忽职守、滥用职权、徇私舞弊的，依法给予处分；构成犯罪的，依法追究刑事责任。

第二十七条　以招标拍卖挂牌方式租赁国有建设用地使用权的，参照本规定执行。

第二十八条　本规定自2007年11月1日起施行。

附录1.3　招标拍卖挂牌出让国有土地使用权规范（2006年版）

招标拍卖挂牌出让国有土地使用权规范

（国土资源部2006年5月31日发布，2006年8月1日实施）

前言

为完善国有土地使用权出让制度，规范国有土地使用权招标拍卖挂牌出让行为，统一程序和标准，优化土地资源配置，推进土地市场建设，根据《中华人民共和国土地管理法》《中华人民共和国城市房地产管理法》《中华人民共和国城镇国有土地使用权出让和转让暂行条例》《招标拍卖挂牌出让国有土地使用权规定》等规定，制定本规范。

1. 适用范围

1.1 在中华人民共和国境内以招标、拍卖或者挂牌方式出让国有土地使用权，适用本规范。

1.2 以招标、拍卖或者挂牌方式租赁国有土地使用权、出让国有土地他项权利，参照本规范执行。

1.3 以招标、拍卖或者挂牌方式转让国有土地使用权，以及依法以招标、拍卖或者挂牌方式流转农民集体建设用地使用权，可参照本规范执行。

2. 引用的标准和文件

下列标准和文件所包含的条文，通过在本规范中引用而构成本规范的条文。本规范颁布时，所示版本均为有效。使用本规范的各方应使用下列各标准和文件的最新版本。

GB/T 18508—2001《城镇土地估价规程》

国土资发〔2000〕303 号《国有土地使用权出让合同示范文本》

国土资发〔2001〕255 号《全国土地分类》

国土资发〔2004〕232 号《工业建设项目用地控制指标》

3. 依据

（1）《中华人民共和国土地管理法》

（2）《中华人民共和国城市房地产管理法》

（3）《中华人民共和国城市规划法》

（4）《中华人民共和国行政许可法》

（5）《中华人民共和国合同法》

（6）《中华人民共和国城镇国有土地使用权出让和转让暂行条例》

（7）《建立健全教育、制度、监督并重的惩治和预防腐败体系实施纲要》（中发〔2005〕3 号）

（8）《国务院关于加强国有土地资产管理的通知》（国发〔2001〕15 号）

（9）《国务院关于深化改革严格土地管理的决定》（国发〔2004〕28 号）

（10）《中共中央纪委监察部关于领导干部利用职权违反规定干预和插手建设工程招投标、经营性土地使用权出让、房地产开发与经营等市场经济活动，为个人和亲友谋取私利的处理规定》（中纪发〔2004〕3 号）

（11）《招标拍卖挂牌出让国有土地使用权规定》（国土资源部令第 11 号）

4. 总则

4.1 招标拍卖挂牌出让国有土地使用权内涵

本规范所称招标出让国有土地使用权，是指市、县国土资源管理部门发布招标公告或者发出投标邀请书，邀请特定或者不特定的法人、自然人和其他组织参加国有土地使用权投标，根据投标结果确定土地使用者的行为。

本规范所称拍卖出让国有土地使用权，是指市、县国土资源管理部门发布拍卖公告，由竞买人在指定时间、地点进行公开竞价，根据出价结果确定土地使用者的行为。

本规范所称挂牌出让国有土地使用权，是指市、县国土资源管理部门发布挂牌公告，按公告规定的期限将拟出让宗地的交易条件在指定的土地交易场所挂牌公布，接受竞买人的报价申请并更新挂牌价格，根据挂牌期限截止时的出价结果或现场竞价结果确定土地使用者的行为。

4.2　招标拍卖挂牌出让国有土地使用权原则

（1）公开、公平、公正。

（2）诚实信用。

4.3　招标拍卖挂牌出让国有土地使用权范围

（1）供应商业、旅游、娱乐和商品住宅等各类经营性用地以及有竞争要求的工业用地。

（2）其他土地供地计划公布后同一宗地有两个或者两个以上意向用地者的。

（3）划拨土地使用权改变用途，国有土地划拨决定书或法律、法规、行政规定等明确应当收回土地使用权，实行招标拍卖挂牌出让的。

（4）划拨土地使用权转让，国有土地划拨决定书或法律、法规、行政规定等明确应当收回土地使用权，实行招标拍卖挂牌出让的。

（5）出让土地使用权改变用途，国有土地使用权出让合同约定或法律、法规、行政规定等明确应当收回土地使用权，实行招标拍卖挂牌出让的。

（6）法律、法规、行政规定明确应当招标拍卖挂牌出让的其他情形。

4.4　招标拍卖挂牌出让国有土地使用权组织实施

4.4.1　实施主体

国有土地使用权招标拍卖挂牌出让由市、县国土资源管理部门组织实施。

4.4.2　组织方式

市、县国土资源管理部门实施招标拍卖挂牌出让国有土地使用权活动，可以根据实际情况选择以下方式：

（1）市、县国土资源管理部门自行办理。

（2）市、县国土资源管理部门指定或授权下属事业单位具体承办。

（3）市、县国土资源管理部门委托具有相应资质的交易代理中介机构承办。

4.4.3　协调决策机构

国有土地使用权出让实行集体决策。市、县国土资源管理部门根据实际情况，可以成立国有土地使用权出让协调决策机构，负责协调解决出让中的相关问题，集体确定有关事项。

4.4.4　土地招标拍卖挂牌主持人

国有土地使用权招标拍卖挂牌出让活动，应当由符合国土资源部确定的土地招标拍卖挂牌主持人条件并取得资格的人员主持进行。

4.4.5　招标拍卖挂牌出让程序

（1）公布出让计划，确定供地方式。

（2）编制、确定出让方案。

（3）地价评估，确定出让底价。

（4）编制出让文件。

（5）发布出让公告。

（6）申请和资格审查。

（7）招标拍卖挂牌活动实施。

（8）签订出让合同，公布出让结果。

（9）核发建设用地批准书，交付土地。

（10）办理土地登记。

（11）资料归档。

4.5 地方补充规定

地方可对本规范做出补充规定或实施细则，并报上一级国土资源管理部门备案。

5. 公布出让计划，确定供地方式

5.1 市、县国土资源管理部门应当将经批准的国有土地使用权出让计划向社会公布。有条件的地方可以根据供地进度安排，分阶段将国有土地使用权出让计划细化落实到地段、地块，并将相关信息及时向社会公布。国有土地使用权出让计划以及细化的地段、地块信息应当同时在中国土地市场网（www.la11dchi11a.com）上公布。

5.2 市、县国土资源管理部门公布国有土地使用权出让计划、细化的地段、地块信息，应当同时明确用地者申请用地的途径和方式，公开接受用地申请。

5.3 需要使用土地的单位和个人（以下简称意向用地者）应当根据公布的国有土地使用权出让计划、细化的地段、地块信息以及自身用地需求，向市、县国土资源管理部门提出用地申请。

5.4 用地预申请

为充分了解市场需求情况，科学合理地安排供地规模和进度，有条件的地方，可以建立用地预申请制度。单位和个人对列入招标拍卖挂牌出让计划内的具体地块有使用意向的，可以提出用地预申请，并承诺愿意支付的土地价格。市、县国土资源管理部门认为其承诺的土地价格和条件可以接受的，应当根据土地出让计划和土地市场情况，适时组织实施招标拍卖挂牌出让活动，并通知提出该宗地用地预申请的单位或个人参加。提出用地预申请的单位、个人，应当参加该宗地竞投或竞买，且报价不得低于其承诺的土地价格。

5.5 根据意向用地者申请情况，符合4.3规定条件的土地使用权出让，应当采取招标拍卖挂牌方式。对不能确定是否符合4.3规定条件的具体宗地，可由国有土地使用权出让协调决策机构集体认定。

对具有综合目标或特定社会、公益建设条件、开发建设要求较高、仅有少数单位和个人可能有受让意向的土地使用权出让，可以采取招标方式，按照综合条件最佳者得的原则确定受让人；其他的土地使用权出让，应当采取招标、拍卖或挂牌方式，按照价高者得的原则确定受让人。

采用招标方式出让国有土地使用权的，应当采取公开招标方式。对土地使用者有严格的限制和特别要求的，可以采用邀请招标方式。

6. 编制、确定出让方案

6.1 编制招标拍卖挂牌出让方案

市、县国土资源管理部门应当会同城市规划管理等有关部门，依据国有土地使用权出让计划、城市规划等，编制国有土地使用权招标拍卖挂牌出让方案。

国有土地使用权招标拍卖挂牌出让方案应当包括：拟出让地块的具体位置、四至、用途、面积、年限、土地使用条件、供地时间、供地方式、建设时间等。属于综合用地的，应明确各类具体用途、所占面积及其各自的出让年期。对于各用途不动产之间可以分割，最终使用者为不同单位、个人的，应当按照综合用地所包含的具体土地用途分别确定出让年期；对于多种用途很难分割、最终使用者唯一的，也可以统一按照综合用地最高出让年限50年确定出让年期。

6.2　招标拍卖挂牌出让方案报批

国有土地使用权招标拍卖挂牌出让方案应按规定报市、县人民政府批准。

7. 地价评估，确定出让底价

7.1　地价评估

市、县国土资源管理部门应当根据拟出让地块的条件和土地市场情况，依据《城镇土地估价规程》，组织对拟出让地块的正常土地市场价格进行评估。

地价评估由市、县国土资源管理部门或其所属事业单位组织进行，根据需要也可以委托具有土地估价资质的土地或不动产评估机构进行。

7.2　确定底价

有底价出让的，市、县国土资源管理部门或国有土地使用权出让协调决策机构应当根据土地估价结果、产业政策和土地市场情况等，集体决策，综合确定出让底价和投标、竞买保证金。招标出让的，应当同时确定标底；拍卖和挂牌出让的，应当同时确定起叫价、起始价等。

标底、底价确定后，在出让活动结束之前应当保密，任何单位和个人不得泄露。

8. 编制出让文件

市、县国土资源管理部门应当根据经批准的招标拍卖挂牌出让方案，组织编制国有土地使用权招标拍卖挂牌出让文件。

8.1　招标出让文件应当包括：

（1）招标出让公告或投标邀请书。

（2）招标出让须知。

（3）标书。

（4）投标申请书。

（5）宗地界址图。

（6）宗地规划指标要求。

（7）中标通知书。

（8）国有土地使用权出让合同。

（9）其他相关文件。

8.2　拍卖出让文件应当包括：

（1）拍卖出让公告。

（2）拍卖出让须知。

（3）竞买申请书。

（4）宗地界址图。

(5) 宗地规划指标要求。
(6) 成交确认书。
(7) 国有土地使用权出让合同。
(8) 其他相关文件。

8.3 挂牌出让文件应当包括：
(1) 挂牌出让公告。
(2) 挂牌出让须知。
(3) 竞买申请书。
(4) 挂牌竞买报价单。
(5) 宗地界址图。
(6) 宗地规划指标要求。
(7) 成交确认书。
(8) 国有土地使用权出让合同。
(9) 其他相关文件。

9. 发布出让公告

9.1 发布公告

国有土地使用权招标拍卖挂牌出让公告应当由市、县国土资源管理部门发布。出让公告应当通过中国土地市场网和当地土地有形市场发布，也可同时通过报刊、电视台等媒体公开发布。

出让公告应当至少在招标拍卖挂牌活动开始前 20 日发布，以首次发布的时间为起始日。

经批准的出让方案已明确招标、拍卖、挂牌具体方式的，应当发布具体的"国有土地使用权招标出让公告""国有土地使用权拍卖出让公告"或"国有土地使用权挂牌出让公告"；经批准的出让方案未明确招标、拍卖、挂牌具体方式的，可以发布"国有土地使用权公开出让公告"，发布公开出让公告的，应当明确根据申请截止时的申请情况确定具体的招标、拍卖或挂牌方式。

出让公告可以是单宗地的公告，也可以是多宗地的联合公告。

9.2 公告内容

9.2.1 招标出让公告应当包括以下内容：
(1) 出让人的名称、地址、联系电话等，授权或指定下属事业单位以及委托代理机构进行招标的，还应注明其机构的名称、地址和联系电话等。
(2) 招标地块的位置、面积、用途、开发程度、规划指标要求、土地使用年限和建设时间等。
(3) 投标人的资格要求及申请取得投标资格的办法。
(4) 获取招标文件的时间、地点及方式。
(5) 招标活动实施时间、地点，投标期限、地点和方式等。
(6) 确定中标人的标准和方法。
(7) 支付投标保证金的数额、方式和期限。
(8) 其他需要公告的事项。

9.2.2 拍卖出让公告应当包括以下内容：

（1）出让人的名称、地址、联系电话等，授权或指定下属事业单位以及委托代理机构进行拍卖的，还应注明其名称、地址和联系电话等。

（2）拍卖地块的位置、面积、用途、开发程度、规划指标要求、土地使用年限和建设时间等。

（3）竞买人的资格要求及申请取得竞买资格的办法。

（4）获取拍卖文件的时间、地点及方式。

（5）拍卖会的地点、时间和竞价方式。

（6）支付竞买保证金的数额、方式和期限。

（7）其他需要公告的事项。

9.2.3 挂牌出让公告应当包括以下内容：

（1）出让人的名称、地址、联系电话等，授权或指定下属事业单位以及委托代理机构进行挂牌的，还应注明其机构名称、地址和联系电话等。

（2）挂牌地块的位置、面积、用途、开发程度、规划指标要求、土地使用年限和建设时间等。

（3）竞买人的资格要求及申请取得竞买资格的办法。

（4）获取挂牌文件的时间、地点及方式。

（5）挂牌地点和起止时间。

（6）支付竞买保证金的数额、方式和期限。

（7）其他需要公告的事项。

9.3 公告调整

公告期间，出让公告内容发生变化的，市、县国土资源管理部门应当按原公告发布渠道及时发布补充公告。涉及土地使用条件变更等影响土地价格的重大变动，补充公告发布时间距招标拍卖挂牌活动开始时间少于 20 日的，招标拍卖挂牌活动相应顺延。

发布补充公告的，市、县国土资源管理部门应当书面通知已报名的申请人。

10. 申请和资格审查

10.1 申请人

国有土地使用权招标拍卖挂牌出让的申请人，可以是中华人民共和国境内外的法人、自然人和其他组织，但法律法规对申请人另有限制的除外。

申请人可以单独申请，也可以联合申请。

10.2 申请

申请人应在公告规定期限内交纳出让公告规定的投标、竞买保证金，并根据申请人类型，持相应文件向出让人提出竞买、竞投申请：

（1）法人申请的，应提交下列文件：

1）申请书。

2）法人单位有效证明文件。

3）法定代表人的有效身份证明文件。

4）申请人委托他人办理的，应提交授权委托书及委托代理人的有效身份证明文件。

5）保证金缴纳凭证。
6）招标拍卖挂牌文件规定需要提交的其他文件。
（2）自然人申请的，应提交下列文件：
1）申请书。
2）申请人有效身份证明文件。
3）申请人委托他人办理的，应提交授权委托书及委托代理人的身份证明文件。
4）保证金缴纳凭证。
5）招标拍卖挂牌文件规定需要提交的其他文件。
（3）其他组织申请的，应提交下列文件：
1）申请书。
2）表明该组织合法存在的文件或有效证明。
3）表明该组织负责人身份的有效证明文件。
4）申请人委托他人办理的，应提交授权委托书及委托代理人的身份证明文件。
5）保证金缴纳凭证。
6）招标拍卖挂牌文件规定需要提交的其他文件。
（4）境外申请人申请的，应提交下列文件：
1）申请书。
2）境外法人、自然人、其他组织的有效身份证明文件。
3）申请人委托他人办理的，应提交授权委托书及委托代理的有效身份证明文件。
4）保证金缴纳凭证。
5）招标拍卖挂牌文件规定需要提交的其他文件。
上述文件中，申请书必须用中文书写，其他文件可以使用其他语言，但必须附中文译本，所有文件的解释以中文译本为准。
（5）联合申请的，应提交下列文件：
1）联合申请各方共同签署的申请书。
2）联合申请各方的有效身份证明文件。
3）联合竞买、竞投协议，协议要规定联合各方的权利、义务，包括联合各方的出资比例，并明确签订国有土地使用权出让合同时的受让人。
4）申请人委托他人办理的，应提交授权委托书及委托代理人的有效身份证明文件。
5）保证金缴纳凭证。
6）招标拍卖挂牌文件规定需要提交的其他文件。
（6）申请人竞得土地后，拟成立新公司进行开发建设的，应在申请书中明确新公司的出资构成、成立时间等内容。出让人可以根据招标拍卖挂牌出让结果，先与竞得人签订国有土地使用权出让合同，在竞得人按约定办理完新公司注册登记手续后，再与新公司签订国有土地使用权出让合同变更协议；也可按约定直接与新公司签订国有土地使用权出让合同。

10.3 受理申请及资格审查

出让人应当对出让公告规定的时间内收到的申请进行审查。经审查，有下列情形之一的，为无效申请：

（1）申请人不具备竞买资格的。
（2）未按规定缴纳保证金的。
（3）申请文件不齐全或不符合规定的。
（4）委托他人代理但委托文件不齐全或不符合规定的。
（5）法律法规规定的其他情形。

经审查，符合规定条件的，应当确认申请人的投标或竞买资格，并通知其参加招标拍卖挂牌活动。采用招标或拍卖方式的，取得投标或竞买资格者不得少于3个。

10.4 出让人应当对申请人的情况进行保密。

10.5 申请人对招标拍卖挂牌文件有疑问的，可以书面或者口头方式向出让人咨询，出让人应当为申请人咨询以及查询出让地块有关情况提供便利。根据需要，出让人可以组织申请人对拟出让地块进行现场踏勘。

11. 招标拍卖挂牌活动实施—招标

11.1 投标

市、县国土资源管理部门应当按照出让公告规定的时间、地点组织招标投标活动。投标活动应当由土地招标拍卖挂牌主持人主持进行。

投标开始前，招标主持人应当现场组织开启标箱，检查标箱情况后加封。

投标人应当在规定的时间将标书及其他文件送达指定的投标地点，经招标人登记后，将标书投入标箱。

招标公告允许邮寄投标文件的，投标人可以邮寄，但以招标人在投标截止时间前收到的方为有效。招标人登记后，负责在投标截止时间前将标书投入标箱。

投标人投标后，不可撤回投标文件，并对投标文件和有关书面承诺承担责任。投标人可以对已提交的投标文件进行补充说明，但应在招标文件要求提交投标文件的截止时间前书面通知招标人并将补充文件送达至投标地点。

11.2 开标

招标人按照招标出让公告规定的时间、地点开标，邀请所有投标人参加。开标应当由土地招标拍卖挂牌主持人主持进行。招标主持人邀请投标人或其推选的代表检查标箱的密封情况，当众开启标箱。

标箱开启后，招标主持人应当组织逐一检查标箱内的投标文件，经确认无误后，由工作人员当众拆封，宣读投标人名称、投标价格和投标文件的其他主要内容。

开标过程应当记录。

11.3 评标

按照价高者得的原则确定中标人的，可以不成立评标小组。按照综合条件最佳者得的原则确定中标人的，招标人应当成立评标小组进行评标。

11.3.1 评标小组由出让人、有关专家组成，成员人数为5人以上的单数。有条件的地方，可建立土地评标专家库，每次评标前随机从专家库中抽取评标小组专家成员。

11.3.2 招标人应当采取必要的措施，保证评标在严格保密的情况下进行。

11.3.3 评标小组可以要求投标人对投标文件中含义不明确的内容做出必要的澄清或者说明，但澄清或者说明不得超出投标文件的范围或者改变投标文件的实质性内容。

11.3.4 评标小组对投标文件进行有效性审查。有下列情形之一的,为无效投标文件:
(1) 投标文件未密封的。
(2) 投标文件未加盖投标人印鉴,也未经法定代表人签署的。
(3) 投标文件不齐备、内容不全或不符合规定的。
(4) 投标人对同一个标的有两个或两个以上报价的。
(5) 委托投标但委托文件不齐全或不符合规定的。
(6) 评标小组认为投标文件无效的其他情形。
11.3.5 评标要求

评标小组应当按照招标文件确定的评标标准和方法,对投标文件进行综合评分,根据综合评分结果确定中标候选人。

评标小组应当根据评标结果,按照综合评分高低确定中标候选人排序,但低于底价或标底者除外。同时有两个或两个以上申请人的综合评分相同的,按报价高低排名,报价也相同的,可以由综合评分相同的申请人通过现场竞价确定排名顺序。投标人的投标价均低于底价或投标条件均不能够满足标底要求的,投标活动终止。

11.4 定标

招标人应当根据评标小组推荐的中标候选人确定中标人。招标人也可以授权评标小组直接确定中标人。

按照价高者得的原则确定中标人的,由招标主持人根据开标结果,直接宣布报价最高且不低于底价者为中标人。有两个或两个以上申请人的报价相同且同为最高报价的,可以由相同报价的申请人在限定时间内再行报价,或者采取现场竞价方式确定中标人。

11.5 发出中标通知书

确定中标人后,招标人应当向中标人发出中标通知书,并同时将中标结果通知其他投标人。

中标通知书应包括招标人与中标人的名称,出让标的,成交时间、地点、价款,以及双方签订国有土地使用权出让合同的时间、地点等内容。

中标通知书对招标人和中标人具有法律效力,招标人改变中标结果,或者中标人不按约定签订国有土地使用权出让合同、放弃中标宗地的,应当承担法律责任。

12. 招标拍卖挂牌活动实施—拍卖

12.1 市、县国土资源管理部门应当按照出让公告规定的时间、地点组织拍卖活动。拍卖活动应当由土地招标拍卖挂牌主持人主持进行。

12.2 拍卖会按下列程序进行:
(1) 拍卖主持人宣布拍卖会开始。
(2) 拍卖主持人宣布竞买人到场情况。

设有底价的,出让人应当现场将密封的拍卖底价交给拍卖主持人,拍卖主持人现场开启密封件。

(3) 拍卖主持人介绍拍卖地块的位置、面积、用途、使用年限、规划指标要求、建设时间等。
(4) 拍卖主持人宣布竞价规则。

拍卖主持人宣布拍卖宗地的起叫价、增价规则和增价幅度,并明确提示是否设有底价。

在拍卖过程中，拍卖主持人可根据现场情况调整增价幅度。

（5）拍卖主持人报出起叫价，宣布竞价开始。

（6）竞买人举牌应价或者报价。

（7）拍卖主持人确认该竞买人应价或者报价后继续竞价。

（8）拍卖主持人连续三次宣布同一应价或报价而没有人再应价或出价，且该价格不低于底价的，拍卖主持人落槌表示拍卖成交，拍卖主持人宣布最高应价者为竞得人。成交结果对拍卖人、竞得人和出让人均具有法律效力。最高应价或报价低于底价的，拍卖主持人宣布拍卖终止。

12.3　签订成交确认书

确定竞得人后，拍卖人与竞得人当场签订成交确认书。拍卖人或竞得人不按规定签订成交确认书的，应当承担法律责任。竞得人拒绝签订成交确认书也不能对抗拍卖成交结果的法律效力。

成交确认书应包括拍卖人与竞得人的名称，出让标的，成交时间、地点、价款，以及双方签订国有土地使用权出让合同的时间、地点等内容。

成交确认书对拍卖人和竞得人具有法律效力，拍卖人改变拍卖结果的，或者竞得人不按约定签订国有土地使用权出让合同、放弃竞得宗地的，应当承担法律责任。

拍卖过程应当制作拍卖笔录。

13. 招标拍卖挂牌活动实施—挂牌

市、县国土资源管理部门应当按照出让公告规定的时间、地点组织挂牌活动。挂牌活动应当由土地招标拍卖挂牌主持人主持进行。

13.1　公布挂牌信息

在挂牌公告规定的挂牌起始日，挂牌人将挂牌宗地的位置、面积、用途、使用年期、规划指标要求、起始价、增价规则及增价幅度等，在挂牌公告规定的土地交易地点挂牌公布。挂牌时间不得少于10个工作日。

13.2　竞买人报价

符合条件的竞买人应当填写报价单报价。有条件的地方，可以采用计算机系统报价。

竞买人报价有下列情形之一的，为无效报价：

（1）报价单未在挂牌期限内收到的。

（2）不按规定填写报价单的。

（3）报价单填写人与竞买申请文件不符的。

（4）报价不符合报价规则的。

（5）报价不符合挂牌文件规定的其他情形。

13.3　确认报价

挂牌主持人确认该报价后，更新显示挂牌价格，继续接受新的报价。有两个或两个以上竞买人报价相同的，先提交报价单者为该挂牌价格的出价人。

13.4　挂牌截止

挂牌截止应当由挂牌主持人主持确定。设有底价的，出让应当在挂牌截止前将密封的挂牌底价交给挂牌主持人，挂牌主人现场打开密封件。在公告规定的挂牌截止时间，竞买人应当席挂牌现场，挂牌主持人宣布最高报价及其报价者，并询问竞买是否愿意继续竞价。

13.4.1 挂牌主持人连续三次报出最高挂牌价格，没有竞买人示愿意继续竞价的，挂牌主持人宣布挂牌活动结束，并按下列规确定挂牌结果：

（1）最高挂牌价格不低于底价的，挂牌主持人宣布挂牌出让成交，最高挂牌价格的出价人为竞得人。

（2）最高挂牌价格低于底价的，挂牌主持人宣布挂牌出让不成交。

13.4.2 有竞买人表示愿意继续竞价的，即属于挂牌截止时有两个或两个以上竞买人要求报价的情形，挂牌主持人应当宣布挂牌出让转入现场竞价，并宣布现场竞价的时间和地点，通过现场竞价确定竞得人。

13.5 现场竞价

现场竞价应当由土地招标拍卖挂牌主持人主持进行，取得该宗地挂牌竞买资格的竞买人均可参加现场竞价。现场竞价按下列程序举行：

（1）挂牌主持人应当宣布现场竞价的起始价、竞价规则和增价幅度，并宣布现场竞价开始。现场竞价的起始价为挂牌活动截止时的最高报价增加一个加价幅度后的价格。

（2）参加现场竞价的竞买人按照竞价规则应价或报价。

（3）挂牌主持人确认该竞买人应价或者报价后继续竞价。

（4）挂牌主持人连续三次宣布同一应价或报价而没有人再应价或出价，且该价格不低于底价的，挂牌主持人落槌表示现场竞价成交，宣布最高应价或报价者为竞得人。成交结果对竞得人和出让人均具有法律效力。最高应价或报价低于底价的，挂牌主持人宣布现场竞价终止。

在现场竞价中无人参加竞买或无人应价或出价的，以挂牌截止时出价最高者为竞得人，但低于挂牌出让底价者除外。

13.6 签订成交确认书

确定竞得人后，挂牌人与竞得人当场签订成交确认书。挂牌人或竞得人不按规定签订成交确认书的，应当承担法律责任。竞得人拒绝签订成交确认书也不能对抗挂牌成交结果的法律效力。

成交确认书应包括挂牌人与竞得人的名称，出让标的，成时间、地点、价款，以及双方签订国有土地使用权出让合同的时间、地点等内容。

成交确认书对挂牌人和竞得人具有法律效力，挂牌人改变挂牌结果的，或者竞得人不按规定签订国有土地使用权出让合同、放弃竞得宗地的，应当承担法律责任。

挂牌过程应当制作挂牌笔录。

14. 签订出让合同，公布出让结果

14.1 签订国有土地使用权出让合同

招标拍卖挂牌出让活动结束后，中标人、竞得人应按照中标通知书或成交确认书的约定，与出让人签订国有土地使用权出让合同。

14.2 中标人、竞得人支付的投标、竞买保证金，在中标或竞得后转作受让地块的定金。其他投标人、竞买人缴纳的投标、竞买保证金，出让人应在招标拍卖挂牌活动结束后5个工作日内予以退还，不计利息。

14.3 公布出让结果

招标拍卖挂牌活动结束后10个工作日内，出让人应当将招标拍卖挂牌出让结果通过中

国土地市场网以及土地有形市场等指定场所向社会公布。

公布出让结果应当包括土地位置、面积、用途、开发程度、土地级别、容积率、出让年限、供地方式、受让人、成交价格和成交时间等内容。

出让人公布出让结果，不得向受让人收取费用。

15. 核发建设用地批准书，交付土地

市、县国土资源管理部门向受让人核发建设用地批准书，并按照国有土地使用权出让合同、建设用地批准书确定的时间和条件将出让土地交付给受让人。

16. 办理土地登记

受让人按照国有土地使用权出让合同约定付清全部国有土地使用权出让金，依法申请办理土地登记，领取国有土地使用证，取得国有土地使用权。

17. 资料归档

出让手续全部办结后，市、县国土资源管理部门应当对宗地出让过程中的用地申请、审批、招标拍卖挂牌活动、签订合同等各环节相关资料、文件进行整理，并按规定归档。应归档的宗地出让资料包括：

（1）申请人的申请材料。

（2）宗地条件及相关资料。

（3）宗地评估资料。

（4）宗地出让底价及集体决策记录。

（5）宗地招标拍卖挂牌出让方案。

（6）宗地出让方案批复文件。

（7）招标拍卖挂牌出让文件。

（8）招标拍卖挂牌活动实施过程的记录资料。

（9）中标通知书或成交确认书。

（10）国有土地使用权出让合同及出让结果公布资料。

（11）其他应归档的材料。

附录1.4　城市房地产开发经营管理条例（2011年修订）

城市房地产开发经营管理条例

（1998年7月20日中华人民共和国国务院令第248号发布，根据2011年1月8日《国务院关于废止和修改部分行政法规的决定》修订）

第一章　总则

第一条　为了规范房地产开发经营行为，加强对城市房地产开发经营活动的监督管理，促进和保障房地产业的健康发展，根据《中华人民共和国城市房地产管理法》的有关规定，制定本条例。

第二条　本条例所称房地产开发经营，是指房地产开发企业在城市规划区内国有土地上进行基础设施建设、房屋建设，并转让房地产开发项目或者销售、出租商品房的行为。

第三条　房地产开发经营应当按照经济效益、社会效益、环境效益相统一的原则，实行全面规划、合理布局、综合开发、配套建设。

第四条　国务院建设行政主管部门负责全国房地产开发经营活动的监督管理工作。

县级以上地方人民政府房地产开发主管部门负责本行政区域内房地产开发经营活动的监督管理工作。

县级以上人民政府负责土地管理工作的部门依照有关法律、行政法规的规定，负责与房地产开发经营有关的土地管理工作。

第二章　房地产开发企业

第五条　设立房地产开发企业，除应当符合有关法律、行政法规规定的企业设立条件外，还应当具备下列条件：

（一）有100万元以上的注册资本。

（二）有4名以上持有资格证书的房地产专业、建筑工程专业的专职技术人员，2名以上持有资格证书的专职会计人员。

省、自治区、直辖市人民政府可以根据本地方的实际情况，对设立房地产开发企业的注册资本和专业技术人员的条件做出高于前款的规定。

第六条　外商投资设立房地产开发企业的，除应当符合本条例第五条的规定外，还应当依照外商投资企业法律、行政法规的规定，办理有关审批手续。

第七条　设立房地产开发企业，应当向县级以上人民政府工商行政管理部门申请登记。工商行政管理部门对符合本条例第五条规定条件的，应当自收到申请之日起30日内予以登记；对不符合条件不予登记的，应当说明理由。

工商行政管理部门在对设立房地产开发企业申请登记进行审查时，应当听取同级房地产开发主管部门的意见。

第八条　房地产开发企业应当自领取营业执照之日起30日内，持下列文件到登记机关所在地的房地产开发主管部门备案：

（一）营业执照复印件。

（二）企业章程。

（三）验资证明。

（四）企业法定代表人的身份证明。

（五）专业技术人员的资格证书和聘用合同。

第九条　房地产开发主管部门应当根据房地产开发企业的资产、专业技术人员和开发经营业绩等，对备案的房地产开发企业核定资质等级。房地产开发企业应当按照核定的资质等级，承担相应的房地产开发项目。具体办法由国务院建设行政主管部门制定。

第三章　房地产开发建设

第十条　确定房地产开发项目，应当符合土地利用总体规划、年度建设用地计划和城市规划、房地产开发年度计划的要求；按照国家有关规定需要经计划主管部门批准的，还应当报计划主管部门批准，并纳入年度固定资产投资计划。

第十一条　确定房地产开发项目，应当坚持旧区改建和新区建设相结合的原则，注重开发基础设施薄弱、交通拥挤、环境污染严重以及危旧房屋集中的区域，保护和改善城市生态环境，保护历史文化遗产。

第十二条　房地产开发用地应当以出让方式取得；但是，法律和国务院规定可以采用划拨方式的除外。

土地使用权出让或者划拨前，县级以上地方人民政府城市规划行政主管部门和房地产开发主管部门应当对下列事项提出书面意见，作为土地使用权出让或者划拨的依据之一：

（一）房地产开发项目的性质、规模和开发期限。

（二）城市规划设计条件。

（三）基础设施和公共设施的建设要求。

（四）基础设施建成后的产权界定。

（五）项目拆迁补偿、安置要求。

第十三条　房地产开发项目应当建立资本金制度，资本金占项目总投资的比例不得低于20%。

第十四条　房地产开发项目的开发建设应当统筹安排配套基础设施，并根据先地下、后地上的原则实施。

第十五条　房地产开发企业应当按照土地使用权出让合同约定的土地用途、动工开发期限进行项目开发建设。出让合同约定的动工开发期限满1年未动工开发的，可以征收相当于土地使用权出让金20%以下的土地闲置费；满2年未动工开发的，可以无偿收回土地使用权。但是，因不可抗力或者政府、政府有关部门的行为或者动工开发必需的前期工作造成动工迟延的除外。

第十六条　房地产开发企业开发建设的房地产项目，应当符合有关法律、法规的规定和建筑工程质量、安全标准、建筑工程勘察、设计、施工的技术规范以及合同的约定。

房地产开发企业应当对其开发建设的房地产开发项目的质量承担责任。

勘察、设计、施工、监理等单位应当依照有关法律、法规的规定或者合同的约定，承担相应的责任。

第十七条　房地产开发项目竣工，经验收合格后，方可交付使用；未经验收或者验收不合格的，不得交付使用。

房地产开发项目竣工后，房地产开发企业应当向项目所在地的县级以上地方人民政府房地产开发主管部门提出竣工验收申请。房地产开发主管部门应当自收到竣工验收申请之日起30日内，对涉及公共安全的内容，组织工程质量监督、规划、消防、人防等有关部门或者单位进行验收。

第十八条　住宅小区等群体房地产开发项目竣工，应当依照本条例第十七条的规定和下列要求进行综合验收：

（一）城市规划设计条件的落实情况。

（二）城市规划要求配套的基础设施和公共设施的建设情况。

（三）单项工程的工程质量验收情况。

（四）拆迁安置方案的落实情况。

（五）物业管理的落实情况。

住宅小区等群体房地产开发项目实行分期开发的，可以分期验收。

第十九条　房地产开发企业应当将房地产开发项目建设过程中的主要事项记录在房地产开发项目手册中，并定期送房地产开发主管部门备案。

第四章　房地产经营

第二十条　转让房地产开发项目，应当符合《中华人民共和国城市房地产管理法》第三十八条、第三十九条规定的条件。

第二十一条　转让房地产开发项目，转让人和受让人应当自土地使用权变更登记手续办理完毕之日起 30 日内，持房地产开发项目转让合同到房地产开发主管部门备案。

第二十二条　房地产开发企业转让房地产开发项目时，尚未完成拆迁补偿安置的，原拆迁补偿安置合同中有关的权利、义务随之转移给受让人。项目转让人应当书面通知被拆迁人。

第二十三条　房地产开发企业预售商品房，应当符合下列条件：

（一）已交付全部土地使用权出让金，取得土地使用权证书。

（二）持有建设工程规划许可证和施工许可证。

（三）按提供的预售商品房计算，投入开发建设的资金达到工程建设总投资的 25% 以上，并已确定施工进度和竣工交付日期。

（四）已办理预售登记，取得商品房预售许可证明。

第二十四条　房地产开发企业申请办理商品房预售登记，应当提交下列文件：

（一）本条例第二十三条第(一)项至第(三)项规定的证明材料。

（二）营业执照和资质等级证书。

（三）工程施工合同。

（四）预售商品房分层平面图。

（五）商品房预售方案。

第二十五条　房地产开发主管部门应当自收到商品房预售申请之日起 10 日内，做出同意预售或者不同意预售的答复。同意预售的，应当核发商品房预售许可证明；不同意预售的，应当说明理由。

第二十六条　房地产开发企业不得进行虚假广告宣传，商品房预售广告中应当载明商品房预售许可证明的文号。

第二十七条　房地产开发企业预售商品房时，应当向预购人出示商品房预售许可证明。

房地产开发企业应当自商品房预售合同签订之日起 30 日内，到商品房所在地的县级以上人民政府房地产开发主管部门和负责土地管理工作的部门备案。

第二十八条　商品房销售，当事人双方应当签订书面合同。合同应当载明商品房的建筑面积和使用面积、价格、交付日期、质量要求、物业管理方式以及双方的违约责任。

第二十九条　房地产开发企业委托中介机构代理销售商品房的，应当向中介机构出具委托书。中介机构销售商品房时，应当向商品房购买人出示商品房的有关证明文件和商品房销售委托书。

第三十条　房地产开发项目转让和商品房销售价格，由当事人协商议定；但是，享受国家优惠政策的居民住宅价格，应当实行政府指导价或者政府定价。

第三十一条　房地产开发企业应当在商品房交付使用时，向购买人提供住宅质量保证书和住宅使用说明书。

住宅质量保证书应当列明工程质量监督部门核验的质量等级、保修范围、保修期和保修单位等内容。房地产开发企业应当按照住宅质量保证书的约定，承担商品房保修责任。

保修期内，因房地产开发企业对商品房进行维修，致使房屋原使用功能受到影响，给购买人造成损失的，应当依法承担赔偿责任。

第三十二条 商品房交付使用后，购买人认为主体结构质量不合格的，可以向工程质量监督单位申请重新核验。经核验，确属主体结构质量不合格的，购买人有权退房；给购买人造成损失的，房地产开发企业应当依法承担赔偿责任。

第三十三条 预售商品房的购买人应当自商品房交付使用之日起90日内，办理土地使用权变更和房屋所有权登记手续；现售商品房的购买人应当自销售合同签订之日起90日内，办理土地使用权变更和房屋所有权登记手续。房地产开发企业应当协助商品房购买人办理土地使用权变更和房屋所有权登记手续，并提供必要的证明文件。

第五章　法律责任

第三十四条 违反本条例规定，未取得营业执照，擅自从事房地产开发经营的，由县级以上人民政府工商行政管理部门责令停止房地产开发经营活动，没收违法所得，可以并处违法所得5倍以下的罚款。

第三十五条 违反本条例规定，未取得资质等级证书或者超越资质等级从事房地产开发经营的，由县级以上人民政府房地产开发主管部门责令限期改正，处5万元以上10万元以下的罚款；逾期不改正的，由工商行政管理部门吊销营业执照。

第三十六条 违反本条例规定，将未经验收的房屋交付使用的，由县级以上人民政府房地产开发主管部门责令限期补办验收手续；逾期不补办验收手续的，由县级以上人民政府房地产开发主管部门组织有关部门和单位进行验收，并处10万元以上30万元以下的罚款。经验收不合格的，依照本条例第三十七条的规定处理。

第三十七条 违反本条例规定，将验收不合格的房屋交付使用的，由县级以上人民政府房地产开发主管部门责令限期返修，并处交付使用的房屋总造价2%以下的罚款；情节严重的，由工商行政管理部门吊销营业执照；给购买人造成损失的，应当依法承担赔偿责任；造成重大伤亡事故或者其他严重后果，构成犯罪的，依法追究刑事责任。

第三十八条 违反本条例规定，擅自转让房地产开发项目的，由县级以上人民政府负责土地管理工作的部门责令停止违法行为，没收违法所得，可以并处违法所得5倍以下的罚款。

第三十九条 违反本条例规定，擅自预售商品房的，由县级以上人民政府房地产开发主管部门责令停止违法行为，没收违法所得，可以并处已收取的预付款1%以下的罚款。

第四十条 国家工作人员在房地产开发经营监督管理工作中玩忽职守、徇私舞弊、滥用职权，构成犯罪的，依法追究刑事责任；尚不构成犯罪的，依法给予行政处分。

第六章　附则

第四十一条 在城市规划区外国有土地上从事房地产开发经营，实施房地产开发经营监督管理，参照本条例执行。

第四十二条 城市规划区内集体所有的土地，经依法征用转为国有土地后，方可用于房地产开发经营。

第四十三条 本条例自发布之日起施行。

第2章

房地产项目建设用地规划阶段报批报建指南

在建设用地规划阶段，房地产开发企业为取得建设用地规划许可证，需要办理的事项包括取得暂定资质(针对新成立的房地产开发企业，而取得资质的房地产开发企业则需要进行年审与资质升级)、房地产项目的备案/核准、环境影响评价以及申请建设用地规划许可证等。

2.1 房地产开发企业的设立

房地产开发是指在依法取得国有土地使用权的土地上进行基础设施、房屋建设的行为。对于已依法取得国有土地使用权，但还没注册房地产开发企业的，在进行房地产开发之前，需要持相关证明材料到县级以上人民政府工商行政管理部门申请设立登记，并取得营业执照。营业执照是房地产开发企业办理暂定资质与房地产项目进行核准备案的必备材料，因此，刚成立的房地产开发企业要尽快将营业执照和公章等办下来。

2.1.1 房地产开发企业设立的条件

房地产开发企业是以营利为目的从事房地产开发和经营的企业。根据《中华人民共和国城市房地产管理法》《城市房地产开发经营管理条例》，设立房地产开发企业，应当具备以下几个条件：

（1）有自己的名称和组织机构。
（2）有固定的经营场所。
（3）有100万元以上的注册资本。
（4）有4名以上持有资格证书的房地产专业、建筑工程专业的专职技术人员，2名以上持有资格证书的专职会计人员。
（5）法律、行政法规规定的其他条件。
（6）设立有限责任公司、股份有限公司，从事房地产开发经营的，还应当执行公司法的有关规定。

2.1.2 房地产开发企业备案

根据《城市房地产开发经营管理条例》，房地产开发企业应当自领取营业执照之日起30日内，持下列文件到登记机关所在地的房地产开发主管部门备案：

（1）营业执照复印件。
（2）企业章程。
（3）验资证明。
（4）企业法定代表人的身份证明。
（5）专业技术人员的资格证书和聘用合同。

2.2 房地产开发企业的资质办理

房地产开发企业资质分为一、二、三、四级资质和暂定资质。根据《房地产开发企业资质管理规定》，新成立的房地产开发企业必须取得房地产开发暂定资质证书，才能从事房地产开发经营业务。房地产开发企业的资质等级由当地建设管理部门负责审批(一级资质经当地建设管理部门初审后,由国家住建部审批),经资质审查合格的企业,可以领取相应等级的资质证书。

2.2.1 暂定资质证书的办理

房地产开发企业在经过备案之后,符合条件的,可以领取房地产开发企业暂定资质证书,该证书有效期1年,开发企业可根据自身经营情况申请延长,但延长时间不能超过2年,1年内没有开发项目的,也不能申请延长。在暂定资质证书有效期满1个月内,房地产开发企业可以申请核定资质等级。新成立的房地产开发企业申请暂定资质,需持相关的材料到当地建设局窗口办理。

例:徐州市关于房地产开发企业暂定资质办理的准备材料

徐州市关于房地产开发企业暂定资质办理的准备材料见表2-1。

表2-1 徐州市关于房地产开发企业暂定资质办理的准备材料

序号	材料名称	要求与说明
1	企业法人营业执照(正、副本)	工商行政管理部门颁发
2	公司章程(章程修正案)	公司章程有修改的,应当同时提供修正案
3	企业办公场所证明	房屋产权证或者租赁合约
4	验资报告	有资质的会计事务所或审计事务所出具。有多份验资报告且篇幅较长的,可完整提供最新一期验资报告,前若干期验资报告经市县主管部门核验后可列表并加盖核验机关公章提供
5	法定代表人、总经理任职文件及身份证件	任职文件行文应当与公司章程规定一致
6	四部门负责人任职文件、身份证件、技术职称证书	凡公司章程有规定时,工程、财务、经营、统计负责人任职文件行文应当与公司章程规定一致;职称证书、身份证件图片应当在同一页面
7	企业在册有职称人员的身份证件、技术职称证书、劳动合同	(1)职称证书、身份证件图片应当在同一页面 (2)人员劳动合同汇总表经劳动部门盖章鉴证的可直接提供 (3)未经劳动部门鉴证的合同由市县主管部门核验后在汇总表盖核验机关公章
8	拟建项目相关文件	(1)国有土地使用证、国有土地使用权出让合同、土地使用规划要点文件 (2)国有土地使用权出让合同受让人名称必须与企业名称一致,有变更的需提供"变更协议"
9	企业其他相关材料	(1)外商投资企业应当提供外商投资企业核准书 (2)改制企业应当提供改制批准文件及改制方案 (3)分立或者合并企业应当提供分立或者合并的决议及工商核准通知书
备注	所有材料(A4及以下尺寸)必须提交用原件扫描的图片,扫描仪无法扫描的可用数码相机翻拍,并用本单位的数字证书对申请材料进行数字签章	

2.2.2 各资质等级证书的办理

房地产开发企业在申请资质等级证书时,需要填写房地产开发企业资质申报表,并持申报材料到当地建设局进行审核,审核通过的,可以领取房地产开发资质等级证书。

1. 各资质等级证书办理的条件

根据《房地产开发企业资质管理规定》,各资质等级企业的办理条件如下。

(1)一级资质:

1)从事房地产开发经营 5 年以上。

2)近 3 年房屋建筑面积累计竣工 30 万 m^2 以上,或者累计完成与此相当的房地产开发投资额。

3)连续 5 年建筑工程质量合格率达 100%。

4)上一年房屋建筑施工面积 15 万 m^2 以上,或者完成与此相当的房地产开发投资额。

5)有职称的建筑、结构、财务、房地产及有关经济类的专业管理人员不少于 40 人,其中具有中级以上职称的管理人员不少于 20 人,持有资格证书的专职会计人员不少于 4 人。

6)工程技术、财务、统计等业务负责人具有相应专业中级以上职称。

7)具有完善的质量保证体系,商品住宅销售中实行了《住宅质量保证书》和《住宅使用说明书》制度。

8)未发生过重大工程质量事故。

(2)二级资质:

1)从事房地产开发经营 3 年以上。

2)近 3 年房屋建筑面积累计竣工 15 万 m^2 以上,或者累计完成与此相当的房地产开发投资额。

3)连续 3 年建筑工程质量合格率达 100%。

4)上一年房屋建筑施工面积 10 万 m^2 以上,或者完成与此相当的房地产开发投资额。

5)有职称的建筑、结构、财务、房地产及有关经济类的专业管理人员不少于 20 人,其中具有中级以上职称的管理人员不少于 10 人,持有资格证书的专职会计人员不少于 3 人。

6)工程技术、财务、统计等业务负责人具有相应专业中级以上职称。

7)具有完善的质量保证体系,商品住宅销售中实行了《住宅质量保证书》和《住宅使用说明书》制度。

8)未发生过重大工程质量事故。

(3)三级资质:

1)从事房地产开发经营 2 年以上。

2)房屋建筑面积累计竣工 5 万 m^2 以上,或者累计完成与此相当的房地产开发投资额。

3)连续 2 年建筑工程质量合格率达 100%。

4)有职称的建筑、结构、财务、房地产及有关经济类的专业管理人员不少于 10 人,其中具有中级以上职称的管理人员不少于 5 人,持有资格证书的专职会计人员不少于 2 人。

5)工程技术、财务等业务负责人具有相应专业中级以上职称,统计等其他业务负责人具有相应专业初级以上职称。

6) 具有完善的质量保证体系,商品住宅销售中实行了《住宅质量保证书》和《住宅使用说明书》制度。

7) 未发生过重大工程质量事故。

(4) 四级资质:

1) 从事房地产开发经营1年以上。

2) 已竣工的建筑工程质量合格率达100%。

3) 有职称的建筑、结构、财务、房地产及有关经济类的专业管理人员不少于5人,持有资格证书的专职会计人员不少于2人。

4) 工程技术负责人具有相应专业中级以上职称,财务负责人具有相应专业初级以上职称,配有专业统计人员。

5) 商品住宅销售中实行了《住宅质量保证书》和《住宅使用说明书》制度。

6) 未发生过重大工程质量事故。

2. 各资质等级的业务范围

(1) 一级资质的房地产开发企业承担房地产项目的建设规模不受限制,可以在全国范围承揽房地产开发项目。

(2) 二级资质及二级资质以下的房地产开发企业可以承担建筑面积25万 m^2 以下的开发建设项目,承担业务的具体范围由省、自治区、直辖市人民政府建设行政主管部门确定。

(3) 各资质等级企业应当在规定的业务范围内从事房地产开发经营业务,不得越级承担任务。

例:徐州市关于房地产开发企业资质等级证书办理的准备材料

徐州市关于房地产开发企业资质等级证书办理的准备材料见表2-2。

表2-2 徐州市关于房地产开发企业资质等级证书办理的准备材料

序号	材料名称	要求与说明
1	企业法人营业执照(正、副本)	工商行政管理部门颁发
2	企业章程(章程修正案)	自最新一次核准资质后,公司章程有修改的,应当提供修正案
3	上年度财务审计报告	有资质的会计事务所或审计事务所出具
4	法定代表人、总经理任职文件及身份证件	任职文件行文应当与公司章程规定一致。人员未变动的不再重新提供
5	四部门负责人任职文件、身份证件、技术职称证书	工程、财务、经营、统计负责人未变动的不再重新提供,有变动的按初次申请要求办理
6	企业在册有职称人员的身份证件、技术职称证书、劳动合同	(在已有图片材料的情况下)人员未变动的不再重新提供,有变动的按初次申请要求办理
7	已开发项目相关文件、文本	(1) 国有土地使用证 (2) 立项批文 (3) 建设工程规划许可证 (4) 竣工验收备案表(如单位工程竣工验收的可提供竣工备案汇总清单)

（续）

序号	材料名称	要求与说明
8	"两书"执行情况	（1）《住宅质量保证书》《住宅使用说明书》执行情况报告 （2）《住宅质量保证书》《住宅使用说明书》样本
9	企业其他相关材料	（1）外商投资企业应当提供外商投资企业核准书 （2）改制企业应当提供改制批准文件及改制方案 （3）分立或者合并企业应当提供分立或者合并的决议及工商核准通知书
10	原资质证书正副本	原件扫描上传后，领新证书后，证书交主管部门
备注	所有材料（A4及以下尺寸）必须提交用原件扫描的彩色图片，扫描仪无法扫描的可用数码相机翻拍，并用本单位的数字证书对申请材料进行数字签章	

2.2.3 房地产开发企业资质的年审

房地产开发企业的资质实行年检制度。对于不符合原定资质条件或者有不良经营行为的企业，由原资质审批部门予以降级或者注销资质证书。

（1）一级资质房地产开发企业的资质年检由国务院建设行政主管部门或者其委托的机构负责。

（2）二级资质及二级资质以下房地产开发企业的资质年检由省、自治区、直辖市人民政府建设行政主管部门制订办法。

（3）房地产开发企业无正当理由不参加资质年检的，视为年检不合格，由原资质审批部门注销资质证书。

（4）房地产开发主管部门应当将房地产开发企业资质年检结果向社会公布。

2.2.4 房地产开发企业资质的变更

房地产开发企业的名称、法定代表人、注册资本、办公地址等发生变更的，需编写申请变更的书面报告，并在工商局办理变更手续后，持相关材料到建设局办理资质证书的变更。

例：某市关于房地产开发企业资质证书变更办理的准备材料

（1）申请变更的书面报告（原件1份）。

（2）新、旧公司章程、变更的决议（复印件各1份）。

（3）新营业执照正、副本（复印件各1份）。

（4）除办理股权变更外，其余变更都应提供原资质证书副本（原件）。

（5）工商局变更证明（包含企业基本信息、投资及出资信息，加盖工商局档案查询章原件1份）。

（6）法定代表人变更的，还应提供学历证明、职称证书、身份证复印件1份。

（7）注册资本金变更的，还应提供验资报告复印件1份。

备注：股权变更超过50%的，应重新核定资质。

房地产开发企业资质申报表范本见表2-3。

表 2-3 房地产开发企业资质申报表范本

企业名称			
企业类型		法定代表人	
详细地址			
邮政编码		电 话	
企业网址		电子信箱	
主管部门		企业成立时间	
批准从事房地产开发经营业务的房地产开发主管部门及批准时间			
开户银行		账 号	
企业法人营业执照注册号			
注册资本			
投资者名称及出资额			
序号	投资者名称	出资额/万元	

2.3 房地产项目的备案/核准

立项是指国家为了对经济发展实施有效调控,要求具备一定规模的固定资产投资项目到发改委申报立项,具体包括备案、核准和审批三种方式,每个项目只适应其中一种方式。

2.3.1 房地产项目备案手续的办理

根据《国务院关于投资体制改革的决定》,除了政府投资建设的项目需要到发改委进行审批之外,企业投资项目区别于不同情况实行备案和核准。其中,政府仅对重大项目和限制类项目进行核准,其他项目只需备案。对于房地产项目来说,除了像别墅等高档房地产项目、政策性建房项目等发改委规定需要核准的,其他房地产项目均实行备案制度。进行核准和备案的项目不再需要编写项目建议书和可行性研究报告,只需编写备案/核准申请报告,并持相关申请材料到当地发改委进行备案/核准。

例:郑州市房地产项目备案的办理手续

(1) 办事程序:申请人填写企业投资项目备案申请表→主管部门负责人审签→省投资主管部门审批→网上公示。

(2) 所需材料:

1) 企业投资项目备案申请表。

2) 委托书。

3) 身份证复印件。
4) 企业营业执照复印件。
5) 组织机构证复印件加盖公章。
6) 资质证书。
7) 成交确认书。
8) 土地出让合同。
9) 土地界址图。
10) 设计条件通知书。
(3) 办理时限：15个工作日。
(4) 办理地点：市发展和改革委员会。

2.3.2 房地产项目核准手续的办理

对于需要核准的房地产项目，房地产开发企业在到当地发改委进行核准之前，需要先到环保局进行环境影响评价并取得批复文件，不是以招拍挂方式取得建设用地的还需到国土局办理建设项目用地预审(根据《招标拍卖挂牌出让国有土地使用权规定》《中华人民共和国土地管理法实施条例》等法律法规，以招拍挂方式获取国有土地使用权的房地产项目，在进行招拍挂出让前，已经对该地块是否符合土地利用总体规划进行审查，无须再进行用地预审)。而对于需要备案的房地产项目，房地产开发企业可以选择在备案时同时办理环境影响评价，或者根据企业的实际情况选择提前或置后办理。

例：郑州市房地产项目核准的办理手续

(1) 许可事项：重大和限制类企业投资项目核准。
(2) 许可对象：法人和其他组织。
(3) 许可条件。
1) 申请人为具有独立民事责任能力的法人和其他组织。
2) 符合国民经济和社会发展规划，有利于经济、社会和环境的协调、可持续发展，有利于扩大就业，有利于经济结构优化。
3) 符合国家产业政策、发展建议规划、技术规范、环境保护、土地使用、资源利用、安全生产、城市规划和项目建设强制性标准等规定。
(4) 申请材料。
1) 项目核准申请报告，包括以下主要内容：
① 项目申请单位基本情况。
② 拟建项目基本情况。
③ 资源条件评价。
④ 节能和节水措施。
⑤ 生态和环境影响评价。
⑥ 国民经济评价。
⑦ 社会评价。
⑧ 招投标情况。

2）城市规划部门出具的规划审查意见。

3）国土资源部门出具的项目用地初审意见。

4）环境保护部门确认的环境影响初步分析报告。

5）资信证明。

6）其他有关材料。

（5）许可收费：不收费。

（6）许可期限：15个工作日。

（7）许可数量：无限制。

（8）许可程序。

1）受理。

① 岗位责任人：市政务服务中心发改委窗口工作人员。

② 岗位职责及权限：按照《行政许可法》第三十二条规定做出处理。

A. 申请事项依法不需要取得行政许可的，应当及时告知申请人不受理。

B. 申请事项依法不属于本行政机关职权范围的，应当及时做出不予受理的决定，并告知申请人向有关行政机关申请。

C. 申请材料存在可以当场更正的错误的，应当允许申请人当场更正。

D. 申请材料不齐全或者不符合法定形式的，应当当场或者在5日内一次告知申请人需要补征的全部内容，逾期不告知的，自收到申请材料之日起即为受理。

E. 申请事项属于本行政机关职权范围，申请材料齐全，符合法定形式，或者申请人按照本行政机关的要求提交全部补正申请材料的，应当受理行政许可申请。

F. 受理或者不予受理行政许可申请，应当出具加盖本行政机关专用印章和注明日期的书面凭证。

③ 时限：1个工作日。

2）审查。

① 岗位责任人：市发改委各业务处工作人员。

② 岗位职责及权限：

A. 按照许可条件对申请人提交的申请材料进行适法性和真实性审查。

B. 对符合许可条件的，提出书面核准意见，交处室负责人审核。

③ 时限：5个工作日。

3）决定。

① 岗位责任人：主管委领导。

② 岗位职责及权限：根据核准的意见做出是否准予许可的决定。

A. 符合法定条件、标准的，提出予以许可意见，做出行政许可决定。

B. 不符合法定条件、标准的，不予许可，将申请材料退回窗口，并以书面形式说明理由。

③ 时限：5个工作日。

4）颁证与告知。

① 岗位责任人：市发改委各业务处工作人员、市政务服务中心发改委窗口工作人员。

② 岗位职责及权限：

A. 市发改委各业务处承办人制作许可证件或批文后交市政务服务中心发改委窗口。

B. 市政务服务中心发改委窗口工作人员通知申请人领取许可证件或批文并办理有关手续，并将许可结果在窗口公示。

C. 窗口工作人员对不予许可的申请，书面说明理由，将申请材料退回申请人，并告知申请人享有依法申请行政复议或提起行政诉讼的权利。

③ 时限：4个工作日。

企业投资项目备案申请表范本见表2-4。

表2-4 企业投资项目备案申请表范本

项目名称					
行业代码		行业名称			
申请单位		证件名称/号码			
建设地点					
申报单位经济类型		建设性质			
建筑面积	m²	占地面积			m²
产品名称(生产性项目)					
项目建设内容(旅业项目请注明客房数)					
主要生产/服务能力					
计划动工时间		项目总投资额/万元			
计划竣工时间		其中	土建投资		万元
投资计划安排	第一年	万元		土地投资	万元
				设备投资	万元
	第二年	万元	资金来源及结构	企、事业自有	万元
	第三年	万元		银行贷款	万元
	第四年	万元		股票、债券	万元
	第五年	万元		社会集资	万元
				其他	万元
规划部门意见	批准文件名称		批准文件文号		
	用地项目名称				
国土部门意见	批准文件名称		批准文件文号		
	地类(用途)				
环保部门意见	批准文件名称		批准文件文号		
行业主管部门意见	批准文件名称		批准文件文号		
是否落实项目资本金(房地产项目填写)	□是 □否	项目资本金落实额度			
镇政府意见：				签字： 年 月 日	

2.4 环境影响评价的办理

环境影响评价简称"环评",是房地产项目开发建设必须进行的一项重要工作,由取得相应资格证书的单位承担,主要是调查研究项目周边的环境,分析周边环境对项目的影响和开发建设房地产项目对周边环境的影响。

根据《中华人民共和国环境评价法》,对项目的环境影响评价实行分类管理。房地产开发企业需要根据其所开发项目对环境的影响程度,编制环境影响报告书、环境影响报告表或者填报环境影响登记表。对于建筑面积 10 万 m^2 以上的房地产项目以及别墅区,需要编制环境影响报告书,对产生的环境影响进行全面的评价;对于建筑面积在 2 万~10 万 m^2 的房地产项目,需要编制环境影响报告表,对产生的环境影响进行分析或专项评价;对于建筑面积在 2 万 m^2 以下的项目则需要填报环境影响登记表向环保局报批。

例 1:东莞市编制环境影响报告书类项目环境影响评价的办理手续

(1) 办理条件。符合以下条件的建设项目方予批准:

1) 建设项目符合国家和地方的有关法律、法规、政策。

2) 建设项目的选址、布局符合城市规划和环保规划的要求,同时考虑拟建地区整体环境质量的保护和改善。

3) 建设项目符合产业发展导向。

4) 满足主要污染物总量控制要求。

5) 环境影响评价表明建设项目符合环保要求。

(2) 所需材料:

1) 建设项目环境影响报告书纸质原件(一式三份),含专家评审意见原件 1 份。

2) 建设项目环境影响报告书电子件,电子件包括环评文件、附表、附图,不包括部门意见、复函、专家意见、修改清单等附件。

3) 公开环评全本信息时需删除的涉及国家秘密、商业秘密、个人隐私等内容及删除依据和理由说明报告原件 1 份。

4) 建设单位或当地政府根据需要所做出的相关环境保护措施承诺文件原件 1 份。

5) 申请人委托他人办理的,还需提供委托书原件 1 份。

(3) 窗口办理流程:

1) 申请人提交有关资料。

2) 窗口收集并审核资料。

3) 符合受理条件的,打印受理回执;不符合受理条件的,现场退件并告知。

4) 分发相关业务科室处理。

5) 短信告知领取批复。

(4) 网上办理流程:登录东莞市环保公众网网上办事大厅环境影响评价文件审批栏目,进行在线申报,填写对应表单信息和上载带*的申报材料项。其中在线申报信息的有效时间为 5 个工作日,逾期需重新填写和上载。

(5) 办理时限说明。

1) 法定期限说明：60日。
2) 承诺期限说明：20个工作日。
(6) 办事窗口：项目所在镇(街)环保分局。
(7) 工作时间：法定工作时间。
(8) 收费标准：不收取费用。

例2：东莞市编制环境影响报告表类项目环境影响评价的办理手续
(1) 办理条件。符合以下条件的建设项目方予批准：
1) 建设项目符合国家和地方的有关法律、法规、政策。
2) 建设项目的选址、布局符合城市规划和环保规划的要求，同时考虑拟建地区整体环境质量的保护和改善。
3) 建设项目符合产业发展导向。
4) 满足主要污染物总量控制要求。
5) 环境影响评价表明建设项目符合环保要求。
(2) 所需材料：
1) 建设项目环境影响报告表纸质原件(一式四份)，涉及专项评价的，须提供专家评审意见原件1份。
2) 建设项目环境影响报告表电子件，电子件包括环评文件、附表、附图，不包括部门意见、复函、专家意见、修改清单等附件。
3) 公开环评全本信息时需删除涉及国家秘密、商业秘密、个人隐私等内容及删除依据和理由说明报告原件1份。
4) 建设单位或当地政府根据需要所作出的相关环境保护措施承诺文件原件1份。
5) 申请人委托他人办理的，还需提供委托书原件1份。
(3) 窗口办理流程：
1) 申请人提交有关资料。
2) 窗口收集并审核资料。
3) 符合受理条件的，打印受理回执；不符合受理条件的，现场退件并告知。
4) 分发相关业务科室处理。
5) 短信告知领取批复。
(4) 网上办理流程：登录东莞市环保公众网网上办事大厅环境影响评价文件审批栏目，进行在线申报，填写对应表单信息和上载带*的申报材料项。其中在线申报信息的有效时间为5个工作日，逾期需重新填写和上载。
(5) 办理时限说明。
1) 法定期限说明：30日。
2) 承诺期限说明：15个工作日。
(6) 办事窗口：项目所在镇(街)环保分局。
(7) 工作时间：法定工作时间。
(8) 收费标准：不收取费用。

例3：东莞市填报环境影响登记表类项目环境影响评价的办理手续

（1）办理条件。符合以下条件的建设项目方予批准：

1）建设项目符合国家和地方的有关法律、法规、政策。

2）建设项目的选址、布局符合城市规划和环保规划的要求，同时考虑拟建地区整体环境质量的保护和改善。

3）建设项目符合产业发展导向。

4）满足主要污染物总量控制要求。

5）环境影响评价表明建设项目符合环保要求。

（2）所需材料：建设项目环境影响登记表原件（一式三份）。

（3）窗口办理流程：

1）申请人提交有关资料。

2）窗口收集并审核资料。

3）符合受理条件的，打印受理回执；不符合受理条件的，现场退件并告知。

4）分发相关业务科室处理。

5）短信告知领取批复。

（4）网上办理流程：群众登录网站→进入具体办理事项→点击"在线申报"→网上预约申请→部门受理预约→发出预约回执→备齐相关资料→到窗口提交资料办理。

（5）办理时限说明。

1）法定期限说明：15日。

2）承诺期限说明：7个工作日。

（6）办事窗口：项目所在镇（街）环保分局。

（7）工作时间：法定工作时间。

（8）收费标准：不收取费用。

环境影响登记表范本见表2-5。

表2-5 环境影响登记表范本

项目名称					
建设单位					
法人代表			联系人		
通讯地址	省（自治区、直辖市）		市（县）		
联系电话		传真		邮政编码	
建设地点					
建设性质	新建□ 改扩建□ 技改□		行业类别及代码		
占地面积/m²			使用面积/m²		
总投资/万元		环保投资/万元		投资比例	
预期投产日期	年 月		预计年工作日		天

（续）

一、项目内容及规模

二、原辅材料(包括名称、用量)及主要设施规格、数量(包括锅炉、发电机等)

三、水及能源消耗量					
名称	消耗量	名称	消耗量		
水/(t/年)		燃油/(t/年)	重油	轻油	
电/(kW·h/年)		燃气/(标立方米/年)			
燃煤/(t/年)		其他			

四、废水(工业废水□、生活废水□)排水量及排放去向

五、周围环境简况(可附图说明)

六、生产工艺流程简述(如有废水、废气、废渣、噪声产生,须明确标出产生环节,并用文字说明)

七、拟采取的防治污染措施(包括建设期、营运期)

八、审批意见 经办人(签字)　　　　　　　　　　　　　　　　　　（公　章） 　　　　　　　　　　　　　　　　　　　　　　　　　年　月　日

备注：除审批意见，此表由建设单位填写。

2.5 建设用地规划许可证的办理

建设用地规划许可证是由规划局核发的确认建设项目位置和范围符合城市规划的法定凭证，载明了建设用地的位置、性质、规模、容积率以及建筑面积等内容，其附件包括建设用地红线图和规划条件。

2.5.1 办理建设用地规划许可证的手续

通过不同方式取得国有土地使用权，其办理建设用地规划许可证的手续也会有所差异。对于通过划拨方式取得国有土地使用权的项目，需要先立项，再向规划局提出建设用地规划申请，审核通过后领取建设用地规划许可证，之后再向国土局申请用地，由国土局划拨土地。而对于出让用地，其签订的国有土地出让合同已经包括了规划局提出的出让地块的位置、使用性质、开发强度等规划条件。房地产开发企业通过出让方式取得国有土地使用权无须进行规划选址,在签订完国有土地出让合同后,持该合同、核准/备案文件以及当地规划局要求的相关材料办理建设用地规划许可证。

不同城市办理建设用地规划许可证的手续会有所差异,房地产开发企业应以当地规划局发布的办事指南为准。

例:郑州市建设用地规划许可证的办理手续

(1) 所需材料(复印件均需核对原件并加盖报建单位公章,建设单位经办人签名):
1) 建设用地规划许可证申请表。
2) 建设用地规划许可证申请书。
3) 建设单位委托书。
4) 被委托人身份证明。
5) 建设单位组织机构代码证。
6) 建设单位营业执照。
7) 开发企业资质证明(非开发企业除外)。
8) 法定代表人证明。
9) 征地协议(土地划拨类)。
10) 《建设项目选址意见书》(土地划拨类)。
11) 国有土地使用权出让合同、土地成交确认书(土地出让类)。
12) 国土部门的预审意见(土地划拨类)。
13) 建设工程批准、核准或备案文件。
14) 控制性详细规划及批复。
15) 公示材料。
16) 建设用地规划许可证附图。
17) 1∶1000地形图(三份)(需划定用地范围红线)。
18) 选址意见书规划意见中要求征求的部门意见(土地划拨类)。
19) 法律、法规、规章规定的其他材料。

(2) 审批环节:受理→审批→办结。

(3) 承诺办理时限:7个工作日。

2.5.2 办理建设用地规划许可证的注意要点

房地产开发企业在办理建设用地规划许可证时,应注意以下要点:

(1) 办理建设用地规划许可证的前提条件之一是根据国有土地使用权出让合同缴纳有关土地出让金,并取得缴款证明。因涉及土地出让金巨大,应注意提前做好资金计划或是否可争取分期支付土地出让金。

(2) 核发的用地面积是总用地面积(包括净用地面积、道路面积、绿化面积)。所包含的市政道路用地及公共绿化用地虽不属于该地块国土证核发的权属用地范围,但属于该项目的建设用地范围,因此若有外单位出于修建公共交通等需要占用部分绿化用地的情况可要求对方给予补偿。

(3) 建设用地规划许可证的附件有:①建设用地规划红线图;②规划设计条件。

(4) 注意附加说明事项,防止在有效期内未申请用地导致该证自行失效。

建设用地规划许可证示例见图2-1。

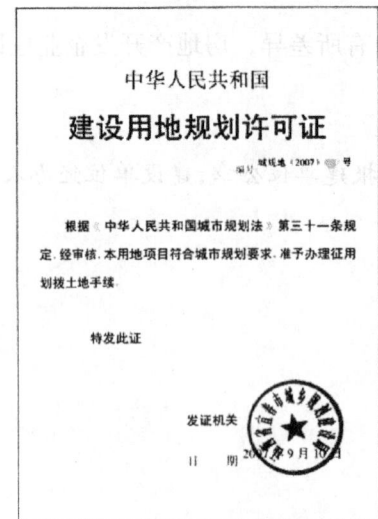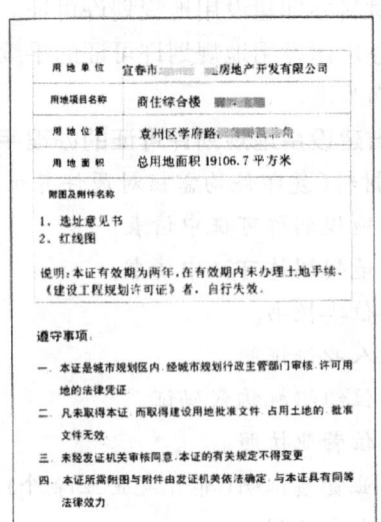

图2-1　建设用地规划许可证示例

附录2.1　房地产开发企业资质管理规定（2015年修改版）

房地产开发企业资质管理规定

（《住房和城乡建设部关于修改〈房地产开发企业资质管理规定〉
等部门规章的决定》已经审定，现予发布，自发布之日起施行）

第一条　为了加强房地产开发企业资质管理，规范房地产开发企业经营行为，根据《中华人民共和国城市房地产管理法》《城市房地产开发经营管理条例》，制定本规定。

第二条　本规定所称房地产开发企业是指依法设立、具有企业法人资格的经济实体。

第三条　房地产开发企业应当按照本规定申请核定企业资质等级。

未取得房地产开发资质等级证书（以下简称资质证书）的企业，不得从事房地产开发经营业务。

第四条　国务院建设行政主管部门负责全国房地产开发企业的资质管理工作；县级以上地方人民政府房地产开发主管部门负责本行政区域内房地产开发企业的资质管理工作。

第五条　房地产开发企业按照企业条件分为一、二、三、四4个资质等级。

各资质等级企业的条件如下。

（一）一级资质：

1. 从事房地产开发经营5年以上。

2. 近3年房屋建筑面积累计竣工30万 m^2 以上，或者累计完成与此相当的房地产开发投资额。

3. 连续5年建筑工程质量合格率达100%。

4. 上一年房屋建筑施工面积15万 m^2 以上，或者完成与此相当的房地产开发投资额。

5. 有职称的建筑、结构、财务、房地产及有关经济类的专业管理人员不少于40人，其中具有中级以上职称的管理人员不少于20人，持有资格证书的专职会计人员不少于4人。

6. 工程技术、财务、统计等业务负责人具有相应专业中级以上职称。

7. 具有完善的质量保证体系，商品住宅销售中实行了《住宅质量保证书》和《住宅使用说明书》制度。

8. 未发生过重大工程质量事故。

（二）二级资质：

1. 从事房地产开发经营3年以上。

2. 近3年房屋建筑面积累计竣工15万 m^2 以上，或者累计完成与此相当的房地产开发投资额。

3. 连续3年建筑工程质量合格率达100%。

4. 上一年房屋建筑施工面积10万 m^2 以上，或者完成与此相当的房地产开发投资额。

5. 有职称的建筑、结构、财务、房地产及有关经济类的专业管理人员不少于20人，其中具有中级以上职称的管理人员不少于10人，持有资格证书的专职会计人员不少于3人。

6. 工程技术、财务、统计等业务负责人具有相应专业中级以上职称。

7. 具有完善的质量保证体系，商品住宅销售中实行了《住宅质量保证书》和《住宅使用说明书》制度。

8. 未发生过重大工程质量事故。

（三）三级资质：

1. 从事房地产开发经营2年以上。

2. 房屋建筑面积累计竣工5万 m^2 以上，或者累计完成与此相当的房地产开发投资额。

3. 连续2年建筑工程质量合格率达100%。

4. 有职称的建筑、结构、财务、房地产及有关经济类的专业管理人员不少于10人，其中具有中级以上职称的管理人员不少于5人，持有资格证书的专职会计人员不少于2人。

5. 工程技术、财务等业务负责人具有相应专业中级以上职称，统计等其他业务负责人具有相应专业初级以上职称。

6. 具有完善的质量保证体系，商品住宅销售中实行了《住宅质量保证书》和《住宅使用说明书》制度。

7. 未发生过重大工程质量事故。

（四）四级资质：

1. 从事房地产开发经营1年以上。

2. 已竣工的建筑工程质量合格率达100%。

3. 有职称的建筑、结构、财务、房地产及有关经济类的专业管理人员不少于5人，持有资格证书的专职会计人员不少于2人。

4. 工程技术负责人具有相应专业中级以上职称，财务负责人具有相应专业初级以上职称，配有专业统计人员。

5. 商品住宅销售中实行了《住宅质量保证书》和《住宅使用说明书》制度。

6. 未发生过重大工程质量事故。

第六条　新设立的房地产开发企业应当自领取营业执照之日起30日内，持下列文件到房地产开发主管部门备案：

（一）营业执照复印件。

（二）企业章程。

（三）企业法定代表人的身份证明。

（四）专业技术人员的资格证书和劳动合同。

（五）房地产开发主管部门认为需要出示的其他文件。

房地产开发主管部门应当在收到备案申请后30日内向符合条件的企业核发暂定资质证书。

暂定资质证书有效期1年。房地产开发主管部门可以视企业经营情况延长暂定资质证书有效期，但延长期限不得超过2年。

自领取暂定资质证书之日起1年内无开发项目的，暂定资质证书有效期不得延长。

第七条　房地产开发企业应当在暂定资质证书有效期满前1个月内向房地产开发主管部门申请核定资质等级。房地产开发主管部门应当根据其开发经营业绩核定相应的资质等级。

第八条　申请暂定资质证书的条件不得低于四级资质企业的条件。

第九条　临时聘用或者兼职的管理、技术人员不得计入企业管理、技术人员总数。

第十条　申请核定资质等级的房地产开发企业，应当提交下列证明文件：

（一）企业资质等级申报表。

（二）房地产开发企业资质证书（正、副本）。

（三）企业资产负债表和验资报告。

（四）企业法定代表人和经济、技术、财务负责人的职称证件。

（五）已开发经营项目的有关证明材料。

（六）房地产开发项目手册及《住宅质量保证书》《住宅使用说明书》执行情况报告。

（七）其他有关文件、证明。

第十一条　房地产开发企业资质等级实行分级审批。

一级资质由省、自治区、直辖市人民政府建设行政主管部门初审，报国务院建设行政主管部门审批。

二级资质及二级资质以下企业的审批办法由省、自治区、直辖市人民政府建设行政主管部门制定。

经资质审查合格的企业，由资质审批部门发给相应等级的资质证书。

第十二条　资质证书由国务院建设行政主管部门统一制作。资质证书分为正本和副本，资质审批部门可以根据需要核发资质证书副本若干份。

第十三条　任何单位和个人不得涂改、出租、出借、转让、出卖资质证书。

企业遗失资质证书，必须在新闻媒体上声明作废后，方可补领。

第十四条　企业发生分立、合并的，应当在向工商行政管理部门办理变更手续后的30日内，到原资质审批部门申请办理资质证书注销手续，并重新申请资质等级。

第十五条　企业变更名称、法定代表人和主要管理、技术负责人，应当在变更30日内，向原资质审批部门办理变更手续。

第十六条　企业破产、歇业或者因其他原因终止业务时，应当在向工商行政管理部门办理注销营业执照后的 15 日内，到原资质审批部门注销资质证书。

第十七条　房地产开发企业的资质实行年检制度。对于不符合原定资质条件或者有不良经营行为的企业，由原资质审批部门予以降级或者注销资质证书。

一级资质房地产开发企业的资质年检由国务院建设行政主管部门或者其委托的机构负责。

二级资质及二级资质以下房地产开发企业的资质年检由省、自治区、直辖市人民政府建设行政主管部门制定办法。

房地产开发企业无正当理由不参加资质年检的，视为年检不合格，由原资质审批部门注销资质证书。

房地产开发主管部门应当将房地产开发企业资质年检结果向社会公布。

第十八条　一级资质的房地产开发企业承担房地产项目的建设规模不受限制，可以在全国范围承揽房地产开发项目。

二级资质及二级资质以下的房地产开发企业可以承担建筑面积 25 万 m^2 以下的开发建设项目，承担业务的具体范围由省、自治区、直辖市人民政府建设行政主管部门确定。

各资质等级企业应当在规定的业务范围内从事房地产开发经营业务，不得越级承担任务。

第十九条　企业未取得资质证书从事房地产开发经营的，由县级以上地方人民政府房地产开发主管部门责令限期改正，处 5 万元以上 10 万元以下的罚款；逾期不改正的，由房地产开发主管部门提请工商行政管理部门吊销营业执照。

第二十条　企业超越资质等级从事房地产开发经营的，由县级以上地方人民政府房地产开发主管部门责令限期改正，处 5 万元以上 10 万元以下的罚款；逾期不改正的，由原资质审批部门吊销资质证书，并提请工商行政管理部门吊销营业执照。

第二十一条　企业有下列行为之一的，由原资质审批部门公告资质证书作废，收回证书，并可处以 1 万元以上 3 万元以下的罚款：

（一）隐瞒真实情况、弄虚作假骗取资质证书的。

（二）涂改、出租、出借、转让、出卖资质证书的。

第二十二条　企业开发建设的项目工程质量低劣，发生重大工程质量事故的，由原资质审批部门降低资质等级；情节严重的吊销资质证书，并提请工商行政管理部门吊销营业执照。

第二十三条　企业在商品住宅销售中不按照规定发放《住宅质量保证书》和《住宅使用说明书》的，由原资质审批部门予以警告、责令限期改正、降低资质等级，并可处以 1 万元以上 2 万元以下的罚款。

第二十四条　企业不按照规定办理变更手续的，由原资质审批部门予以警告、责令限期改正，并可处以 5000 元以上 1 万元以下的罚款。

第二十五条　各级建设行政主管部门工作人员在资质审批和管理中玩忽职守、滥用职权、徇私舞弊的，由其所在单位或者上级主管部门给予行政处分；构成犯罪的，由司法机关依法追究刑事责任。

第二十六条　省、自治区、直辖市人民政府建设行政主管部门可以根据本规定制定实施细则。

第二十七条　本规定由国务院建设行政主管部门负责解释。

第二十八条　本规定自发布之日起施行。1993 年 11 月 16 日建设部发布的《房地产开发企业资质管理规定》（建设部令第 28 号）同时废止。

附录 2.2 中华人民共和国环境影响评价法（2003 年版）

中华人民共和国环境影响评价法

（国家主席令第 77 号，自 2003 年 9 月 1 日起施行）

第一章 总则

第一条 为了实施可持续发展战略，预防因规划和建设项目实施后对环境造成不良影响，促进经济、社会和环境的协调发展，制定本法。

第二条 本法所称环境影响评价，是指对规划和建设项目实施后可能造成的环境影响进行分析、预测和评估，提出预防或者减轻不良环境影响的对策和措施，进行跟踪监测的方法与制度。

第三条 编制本法第九条所规定的范围内的规划，在中华人民共和国领域和中华人民共和国管辖的其他海域内建设对环境有影响的项目，应当依照本法进行环境影响评价。

第四条 环境影响评价必须客观、公开、公正，综合考虑规划或者建设项目实施后对各种环境因素及其所构成的生态系统可能造成的影响，为决策提供科学依据。

第五条 国家鼓励有关单位、专家和公众以适当方式参与环境影响评价。

第六条 国家加强环境影响评价的基础数据库和评价指标体系建设，鼓励和支持对环境影响评价的方法、技术规范进行科学研究，建立必要的环境影响评价信息共享制度，提高环境影响评价的科学性。

国务院环境保护行政主管部门应当会同国务院有关部门，组织建立和完善环境影响评价的基础数据库和评价指标体系。

第二章 规划的环境影响评价

第七条 国务院有关部门、设区的市级以上地方人民政府及其有关部门，对其组织编制的土地利用的有关规划，区域、流域、海域的建设、开发利用规划，应当在规划编制过程中组织进行环境影响评价，编写该规划有关环境影响的篇章或者说明。

规划有关环境影响的篇章或者说明，应当对规划实施后可能造成的环境影响做出分析、预测和评估，提出预防或者减轻不良环境影响的对策和措施，作为规划草案的组成部分一并报送规划审批机关。

未编写有关环境影响的篇章或者说明的规划草案，审批机关不予审批。

第八条 国务院有关部门、设区的市级以上地方人民政府及其有关部门，对其组织编制的工业、农业、畜牧业、林业、能源、水利、交通、城市建设、旅游、自然资源开发的有关专项规划（以下简称专项规划），应当在该专项规划草案上报审批前，组织进行环境影响评价，并向审批该专项规划的机关提出环境影响报告书。

前款所列专项规划中的指导性规划，按照本法第七条的规定进行环境影响评价。

第九条 依照本法第七条、第八条的规定进行环境影响评价的规划的具体范围，由国务院环境保护行政主管部门会同国务院有关部门规定，报国务院批准。

第十条 专项规划的环境影响报告书应当包括下列内容：
（一）实施该规划对环境可能造成影响的分析、预测和评估。
（二）预防或者减轻不良环境影响的对策和措施。
（三）环境影响评价的结论。

第十一条 专项规划的编制机关对可能造成不良环境影响并直接涉及公众环境权益的规划，应当在该规划草案报送审批前，举行论证会、听证会，或者采取其他形式，征求有关单位、专家和公众对环境影响报告书草案的意见。但是，国家规定需要保密的情形除外。

编制机关应当认真考虑有关单位、专家和公众对环境影响报告书草案的意见，并应当在报送审查的环境影响报告书中附具对意见采纳或者不采纳的说明。

第十二条 专项规划的编制机关在报批规划草案时，应当将环境影响报告书一并附送审批机关审查；未附送环境影响报告书的，审批机关不予审批。

第十三条 设区的市级以上人民政府在审批专项规划草案，做出决策前，应当先由人民政府指定的环境保护行政主管部门或者其他部门召集有关部门代表和专家组成审查小组，对环境影响报告书进行审查。审查小组应当提出书面审查意见。

参加前款规定的审查小组的专家，应当从按照国务院环境保护行政主管部门的规定设立的专家库内的相关专业的专家名单中，以随机抽取的方式确定。

由省级以上人民政府有关部门负责审批的专项规划，其环境影响报告书的审查办法，由国务院环境保护行政主管部门会同国务院有关部门制定。

第十四条 设区的市级以上人民政府或者省级以上人民政府有关部门在审批专项规划草案时，应当将环境影响报告书结论以及审查意见作为决策的重要依据。

在审批中未采纳环境影响报告书结论以及审查意见的，应当做出说明，并存档备查。

第十五条 对环境有重大影响的规划实施后，编制机关应当及时组织环境影响的跟踪评价，并将评价结果报告审批机关；发现有明显不良环境影响的，应当及时提出改进措施。

第三章 建设项目的环境影响评价

第十六条 国家根据建设项目对环境的影响程度，对建设项目的环境影响评价实行分类管理。

建设单位应当按照下列规定组织编制环境影响报告书、环境影响报告表或者填报环境影响登记表（以下统称环境影响评价文件）：

（一）可能造成重大环境影响的，应当编制环境影响报告书，对产生的环境影响进行全面评价。

（二）可能造成轻度环境影响的，应当编制环境影响报告表，对产生的环境影响进行分析或者专项评价。

（三）对环境影响很小、不需要进行环境影响评价的，应当填报环境影响登记表。

建设项目的环境影响评价分类管理名录，由国务院环境保护行政主管部门制定并公布。

第十七条 建设项目的环境影响报告书应当包括下列内容：
（一）建设项目概况。
（二）建设项目周围环境现状。
（三）建设项目对环境可能造成影响的分析、预测和评估。

（四）建设项目环境保护措施及其技术、经济论证。
（五）建设项目对环境影响的经济损益分析。
（六）对建设项目实施环境监测的建议。
（七）环境影响评价的结论。

涉及水土保持的建设项目，还必须有经水行政主管部门审查同意的水土保持方案。

环境影响报告表和环境影响登记表的内容和格式，由国务院环境保护行政主管部门制定。

第十八条 建设项目的环境影响评价，应当避免与规划的环境影响评价相重复。

作为一项整体建设项目的规划，按照建设项目进行环境影响评价，不进行规划的环境影响评价。

已经进行了环境影响评价的规划所包含的具体建设项目，其环境影响评价内容建设单位可以简化。

第十九条 接受委托为建设项目环境影响评价提供技术服务的机构，应当经国务院环境保护行政主管部门考核审查合格后，颁发资质证书，按照资质证书规定的等级和评价范围，从事环境影响评价服务，并对评价结论负责。为建设项目环境影响评价提供技术服务的机构的资质条件和管理办法，由国务院环境保护行政主管部门制定。

国务院环境保护行政主管部门对已取得资质证书的为建设项目环境影响评价提供技术服务的机构的名单，应当予以公布。

为建设项目环境影响评价提供技术服务的机构，不得与负责审批建设项目环境影响评价文件的环境保护行政主管部门或者其他有关审批部门存在任何利益关系。

第二十条 环境影响评价文件中的环境影响报告书或者环境影响报告表，应当由具有相应环境影响评价资质的机构编制。

任何单位和个人不得为建设单位指定对其建设项目进行环境影响评价的机构。

第二十一条 除国家规定需要保密的情形外，对环境可能造成重大影响、应当编制环境影响报告书的建设项目，建设单位应当在报批建设项目环境影响报告书前，举行论证会、听证会，或者采取其他形式，征求有关单位、专家和公众的意见。

建设单位报批的环境影响报告书应当附具对有关单位、专家和公众的意见采纳或者不采纳的说明。

第二十二条 建设项目的环境影响评价文件，由建设单位按照国务院的规定报有审批权的环境保护行政主管部门审批；建设项目有行业主管部门的，其环境影响报告书或者环境影响报告表应当经行业主管部门预审后，报有审批权的环境保护行政主管部门审批。

海洋工程建设项目的海洋环境影响报告书的审批，依照《中华人民共和国海洋环境保护法》的规定办理。

审批部门应当自收到环境影响报告书之日起 60 日内，收到环境影响报告表之日起 30 日内，收到环境影响登记表之日起十五日内，分别做出审批决定并书面通知建设单位。

预审、审核、审批建设项目环境影响评价文件，不得收取任何费用。

第二十三条 国务院环境保护行政主管部门负责审批下列建设项目的环境影响评价文件：
（一）核设施、绝密工程等特殊性质的建设项目。

（二）跨省、自治区、直辖市行政区域的建设项目。

（三）由国务院审批的或者由国务院授权有关部门审批的建设项目。

前款规定以外的建设项目的环境影响评价文件的审批权限，由省、自治区、直辖市人民政府规定。

建设项目可能造成跨行政区域的不良环境影响，有关环境保护行政主管部门对该项目的环境影响评价结论有争议的，其环境影响评价文件由共同的上一级环境保护行政主管部门审批。

第二十四条　建设项目的环境影响评价文件经批准后，建设项目的性质、规模、地点、采用的生产工艺或者防治污染、防止生态破坏的措施发生重大变动的，建设单位应当重新报批建设项目的环境影响评价文件。

建设项目的环境影响评价文件自批准之日起超过五年，方决定该项目开工建设的，其环境影响评价文件应当报原审批部门重新审核；原审批部门应当自收到建设项目环境影响评价文件之日起十日内，将审核意见书面通知建设单位。

第二十五条　建设项目的环境影响评价文件未经法律规定的审批部门审查或者审查后未予批准的，该项目审批部门不得批准其建设，建设单位不得开工建设。

第二十六条　建设项目建设过程中，建设单位应当同时实施环境影响报告书、环境影响报告表以及环境影响评价文件审批部门审批意见中提出的环境保护对策措施。

第二十七条　在项目建设、运行过程中产生不符合经审批的环境影响评价文件的情形的，建设单位应当组织环境影响的后评价，采取改进措施，并报原环境影响评价文件审批部门和建设项目审批部门备案；原环境影响评价文件审批部门也可以责成建设单位进行环境影响的后评价，采取改进措施。

第二十八条　环境保护行政主管部门应当对建设项目投入生产或者使用后所产生的环境影响进行跟踪检查，对造成严重环境污染或者生态破坏的，应当查清原因、查明责任。对属于为建设项目环境影响评价提供技术服务的机构编制不实的环境影响评价文件的，依照本法第三十三条的规定追究其法律责任；属于审批部门工作人员失职、渎职，对依法不应批准的建设项目环境影响评价文件予以批准的，依照本法第三十五条的规定追究其法律责任。

第四章　法律责任

第二十九条　规划编制机关违反本法规定，组织环境影响评价时弄虚作假或者有失职行为，造成环境影响评价严重失实的，对直接负责的主管人员和其他直接责任人员，由上级机关或者监察机关依法给予行政处分。

第三十条　规划审批机关对依法应当编写有关环境影响的篇章或者说明而未编写的规划草案，依法应当附送环境影响报告书而未附送的专项规划草案，违法予以批准的，对直接负责的主管人员和其他直接责任人员，由上级机关或者监察机关依法给予行政处分。

第三十一条　建设单位未依法报批建设项目环境影响评价文件，或者未依照本法第二十四条的规定重新报批或者报请重新审核环境影响评价文件，擅自开工建设的，由有权审批该项目环境影响评价文件的环境保护行政主管部门责令停止建设，限期补办手续；逾期不补办手续的，可以处5万元以上20万元以下的罚款，对建设单位直接负责的主管人员和其他直接责任人员，依法给予行政处分。

建设项目环境影响评价文件未经批准或者未经原审批部门重新审核同意，建设单位擅自开工建设的，由有权审批该项目环境影响评价文件的环境保护行政主管部门责令停止建设，可以处5万元以上20万元以下的罚款，对建设单位直接负责的主管人员和其他直接责任人员，依法给予行政处分。

海洋工程建设项目的建设单位有前两款所列违法行为的，依照《中华人民共和国海洋环境保护法》的规定处罚。

第三十二条　建设项目依法应当进行环境影响评价而未评价，或者环境影响评价文件未经依法批准，审批部门擅自批准该项目建设的，对直接负责的主管人员和其他直接责任人员，由上级机关或者监察机关依法给予行政处分；构成犯罪的，依法追究刑事责任。

第三十三条　接受委托为建设项目环境影响评价提供技术服务的机构在环境影响评价工作中不负责任或者弄虚作假，致使环境影响评价文件失实的，由授予环境影响评价资质的环境保护行政主管部门降低其资质等级或者吊销其资质证书，并处所收费用一倍以上三倍以下的罚款；构成犯罪的，依法追究刑事责任。

第三十四条　负责预审、审核、审批建设项目环境影响评价文件的部门在审批中收取费用的，由其上级机关或者监察机关责令退还；情节严重的，对直接负责的主管人员和其他直接责任人员依法给予行政处分。

第三十五条　环境保护行政主管部门或者其他部门的工作人员徇私舞弊，滥用职权，玩忽职守，违法批准建设项目环境影响评价文件的，依法给予行政处分；构成犯罪的，依法追究刑事责任。

第五章　附则

第三十六条　省、自治区、直辖市人民政府可以根据本地的实际情况，要求对本辖区的县级人民政府编制的规划进行环境影响评价。具体办法由省、自治区、直辖市参照本法第二章的规定制定。

第三十七条　军事设施建设项目的环境影响评价办法，由中央军事委员会依照本法的原则制定。

第三十八条　本法自2003年9月1日起施行。

附录2.3　中华人民共和国城乡规划法（2008年版）

中华人民共和国城乡规划法

（国家主席令第74号，自2008年1月1日起施行）

第一章　总则

第一条　为了加强城乡规划管理，协调城乡空间布局，改善人居环境，促进城乡经济社会全面协调可持续发展，制定本法。

第二条　制定和实施城乡规划，在规划区内进行建设活动，必须遵守本法。

本法所称城乡规划，包括城镇体系规划、城市规划、镇规划、乡规划和村庄规划。城市规划、镇规划分为总体规划和详细规划。详细规划分为控制性详细规划和修建性详细规划。

本法所称规划区，是指城市、镇和村庄的建成区以及因城乡建设和发展需要，必须实行规划控制的区域。规划区的具体范围由有关人民政府在组织编制的城市总体规划、镇总体规划、乡规划和村庄规划中，根据城乡经济社会发展水平和统筹城乡发展的需要划定。

第三条　城市和镇应当依照本法制定城市规划和镇规划。城市、镇规划区内的建设活动应当符合规划要求。

县级以上地方人民政府根据本地农村经济社会发展水平，按照因地制宜、切实可行的原则，确定应当制定乡规划、村庄规划的区域。在确定区域内的乡、村庄，应当依照本法制定规划，规划区内的乡、村庄建设应当符合规划要求。

县级以上地方人民政府鼓励、指导前款规定以外的区域的乡、村庄制定和实施乡规划、村庄规划。

第四条　制定和实施城乡规划，应当遵循城乡统筹、合理布局、节约土地、集约发展和先规划后建设的原则，改善生态环境，促进资源、能源节约和综合利用，保护耕地等自然资源和历史文化遗产，保持地方特色、民族特色和传统风貌，防止污染和其他公害，并符合区域人口发展、国防建设、防灾减灾和公共卫生、公共安全的需要。

在规划区内进行建设活动，应当遵守土地管理、自然资源和环境保护等法律、法规的规定。

县级以上地方人民政府应当根据当地经济社会发展的实际，在城市总体规划、镇总体规划中合理确定城市、镇的发展规模、步骤和建设标准。

第五条　城市总体规划、镇总体规划以及乡规划和村庄规划的编制，应当依据国民经济和社会发展规划，并与土地利用总体规划相衔接。

第六条　各级人民政府应当将城乡规划的编制和管理经费纳入本级财政预算。

第七条　经依法批准的城乡规划，是城乡建设和规划管理的依据，未经法定程序不得修改。

第八条　城乡规划组织编制机关应当及时公布经依法批准的城乡规划。但是，法律、行政法规规定不得公开的内容除外。

第九条　任何单位和个人都应当遵守经依法批准并公布的城乡规划，服从规划管理，并有权就涉及其利害关系的建设活动是否符合规划的要求向城乡规划主管部门查询。

任何单位和个人都有权向城乡规划主管部门或者其他有关部门举报或者控告违反城乡规划的行为。城乡规划主管部门或者其他有关部门对举报或者控告，应当及时受理并组织核查、处理。

第十条　国家鼓励采用先进的科学技术，增强城乡规划的科学性，提高城乡规划实施及监督管理的效能。

第十一条　国务院城乡规划主管部门负责全国的城乡规划管理工作。

县级以上地方人民政府城乡规划主管部门负责本行政区域内的城乡规划管理工作。

第二章　城乡规划的制定

第十二条　国务院城乡规划主管部门会同国务院有关部门组织编制全国城镇体系规划，用于指导省域城镇体系规划、城市总体规划的编制。

全国城镇体系规划由国务院城乡规划主管部门报国务院审批。

第十三条　省、自治区人民政府组织编制省域城镇体系规划，报国务院审批。

省域城镇体系规划的内容应当包括：城镇空间布局和规模控制，重大基础设施的布局，为保护生态环境、资源等需要严格控制的区域。

第十四条　城市人民政府组织编制城市总体规划。

直辖市的城市总体规划由直辖市人民政府报国务院审批。省、自治区人民政府所在地的城市以及国务院确定的城市的总体规划，由省、自治区人民政府审查同意后，报国务院审批。其他城市的总体规划，由城市人民政府报省、自治区人民政府审批。

第十五条　县人民政府组织编制县人民政府所在地镇的总体规划，报上一级人民政府审批。其他镇的总体规划由镇人民政府组织编制，报上一级人民政府审批。

第十六条　省、自治区人民政府组织编制的省域城镇体系规划，城市、县人民政府组织编制的总体规划，在报上一级人民政府审批前，应当先经本级人民代表大会常务委员会审议，常务委员会组成人员的审议意见交由本级人民政府研究处理。

镇人民政府组织编制的镇总体规划，在报上一级人民政府审批前，应当先经镇人民代表大会审议，代表的审议意见交由本级人民政府研究处理。

规划的组织编制机关报送审批省域城镇体系规划、城市总体规划或者镇总体规划，应当将本级人民代表大会常务委员会组成人员或者镇人民代表大会代表的审议意见和根据审议意见修改规划的情况一并报送。

第十七条　城市总体规划、镇总体规划的内容应当包括：城市、镇的发展布局，功能分区，用地布局，综合交通体系，禁止、限制和适宜建设的地域范围，各类专项规划等。

规划区范围、规划区内建设用地规模、基础设施和公共服务设施用地、水源地和水系、基本农田和绿化用地、环境保护、自然与历史文化遗产保护以及防灾减灾等内容，应当作为城市总体规划、镇总体规划的强制性内容。

城市总体规划、镇总体规划的规划期限一般为20年。城市总体规划还应当对城市更长远的发展做出预测性安排。

第十八条　乡规划、村庄规划应当从农村实际出发，尊重村民意愿，体现地方和农村特色。

乡规划、村庄规划的内容应当包括：规划区范围，住宅、道路、供水、排水、供电、垃圾收集、畜禽养殖场所等农村生产、生活服务设施、公益事业等各项建设的用地布局、建设要求，以及对耕地等自然资源和历史文化遗产保护、防灾减灾等的具体安排。乡规划还应当包括本行政区域内的村庄发展布局。

第十九条　城市人民政府城乡规划主管部门根据城市总体规划的要求，组织编制城市的控制性详细规划，经本级人民政府批准后，报本级人民代表大会常务委员会和上一级人民政府备案。

第二十条　镇人民政府根据镇总体规划的要求，组织编制镇的控制性详细规划，报上一级人民政府审批。县人民政府所在地镇的控制性详细规划，由县人民政府城乡规划主管部门根据镇总体规划的要求组织编制，经县人民政府批准后，报本级人民代表大会常务委员会和上一级人民政府备案。

第二十一条　城市、县人民政府城乡规划主管部门和镇人民政府可以组织编制重要地块的修建性详细规划。修建性详细规划应当符合控制性详细规划。

第二十二条　乡、镇人民政府组织编制乡规划、村庄规划，报上一级人民政府审批。村庄规划在报送审批前，应当经村民会议或者村民代表会议讨论同意。

第二十三条　首都的总体规划、详细规划应当统筹考虑中央国家机关用地布局和空间安排的需要。

第二十四条　城乡规划组织编制机关应当委托具有相应资质等级的单位承担城乡规划的具体编制工作。

从事城乡规划编制工作应当具备下列条件，并经国务院城乡规划主管部门或者省、自治区、直辖市人民政府城乡规划主管部门依法审查合格，取得相应等级的资质证书后，方可在资质等级许可的范围内从事城乡规划编制工作：

（一）有法人资格。

（二）有规定数量的经国务院城乡规划主管部门注册的规划师。

（三）有规定数量的相关专业技术人员。

（四）有相应的技术装备。

（五）有健全的技术、质量、财务管理制度。

规划师执业资格管理办法，由国务院城乡规划主管部门会同国务院人事行政部门制定。

编制城乡规划必须遵守国家有关标准。

第二十五条　编制城乡规划，应当具备国家规定的勘察、测绘、气象、地震、水文、环境等基础资料。

县级以上地方人民政府有关主管部门应当根据编制城乡规划的需要，及时提供有关基础资料。

第二十六条　城乡规划报送审批前，组织编制机关应当依法将城乡规划草案予以公告，并采取论证会、听证会或者其他方式征求专家和公众的意见。公告的时间不得少于30日。

组织编制机关应当充分考虑专家和公众的意见，并在报送审批的材料中附具意见采纳情况及理由。

第二十七条　省域城镇体系规划、城市总体规划、镇总体规划批准前，审批机关应当组织专家和有关部门进行审查。

第三章　城乡规划的实施

第二十八条　地方各级人民政府应当根据当地经济社会发展水平，量力而行，尊重群众意愿，有计划、分步骤地组织实施城乡规划。

第二十九条　城市的建设和发展，应当优先安排基础设施以及公共服务设施的建设，妥善处理新区开发与旧区改建的关系，统筹兼顾进城务工人员生活和周边农村经济社会发展、村民生产与生活的需要。

镇的建设和发展，应当结合农村经济社会发展和产业结构调整，优先安排供水、排水、供电、供气、道路、通信、广播电视等基础设施和学校、卫生院、文化站、幼儿园、福利院等公共服务设施的建设，为周边农村提供服务。

乡、村庄的建设和发展，应当因地制宜、节约用地，发挥村民自治组织的作用，引导村民合理进行建设，改善农村生产、生活条件。

第三十条　城市新区的开发和建设，应当合理确定建设规模和时序，充分利用现有市政

基础设施和公共服务设施，严格保护自然资源和生态环境，体现地方特色。

在城市总体规划、镇总体规划确定的建设用地范围以外，不得设立各类开发区和城市新区。

第三十一条　旧城区的改建，应当保护历史文化遗产和传统风貌，合理确定拆迁和建设规模，有计划地对危房集中、基础设施落后等地段进行改建。

历史文化名城、名镇、名村的保护以及受保护建筑物的维护和使用，应当遵守有关法律、行政法规和国务院的规定。

第三十二条　城乡建设和发展，应当依法保护和合理利用风景名胜资源，统筹安排风景名胜区及周边乡、镇、村庄的建设。

风景名胜区的规划、建设和管理，应当遵守有关法律、行政法规和国务院的规定。

第三十三条　城市地下空间的开发和利用，应当与经济和技术发展水平相适应，遵循统筹安排、综合开发、合理利用的原则，充分考虑防灾减灾、人民防空和通信等需要，并符合城市规划，履行规划审批手续。

第三十四条　城市、县、镇人民政府应当根据城市总体规划、镇总体规划、土地利用总体规划和年度计划以及国民经济和社会发展规划，制订近期建设规划，报总体规划审批机关备案。

近期建设规划应当以重要基础设施、公共服务设施和中低收入居民住房建设以及生态环境保护为重点内容，明确近期建设的时序、发展方向和空间布局。近期建设规划的规划期限为五年。

第三十五条　城乡规划确定的铁路、公路、港口、机场、道路、绿地、输配电设施及输电线路走廊、通信设施、广播电视设施、管道设施、河道、水库、水源地、自然保护区、防汛通道、消防通道、核电站、垃圾填埋场及焚烧厂、污水处理厂和公共服务设施的用地以及其他需要依法保护的用地，禁止擅自改变用途。

第三十六条　按照国家规定需要有关部门批准或者核准的建设项目，以划拨方式提供国有土地使用权的，建设单位在报送有关部门批准或者核准前，应当向城乡规划主管部门申请核发选址意见书。

前款规定以外的建设项目不需要申请选址意见书。

第三十七条　在城市、镇规划区内以划拨方式提供国有土地使用权的建设项目，经有关部门批准、核准、备案后，建设单位应当向城市、县人民政府城乡规划主管部门提出建设用地规划许可申请，由城市、县人民政府城乡规划主管部门依据控制性详细规划核定建设用地的位置、面积、允许建设的范围，核发建设用地规划许可证。

建设单位在取得建设用地规划许可证后，方可向县级以上地方人民政府土地主管部门申请用地，经县级以上人民政府审批后，由土地主管部门划拨土地。

第三十八条　在城市、镇规划区内以出让方式提供国有土地使用权的，在国有土地使用权出让前，城市、县人民政府城乡规划主管部门应当依据控制性详细规划，提出出让地块的位置、使用性质、开发强度等规划条件，作为国有土地使用权出让合同的组成部分。未确定规划条件的地块，不得出让国有土地使用权。

以出让方式取得国有土地使用权的建设项目，在签订国有土地使用权出让合同后，建设单位应当持建设项目的批准、核准、备案文件和国有土地使用权出让合同，向城市、县人民政府城乡规划主管部门领取建设用地规划许可证。

城市、县人民政府城乡规划主管部门不得在建设用地规划许可证中，擅自改变作为国有土地使用权出让合同组成部分的规划条件。

第三十九条　规划条件未纳入国有土地使用权出让合同的，该国有土地使用权出让合同无效；对未取得建设用地规划许可证的建设单位批准用地的，由县级以上人民政府撤销有关批准文件；占用土地的，应当及时退回；给当事人造成损失的，应当依法给予赔偿。

第四十条　在城市、镇规划区内进行建筑物、构筑物、道路、管线和其他工程建设的，建设单位或者个人应当向城市、县人民政府城乡规划主管部门或者省、自治区、直辖市人民政府确定的镇人民政府申请办理建设工程规划许可证。

申请办理建设工程规划许可证，应当提交使用土地的有关证明文件、建设工程设计方案等材料。需要建设单位编制修建性详细规划的建设项目，还应当提交修建性详细规划。对符合控制性详细规划和规划条件的，由城市、县人民政府城乡规划主管部门或者省、自治区、直辖市人民政府确定的镇人民政府核发建设工程规划许可证。

城市、县人民政府城乡规划主管部门或者省、自治区、直辖市人民政府确定的镇人民政府应当依法将经审定的修建性详细规划、建设工程设计方案的总平面图予以公布。

第四十一条　在乡、村庄规划区内进行乡镇企业、乡村公共设施和公益事业建设的，建设单位或者个人应当向乡、镇人民政府提出申请，由乡、镇人民政府报城市、县人民政府城乡规划主管部门核发乡村建设规划许可证。

在乡、村庄规划区内使用原有宅基地进行农村村民住宅建设的规划管理办法，由省、自治区、直辖市制定。

在乡、村庄规划区内进行乡镇企业、乡村公共设施和公益事业建设以及农村村民住宅建设，不得占用农用地；确需占用农用地的，应当依照《中华人民共和国土地管理法》有关规定办理农用地转用审批手续后，由城市、县人民政府城乡规划主管部门核发乡村建设规划许可证。

建设单位或者个人在取得乡村建设规划许可证后，方可办理用地审批手续。

第四十二条　城乡规划主管部门不得在城乡规划确定的建设用地范围以外做出规划许可。

第四十三条　建设单位应当按照规划条件进行建设；确需变更的，必须向城市、县人民政府城乡规划主管部门提出申请。变更内容不符合控制性详细规划的，城乡规划主管部门不得批准。城市、县人民政府城乡规划主管部门应当及时将依法变更后的规划条件通报同级土地主管部门并公示。

建设单位应当及时将依法变更后的规划条件报有关人民政府土地主管部门备案。

第四十四条　在城市、镇规划区内进行临时建设的，应当经城市、县人民政府城乡规划主管部门批准。临时建设影响近期建设规划或者控制性详细规划的实施以及交通、市容、安全等的，不得批准。

临时建设应当在批准的使用期限内自行拆除。

临时建设和临时用地规划管理的具体办法，由省、自治区、直辖市人民政府制定。

第四十五条　县级以上地方人民政府城乡规划主管部门按照国务院规定对建设工程是否符合规划条件予以核实。未经核实或者经核实不符合规划条件的，建设单位不得组织竣工验收。

建设单位应当在竣工验收后六个月内向城乡规划主管部门报送有关竣工验收资料。

第四章 城乡规划的修改

第四十六条 省域城镇体系规划、城市总体规划、镇总体规划的组织编制机关，应当组织有关部门和专家定期对规划实施情况进行评估，并采取论证会、听证会或者其他方式征求公众意见。组织编制机关应当向本级人民代表大会常务委员会、镇人民代表大会和原审批机关提出评估报告并附具征求意见的情况。

第四十七条 有下列情形之一的，组织编制机关方可按照规定的权限和程序修改省域城镇体系规划、城市总体规划、镇总体规划：

（一）上级人民政府制定的城乡规划发生变更，提出修改规划要求的。

（二）行政区划调整确需修改规划的。

（三）因国务院批准重大建设工程确需修改规划的。

（四）经评估确需修改规划的。

（五）城乡规划的审批机关认为应当修改规划的其他情形。

修改省域城镇体系规划、城市总体规划、镇总体规划前，组织编制机关应当对原规划的实施情况进行总结，并向原审批机关报告；修改涉及城市总体规划、镇总体规划强制性内容的，应当先向原审批机关提出专题报告，经同意后，方可编制修改方案。

修改后的省域城镇体系规划、城市总体规划、镇总体规划，应当依照本法第十三条、第十四条、第十五条和第十六条规定的审批程序报批。

第四十八条 修改控制性详细规划的，组织编制机关应当对修改的必要性进行论证，征求规划地段内利害关系人的意见，并向原审批机关提出专题报告，经原审批机关同意后，方可编制修改方案。修改后的控制性详细规划，应当依照本法第十九条、第二十条规定的审批程序报批。控制性详细规划修改涉及城市总体规划、镇总体规划的强制性内容的，应当先修改总体规划。

修改乡规划、村庄规划的，应当依照本法第二十二条规定的审批程序报批。

第四十九条 城市、县、镇人民政府修改近期建设规划的，应当将修改后的近期建设规划报总体规划审批机关备案。

第五十条 在选址意见书、建设用地规划许可证、建设工程规划许可证或者乡村建设规划许可证发放后，因依法修改城乡规划给被许可人合法权益造成损失的，应当依法给予补偿。

经依法审定的修建性详细规划、建设工程设计方案的总平面图不得随意修改；确需修改的，城乡规划主管部门应当采取听证会等形式，听取利害关系人的意见；因修改给利害关系人合法权益造成损失的，应当依法给予补偿。

第五章 监督检查

第五十一条 县级以上人民政府及其城乡规划主管部门应当加强对城乡规划编制、审批、实施、修改的监督检查。

第五十二条 地方各级人民政府应当向本级人民代表大会常务委员会或者乡、镇人民代表大会报告城乡规划的实施情况，并接受监督。

第五十三条 县级以上人民政府城乡规划主管部门对城乡规划的实施情况进行监督检查，有权采取以下措施：

（一）要求有关单位和人员提供与监督事项有关的文件、资料，并进行复制。

（二）要求有关单位和人员就监督事项涉及的问题做出解释和说明，并根据需要进入现场进行勘测。

（三）责令有关单位和人员停止违反有关城乡规划的法律、法规的行为。

城乡规划主管部门的工作人员履行前款规定的监督检查职责，应当出示执法证件。被监督检查的单位和人员应当予以配合，不得妨碍和阻挠依法进行的监督检查活动。

第五十四条 监督检查情况和处理结果应当依法公开，供公众查阅和监督。

第五十五条 城乡规划主管部门在查处违反本法规定的行为时，发现国家机关工作人员依法应当给予行政处分的，应当向其任免机关或者监察机关提出处分建议。

第五十六条 依照本法规定应当给予行政处罚，而有关城乡规划主管部门不给予行政处罚的，上级人民政府城乡规划主管部门有权责令其做出行政处罚决定或者建议有关人民政府责令其给予行政处罚。

第五十七条 城乡规划主管部门违反本法规定做出行政许可的，上级人民政府城乡规划主管部门有权责令其撤销或者直接撤销该行政许可。因撤销行政许可给当事人合法权益造成损失的，应当依法给予赔偿。

第六章 法律责任

第五十八条 对依法应当编制城乡规划而未组织编制，或者未按法定程序编制、审批、修改城乡规划的，由上级人民政府责令改正，通报批评；对有关人民政府负责人和其他直接责任人员依法给予处分。

第五十九条 城乡规划组织编制机关委托不具有相应资质等级的单位编制城乡规划的，由上级人民政府责令改正，通报批评；对有关人民政府负责人和其他直接责任人员依法给予处分。

第六十条 镇人民政府或者县级以上人民政府城乡规划主管部门有下列行为之一的，由本级人民政府、上级人民政府城乡规划主管部门或者监察机关依据职权责令改正，通报批评；对直接负责的主管人员和其他直接责任人员依法给予处分：

（一）未依法组织编制城市的控制性详细规划、县人民政府所在地镇的控制性详细规划的。

（二）超越职权或者对不符合法定条件的申请人核发选址意见书、建设用地规划许可证、建设工程规划许可证、乡村建设规划许可证的。

（三）对符合法定条件的申请人未在法定期限内核发选址意见书、建设用地规划许可证、建设工程规划许可证、乡村建设规划许可证的。

（四）未依法对经审定的修建性详细规划、建设工程设计方案的总平面图予以公布的。

（五）同意修改修建性详细规划、建设工程设计方案的总平面图前未采取听证会等形式听取利害关系人的意见的。

（六）发现未依法取得规划许可或者违反规划许可的规定在规划区内进行建设的行为，而不予查处或者接到举报后不依法处理的。

第六十一条 县级以上人民政府有关部门有下列行为之一的，由本级人民政府或者上级人民政府有关部门责令改正，通报批评；对直接负责的主管人员和其他直接责任人员依法给予处分：

（一）对未依法取得选址意见书的建设项目核发建设项目批准文件的。

（二）未依法在国有土地使用权出让合同中确定规划条件或者改变国有土地使用权出让合同中依法确定的规划条件的。

（三）对未依法取得建设用地规划许可证的建设单位划拨国有土地使用权的。

第六十二条 城乡规划编制单位有下列行为之一的，由所在地城市、县人民政府城乡规划主管部门责令限期改正，处合同约定的规划编制费一倍以上二倍以下的罚款；情节严重的，责令停业整顿，由原发证机关降低资质等级或者吊销资质证书；造成损失的，依法承担赔偿责任：

（一）超越资质等级许可的范围承揽城乡规划编制工作的。

（二）违反国家有关标准编制城乡规划的。

未依法取得资质证书承揽城乡规划编制工作的，由县级以上地方人民政府城乡规划主管部门责令停止违法行为，依照前款规定处以罚款；造成损失的，依法承担赔偿责任。

以欺骗手段取得资质证书承揽城乡规划编制工作的，由原发证机关吊销资质证书，依照本条第一款规定处以罚款；造成损失的，依法承担赔偿责任。

第六十三条 城乡规划编制单位取得资质证书后，不再符合相应的资质条件的，由原发证机关责令限期改正；逾期不改正的，降低资质等级或者吊销资质证书。

第六十四条 未取得建设工程规划许可证或者未按照建设工程规划许可证的规定进行建设的，由县级以上地方人民政府城乡规划主管部门责令停止建设；尚可采取改正措施消除对规划实施的影响的，限期改正，处建设工程造价百分之五以上百分之十以下的罚款；无法采取改正措施消除影响的，限期拆除，不能拆除的，没收实物或者违法收入，可以并处建设工程造价百分之十以下的罚款。

第六十五条 在乡、村庄规划区内未依法取得乡村建设规划许可证或者未按照乡村建设规划许可证的规定进行建设的，由乡、镇人民政府责令停止建设、限期改正；逾期不改正的，可以拆除。

第六十六条 建设单位或者个人有下列行为之一的，由所在地城市、县人民政府城乡规划主管部门责令限期拆除，可以并处临时建设工程造价一倍以下的罚款：

（一）未经批准进行临时建设的。

（二）未按照批准内容进行临时建设的。

（三）临时建筑物、构筑物超过批准期限不拆除的。

第六十七条 建设单位未在建设工程竣工验收后六个月内向城乡规划主管部门报送有关竣工验收资料的，由所在地城市、县人民政府城乡规划主管部门责令限期补报；逾期不补报的，处1万元以上5万元以下的罚款。

第六十八条 城乡规划主管部门做出责令停止建设或者限期拆除的决定后，当事人不停止建设或者逾期不拆除的，建设工程所在地县级以上地方人民政府可以责成有关部门采取查封施工现场、强制拆除等措施。

第六十九条 违反本法规定，构成犯罪的，依法追究刑事责任。

第七章　附则

第七十条 本法自2008年1月1日起施行。《中华人民共和国城市规划法》同时废止。

第3章

房地产项目建设工程规划设计阶段报批报建指南

根据《中华人民共和国城乡规划法》，国有土地使用权在出让前，已经由规划局提出出让地块的位置、使用性质、开发强度等规划条件，并作为国有土地使用权出让合同的组成部分。因此，以出让方式取得国有土地使用权的房地产开发企业，在签订完国有土地使用权出让合同之后，就可以根据合同的规划条件编制设计任务书，并委托有资质的设计单位开始项目的规划设计工作。

房地产项目的规划设计工作一般包括方案设计、初步设计和施工图设计，有的项目可能还会在方案设计之前进行概念设计，在初步设计之后进行扩初设计。规划设计工作主要由房地产开发企业的设计管理部同设计单位协调合作完成，并由开发部相关人员将确定了的设计文件报规划局、建设局及其他相关职能部门审查，在审查通过后，办理建设工程规划许可证及开展后续的各项工作。

3.1 建设工程方案设计的招标投标

建设工程方案设计招标投标，是指在建设工程方案设计阶段，按照有关招标投标的法律、法规和规章等规定进行的方案设计招标投标活动，可分为公开招标和邀请招标两种方式。房地产开发企业在选择设计单位进行项目的设计之前，需要到当地的建设局办理建设工程方案设计招标方式的核准。

例：广州市建设工程方案设计邀请招标核准手续

（1）办理设计邀请招标核准手续。

1）准备资料：

① 公司营业执照。

② 建设用地规划许可证。

③ 建设用地通知书。

④ 固定资产立项批文。

⑤ 合作开发合同。

⑥ 公司股东手册。

⑦ 公司资质证书。

⑧ 设计要点等。

2）办理流程：

① 将上述资料报入市建委对外办公中心。

② 由对外办公中心转到市建委设计处。

③ 经办人出案。

④ 处长批复。

⑤ 主管领导批准。

⑥ 取得设计邀请招标核准书。

3）流程（图3-1）。

（2）取得设计邀请招标中标通知书。

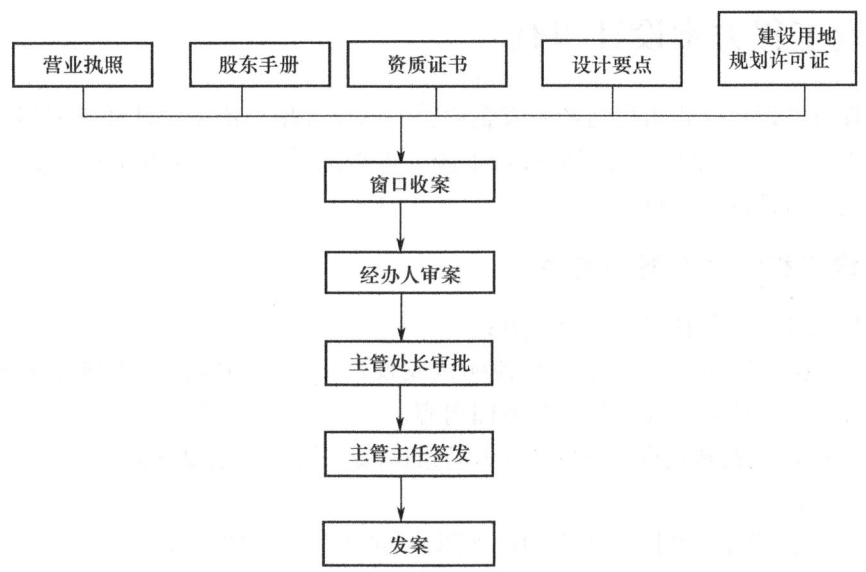

图 3-1　广州市建设工程方案设计邀请招标核准流程

1) 办理条件：

① 取得设计邀请招标核准书。

② 总工室提供三家设计投标单位。

③ 设计招标文件准备完毕。

④ 将设计招标文件先提供给设计招标管理办公室进行预审。

2) 准备资料：

① 申请报告。

② 立项批文。

③ 资金证明。

④ 设计邀请招标核准书。

⑤ 自主邀请招标机构申请表。

⑥ 招标文件等。

3) 办理流程：

① 等待市建委将设计邀请招标核准书以公文交换的形式转送到市建设工程交易中心后，将上述资料报入市建设工程交易中心收案窗口。

② 由收案窗口转至市建设工程交易中心信息咨询部。

③ 市建设工程交易中心信息咨询部对上报资料进行核对后转至设计招标部。

④ 设计招标部确定开标日期。

⑤ 进行设计招标投标的开标手续。

⑥ 招标单位和中标单位分别缴交招标场地使用费及交易服务费。

⑦ 取得设计招标中标通知书。

4) 收费标准：场地使用费万分之五；交易服务费万分之九。

3.2 建设工程方案设计审查

建设工程方案设计是指由房地产开发企业委托的设计单位依据设计任务书编制方案设计文件(设计方案)。设计方案由规划局进行审查,审查通过后的设计方案和审查意见是办理建设工程规划许可证的必备材料。

3.2.1 建设工程设计方案的内容

建设工程设计方案包括以下3个部分:

(1) 设计说明书,包括各专业设计说明以及投资估算等内容;对于涉及建筑节能设计的专业,其设计说明应有建筑节能设计专门内容。

(2) 总平面图以及建筑设计图样(若为城市区域供热或区域煤气调压站,应提供热能动力专业的设计图样。

(3) 设计委托或设计合同中规定的透视图,鸟瞰图、模型等。

一些大型或重要的建筑,根据工程的需要可加做建筑模型。方案设计必须贯彻国家及地方有关工程建设的政策和法令,应符合国家现行的建筑工程建设标准、设计规范和制图标准以及确定投资的有关指标、定额和费用标准规定。

方案设计的内容和深度应符合有关规定的要求。方案设计一般应包括总平面、建筑、结构、给水排水、电气、采暖通风及空调、动力和投资估算等专业,除总平面和建筑专业应绘制图样外,其他专业以设计说明简述设计内容,但当仅以设计说明还难以表达设计意图时,可以用设计简图进行表示。

3.2.2 建设工程方案设计的审查要点

建设工程方案设计规划局审查的要点一般包括:

(1) 退红线是否满足要求。
(2) 日照分析是否满足要求。
(3) 物业管理及社区用房的位置及规模是否满足要求。
(4) 配电房的位置、规模以及与住宅楼的间距是否满足要求,是否有供电局的书面意见。
(5) 商业布局是否合理。
(6) 机动车车位配比、非机动车车位配比是否满足要求。
(7) 15%中低价商品房的位置、规模以及开发时间等,是否有房产局的书面意见。
(8) 退河道是否满足相关要求,小区环路受不受退河道景观绿化带的限制。
(9) 小区出入口设置是否合理。
(10) 根据公建配套审查意见,是否已全部深化调整到位。
(11) 其他如容积率、建筑密度、绿化率等经济技术指标是否满足规划要点要求。
(12) 消防的防火间距、登高面、消防环道是否满足消防规范要求。

3.2.3 建设工程方案设计审查手续的办理

在房地产开发企业设计管理部和设计单位确定好设计方案之后,一般由开发部人员填写申报表,并将设计方案、申报表及其他要求申报的材料报送当地规划局,以及消防局、人防办、园林局、环保局等协办部门审查,经各部门审查通过后,房地产开发企业可以领取审批意见。

建设工程方案设计审查的一般流程见图3-2。

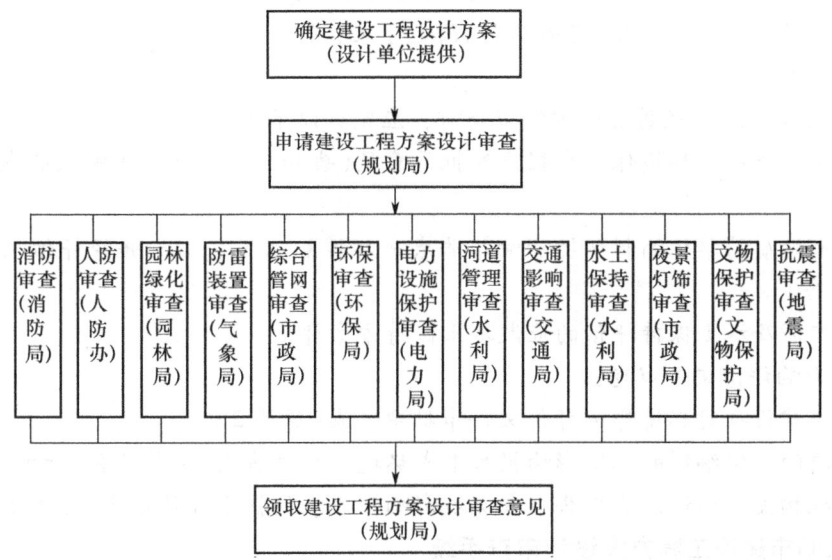

图3-2 建设工程方案设计审查的一般流程

注：以上的各项审查并不是每个房地产项目都需要进行,要根据具体项目的实际情况和当地的法律要求而定。

例1：重庆市建设工程方案设计审查手续

(1) 建设工程规划设计方案的审查,申请人需向规划部门提交下列申请材料：

1) 书面申请(原件1份)。

2) 项目投资备案文件(复印件1份)。

3) 建设工程规划设计方案(原件2份,含室外综合管网设计,附电子文档)。

4) 彩色渲染图和建筑模型等(1套,限重要地段、重要节点及大型建设工程项目)。

5) 投资估算书(原件2份)。

6) 建设工程经济技术指标核算通知书(规划设计方案阶段,原件1份)。

(2) 建设工程规划设计方案的审查,申请人需向协办部门提交下列申请材料。

1) 消防部门：

① 建筑工程消防设计申报表(原件1份,须加盖申请单位印章)。

② 规划设计方案图说(原件2份,附电子文档,实测1∶500现状地形蓝图上布置的总平面图;建筑各层平面图,主要立面图、剖面图,方案设计说明文本,其中包括消防篇)和单独的建设工程总平面布置图(原件1份,加盖图说专用章、注册建筑师职业章、设计单位行政印章)。

③ 设计单位消防自审小组自审意见书(原件1份)。

2) 园林绿化部门：

① 建设工程规划设计方案图说(原件1份,附电子文档)。
② 1:500绿化现状图(包括绿化现状、大树、古树等情况的说明)(原件1份)。
③ 建设工程项目配套绿化布置总平面图及说明(原件2份,附电子文档)。

注：占地8000m² 以上报市园林局审批。

3) 人防部门：
① 民用建筑配套建设防空地下室申请书(原件1份)。
② 建设工程规划设计方案(原件1份,附电子文档)。

4) 环保部门。
① 在申请建设工程规划设计方案审查前，应完成以下工作：
A. 重庆市建设项目环境保护申报表及批复意见(告知是编制环境影响报告表还是环境影响报告书)。
B. 应由有资质的单位编制环境影响报告表或环境影响报告书，并经评估机构技术评估(技术评估报告)。
C. 环评中涉及水土保持评估的应做水土保持方案评估。
② 环境影响评价文件审查：
A. 重庆市建设项目环境影响评价文件审批申请表(原件2份)。
B. 有资质的单位编制的环境影响报告书或环境影响报告表(原件2份,附电子文档)。
C. 评估机构关于环境影响报告书或环境影响报告表的技术评估报告(原件1份)。

例2：三明市建设工程方案设计审查手续

三明市建设工程方案设计审查手续见表3-1。

表3-1　三明市建设工程方案设计审查手续

办理依据	《中华人民共和国城乡规划法》第四十条 《福建省实施〈中华人民共和国城乡规划法〉办法》第三十七条
收费标准及依据	不收费
申报条件	需办理建设工程设计方案(含总平面图)审查(含修改审查)的
申报材料	(1) 建设工程设计方案(含总平面图)审查(建筑工程) 1) 建设工程设计方案(含总平面图)审查申请表 2) 单位组织机构代码证复印件或个人身份证明复印件 3) 建设项目法人授权委托书及受托人身份证明复印件 4) 符合《建筑工程设计文件编制深度规定》要求的方案设计文本3份及同底电子文件光盘1份 5) 涉及影响有日照需求的各类新建设项目(如:住宅、医疗卫生、文教等)，应提供日照分析审查机构出具的《建设项目日照分析审核意见书》；需交通影响评价范围的项目，应提交该项目交通影响评价报告 6) 方案经专家及部门评审的应提交专家评审意见及落实情况反馈表 7) 规划设计条件要求提供的相关材料(如地质灾害评估报告) 备注：①"建设工程设计方案(含总平面图)审查申请表""建设项目法人授权委托书"请下载后按格式填写 ② 建设单位提交的复印件材料，应带原件并在复印件加注"与原件内容核对无误"字样，加盖单位印章

(续)

申报材料	（2）建设工程设计方案(含总平面图)审查(增设电梯) 1) 建设工程设计方案(含总平面图)审查申请表 2) 单位组织机构代码证复印件或个人身份证明复印件 3) 建设项目法人授权委托书及受托人身份证明复印件 4) 原无电梯井住宅增设电梯应按照《中华人民共和国物权法》第七十六条规定，经该梯号三分之二以上的业主住户同意并在"同意安装电梯承诺书"上签字。原住宅有电梯井在外另增设电梯，应按《关于原设计有电梯井的城市既有住宅增设电梯的实施意见》，经该梯号全体业主住户同意并在"同意安装电梯承诺书"上签字 5) 建设单位应委托对住宅楼原有结构进行安全性检测鉴定，由房屋建筑结构安全检测鉴定单位出具检测鉴定报告。经检测鉴定，不存在结构安全隐患的，方可增设电梯 6) 建设单位应提供原住宅建筑设计总平面图，分层平面图复印件一份；楼层业主房产证、土地证复印件一份 7) 建设单位应委托住宅建筑原设计单位或不低于原设计单位资质等级的其他设计单位进行增设电梯方案设计，并提交符合《建筑工程设计文件编制深度规定》要求的方案设计文本3份及同底电子文件光盘1份 8) 涉及影响有日照需求的各类新建设项目(如：住宅、医疗卫生、文教等)，应提供日照分析审查机构出具的《建设项目日照分析审核意见书》 备注：①"建设工程设计方案(含总平面图)审查申请表""建设项目法人授权委托书"请下载后按格式填写 ②建设单位提交的复印件材料，应带原件并在复印件加注"与原件内容核对无误"字样，加盖单位印章 （3）建设工程设计方案(含总平面图)修改审查 1) 建设工程设计方案(含总平面图)审查申请表 2) 单位组织机构代码证复印件或个人身份证明复印件 3) 建设项目法人授权委托书及受托人身份证明复印件 4) 修改事由证明材料 5) 原批准的规划设计方案复印件 6) 符合《建筑工程设计文件编制深度规定》要求的方案设计文本3份及同底电子文件光盘1份 7) 专家及部门评审的修改方案评审意见 8) 已办理建设工程规划许可证的项目，应提交证书及附图复印件 9) 总平面图修改的，涉及影响有日照需求的各类新建设项目(如：住宅、医疗卫生、文教等)，应提供日照分析审查机构出具的《建设项目日照分析审核意见书》；需交通影响评价范围的项目，应提交该项目交通影响评价报告 10) 原方案已征求专业主管部门意见的项目，应提交原专业主管部门对修改方案的审核意见。涉及相对人利益的应提交相对人意见 11) 修改方案规划公示材料(包括现场公示图片及反馈意见) 备注：①"建设工程设计方案(含总平面图)审查申请表""建设项目法人授权委托书"请下载后按格式填写 ②建设单位提交的复印件材料，应带原件并在复印件加注"与原件内容核对无误"字样，加盖单位印章
办理流程	受理初审→勘查现场、审查→审核→核准
办理时限	自受理之日起10个工作日
承办单位(部门)	三明市城乡规划局

例3：中山市防空地下室方案设计审查手续

（1）办理对象：修建防空地下室的建设单位或个人。

（2）办理条件：

1）防空地下室建设标准如下：

① 新建10层以上或基础埋置深度3m以上的9层以下民用建筑，应当修建不少于地面首层建筑面积的防空地下室。

② 新建9层以下且基础埋置深度小于3m的民用建筑，按地面总建筑面积的3%修建防空地下室。

③ 开发区、工业园区、保税区等除第①项规定以外的民用建筑，按照一次性规划地面总建筑面积的3%集中修建防空地下室。

④ 重要防护目标的公共建筑项目根据城市整体防护的需要，依照人防工程规划确定的规划功能一次性下达设计任务。

2）符合《中山市结合民用建筑修建防空地下室规定》《中山市人民防空专项规划（2011—2020）》《城市居住区人民防空工程规划规范》（GB 50808—2013）和《人民防空地下室设计规范》（GB 50038—2005）等人防规定和规范的相关要求。

（3）所需材料：

1）中山市人民防空办公室业务申请表原件1份。

2）防空地下室建筑设计方案一套原件1份。

3）项目应建防空地下室面积统计表及项目分层面积统计表原件各1份（由设计院在人防办网站下载并按规划报建指标填写盖章）。

4）申请人相关身份证明文件复印件1份（交验正本）。

5）授权委托书原件1份（委托代理人办理业务需提交）。

（4）窗口办理流程：窗口接收资料进行缺项和内容初审，达到受理条件的送达业务科室办理，达不到受理条件的告知补正意见，办结后窗口通知领取批复文件。

（5）网上办理流程：

1）办事人登录网上办事大厅，选择"网上办事"栏目。

2）办事人根据实际情况，从"个人办事""企业办事""部门服务"中查找自己所要办理的服务事项。

3）办事人找到自己所要办理的服务事项以后，单击服务事项名称可查看该事项办事指南，单击"在线申办"则进行申请。

4）"在线申办"主要涵盖以下四个申报流程，依次是条件自检、表单提交、上传附件、完成申请。

① 条件自检：主要是申办人根据自己的实际情况，填写自己的基本信息及自检办理该业务，所需要满足的条件和材料是否已符合。申办人需认真填写并仔细核实，避免由于条件不符或材料不齐等，导致该业务不能办理。

② 表单提交：主要是申办人填写所要申办业务的一些相关情况信息，以便业务工作人员可以进行预审核。

③ 上传附件：对于有要求需要上传附件的服务事项，申办人应提交真实有效的附件，

以便业务工作人员进行核对，确定是否符合受理条件。

④ 完成申请：申办人完成申请后，系统会自动生成业务流水号并以手机短信形式通知申办人。

⑤ 进度查询：申办人输入业务流水号可对申办业务进行进度查询。

(6) 办理时限。

1) 法定期限：20个工作日。

2) 承诺期限：10个工作日。

(7) 办事窗口：中山市行政服务中心人防窗口。

(8) 收费标准：无。

(9) 办理依据：

1)《中华人民共和国人民防空法》第二十二条"城市新建民用建筑，按照国家有关规定修建战时可用于防空的地下室。"

2)《广东省实施〈中华人民共和国人民防空法〉办法》第九条"人民防空重点城市新建10层以上或基础埋置深度达3m以上的9层以下民用建筑，应建相应于首层建筑面积的防空地下室。其余的按国家和省的有关规定统一规划修建防空地下室。"

3)《广东省人民政府2012年行政审批制度改革事项目录(第一批)》第109项。

4)《城市居住区人民防空工程规划规范》(GB 50808—2013)。

例4：武汉市防空地下室方案设计审查手续(含易地建设)

武汉市防空地下室方案设计审查手续(含易地建设)见表3-2。

表3-2　武汉市防空地下室方案设计审查手续(含易地建设)

	需要提供的资料	条件	主要内容	审批时限	
				普通项目	重大项目
实际修建防空地下室	(1) 建筑规划方案 (2) 规划(建筑)方案批准意见书或业务联系单 (3) 地面各栋建筑的标准层面积及楼层列表 (4) 人防总平面(方案)	(1) 资料齐全 (2) 人防政策性审批已通过 (3) 符合同步修建防空地下室的规定	(1) 同意人防总平面(方案) (2) 初步确定人防工程建筑面积、防护级别、战时用途、防护单元数等	3个工作日	1个工作日
缴纳防空地下室易地建设费	(1) 建筑规划方案 (2) 规划(建筑)方案批准意见书或业务联系单 (3) 地面各栋建筑的标准层面积及楼层列表		同意该项目做缴费处理		

例5：武汉市建设项目园林绿化方案设计审查手续

武汉市建设项目园林绿化方案设计审查手续见表3-3。建设工程方案设计审查申请表范本见表3-4。

表3-3　武汉市建设项目园林绿化方案设计审查手续

审批事项名称	城市建设项目配套绿化用地面积审批(方案审核)				
审批部门	市园林局				
证/书名称	工作联系单(回单)	收费标准	不收费	办理时限	4工作日
设立(收费)依据	《城市绿化条例》(国务院令第100号),《武汉市城市绿化条例》				
受理条件	(1) 建设工程项目配套绿化用地面积所占该项目总用地面积的比例,应当按以下规定执行: 1) 在建筑密度一区内的居住区(含住区、小区、组团)不低于25%,其中公共绿地按居住人口规模人均不少于0.5m^2;在建筑密度二区内的居住区不低于30%,其中公共绿地按居住人口规模人均不少于0.8m^2;在建筑密度三区内的居住区不低于35%,其中公共绿地按居住人口规模人均不少于1m^2;(居住人口规模按每户3.2人计算,建筑面积不大于50m^2的住宅按每户1人计算) 2) 商业中心、仓储不低于20% 3) 交通枢纽、工业企业不低于25%,其中产生有害气体及其他污染的工厂不低于30%,并设立宽度50m以上的防护林带 4) 学校、医院、科研机构、休疗养院所、机关团体、公共文化机构、部队等单位不低于35% 5) 园林景观道路不低于40%;宽度大于50m的道路不低于30%,宽度在40~50m的道路不低于25%,宽度小于40m的道路不低于20% 因特殊情况,工程建设项目绿化用地面积达不到上述第2)、3)、4)项规定标准的,经市城市规划行政主管部门会同市城市绿化行政主管部门审核报市人民政府批准,可适当降低比例,但不低于规定标准的70%,并按所缺的绿化用地面积缴纳绿化补偿费 (2) 建设工程项目的绿地面积计算办法依据《武汉市建设工程项目配套绿化用地面积审核办法》(武政〔2005〕35号) (3) 提交的材料齐全并符合要求				
申请人需要提交的资料及要求	(1) 申请表1份(必须材料。加盖有单位公章和法人签章,受理时收原件) (2) 该建设项目经规划部门批准的建设用地规划许可证1份(必须材料。用地规划许可证包括登记信息、用地平面图及规划设计条件。如该项目为设计方案阶段并联审批事项,其用地规划许可证正在办理的,可申请时仅提交其规划设计条件和宗地图。受理看原件,收扫描件) (3) 总平面方案设计图3份(必须材料,加盖有规划部门方案审批或业务联系印章,图中覆土绿化区域为闭合线和点状填充图形表示,绿地面积要有分区计算数据,属住宅项目其图中技术经济指标或设计说明内应含住户数。受理时看原件,收扫描件和dwg格式电子稿) (4) 建筑首层平面布置图1份(选择性材料。非住宅类建筑并外墙周边布置有绿地的项目必须材料,图中标注有门、窗及出入口位置和尺寸,加盖有设计单位印章。受理时看原件,收扫描件和dwg格式电子稿) (5) 环保评估书及相关批复文件1份(工业项目必须材料,非工业项目不需提供。受理时看原件,收扫描件) (6) 可降低绿地率指标相关优惠政策文件1份(选择性材料。受理时看原件,收扫描件)				
工作流程	受理→审核(勘查现场)→批准				
备注:	1. 申请方式包括窗口、电子数据交换和其他。 2. 总平面方案设计图具体要求另附说明。 本告知书一式三份,一份交给申请人作为凭证,一份存窗口供接受检查,一份归入审批案卷存档。				

表3-4 建设工程方案设计审查申请表范本

<table>
<tr><td rowspan="4">申请单位</td><td>名称</td><td></td><td>邮政编码</td><td></td><td colspan="2">申请单位盖章</td></tr>
<tr><td>地址</td><td colspan="3"></td><td colspan="2"></td></tr>
<tr><td>联系人</td><td></td><td>电子邮箱地址</td><td></td><td colspan="2" rowspan="2">日期</td></tr>
<tr><td>联系电话</td><td></td><td>手机号码</td><td></td></tr>
<tr><td rowspan="4">设计单位</td><td>名称</td><td></td><td>邮政编码</td><td></td><td colspan="2">设计单位盖章</td></tr>
<tr><td>地址</td><td colspan="3"></td><td colspan="2"></td></tr>
<tr><td>设计负责人</td><td></td><td>联系电话</td><td></td><td colspan="2" rowspan="2">日期</td></tr>
<tr><td>勘察设计证书编号</td><td colspan="3"></td></tr>
<tr><td rowspan="6">建设项目概况</td><td colspan="2">建设地址</td><td colspan="5"></td></tr>
<tr><td colspan="2">项目名称</td><td colspan="5"></td></tr>
<tr><td colspan="2">建设项目选址意见书</td><td>通知文号</td><td colspan="4"></td></tr>
<tr><td colspan="2">建设工程规划设计要求</td><td>编(证)号</td><td colspan="4"></td></tr>
<tr><td colspan="2">国有土地使用权出让、转让合同</td><td>有效期限</td><td colspan="4"></td></tr>
<tr><td>可行性研究报告</td><td>其他计划批文</td><td>批准文号</td><td></td><td>批准机关</td><td colspan="2"></td></tr>
</table>

<table>
<tr><td rowspan="6">基地总体指标</td><td>基地面积</td><td colspan="2"></td><td>m²</td><td>建筑容积率</td><td colspan="2"></td><td>建筑密度</td><td></td><td>%</td></tr>
<tr><td>地上建筑面积</td><td colspan="2"></td><td>m²</td><td>住宅总户数</td><td colspan="2"></td><td>绿化地率</td><td></td><td>%</td></tr>
<tr><td>地下建筑面积</td><td colspan="2"></td><td>m²</td><td>停车车位数</td><td colspan="2"></td><td>集中绿地率</td><td></td><td>%</td></tr>
<tr><td>地上建筑性质</td><td>住宅</td><td>宾馆</td><td>商业</td><td>办公</td><td>文教体卫</td><td>工业仓储</td><td>市政站场设施</td><td colspan="2">其他</td></tr>
<tr><td>面积/m²</td><td></td><td></td><td></td><td></td><td></td><td></td><td></td><td colspan="2"></td></tr>
<tr><td>名称</td><td colspan="2">性质</td><td>层数</td><td>幢数</td><td>高度/m</td><td colspan="2">建筑面积/m²</td><td colspan="2">备注</td></tr>
</table>

<table>
<tr><td rowspan="5">构筑物工程</td><td>名称</td><td>数量</td><td>基底面积/m²</td><td>高度/m</td><td>埋深/m</td><td>备注</td></tr>
<tr><td></td><td></td><td></td><td></td><td></td><td></td></tr>
<tr><td></td><td></td><td></td><td></td><td></td><td></td></tr>
<tr><td>名称</td><td>长/m</td><td>宽/m</td><td>断面布置/m</td><td>梁底标高/m</td><td>备注</td></tr>
<tr><td></td><td></td><td></td><td></td><td></td><td></td></tr>
</table>

送审文件、图样一览表

序号	名称	应送份数	实送份数	要件说明

3.2.4 办理建设工程方案设计审查的注意要点

房地产开发企业在办理建设工程方案设计审查时,需要注意以下几个要点:

(1)房地产开发企业取得规划设计条件之后,根据当地的开发报建流程争取与建设用地规划许可证同步办理。

(2)建设工程方案设计审查之前,房地产开发企业应尽可能了解清楚当地规划部门对方案设计的审查依据和审查要求,争取协调总工室及集团设计院相关设计人员与规划部门方案设计审查重要经办人员提前沟通,充分了解哪些重要指标必须按规定报批,哪些指标有灵活性,以便于项目的方案设计能顺利通过审查,减少因报审方案不符合要求打回重新修改方案所耗费的时间。

(3)方案设计审查中,总平面规划方案图审查应重点注意的事项:

1)所报规划方案的建筑和空间基本布局是否与规划部门的要求基本一致。

2)综合技术经济指标是否符合规划设计要点及其他审查文件的强制性要求(主要指标包括:规划总用地面积、总建筑面积、住宅建筑面积、公建配套面积、容积率、总建筑密度、居住户数、居住人口、绿地率、总停车数)。

3)建筑高度、建筑间距和建筑红线退让道路边线是否满足最低审查要求。

4)公建配套设施的设置当地规划部门有无特别要求,应尽可能争取少配公建配套设施或配备将来不需要移交的公配设施。

(4)方案设计审查阶段还要调查了解建设项目排水、煤气、垃圾处理等问题,以便于在设计方案审查阶段综合考虑及方便下一步审查。例如:雨水、污水怎么排放,是否要建污水处理站;周边市政道路有无通管道煤气,是否需要自建煤气瓶组站;生活垃圾怎么收集处理,是否要配垃圾压缩站。

(5)注意当地设计方案审查的一些特别要求。

3.3 建设工程初步设计审查

根据《建筑工程设计文件编制深度规定》(2008年版),对于技术要求相对简单的民用建筑工程,经有关主管部门同意,且合同中设有做初步设计的约定,可在方案设计审批后直接进入施工图设计。而对于一些大中型的项目,则需要在设计方案通过审核之后进行初步设计,并将初步设计文件报当地建设局和消防局、园林局、人防办等相关部门进行专项审批,取得审批意见。

3.3.1 建设工程初步设计的审查要点

建设工程初步设计的审查要点包括:

(1)应符合已审定的设计方案。

(2)能据以确定土地征用范围。

(3)能据以准备主要设备及材料。

(4)应提供工程设计概算,作为审批确定项目投资的依据。

第3章 房地产项目建设工程规划设计阶段报批报建指南

(5) 能据以进行施工图设计。

(6) 能据以进行施工准备。

3.3.2 建设工程初步设计审查手续的办理

房地产开发企业在取得建设工程设计方案的审查意见之后,就可以到当地建设局申请建设工程初步设计审查,其申请材料一般包括申请表,初步设计文件,方案设计审查意见,消防、人防、园林等的专项审查意见以及建设用地规划许可证等,办理时间一般为20~25个工作日,办理的一般流程见图3-3。

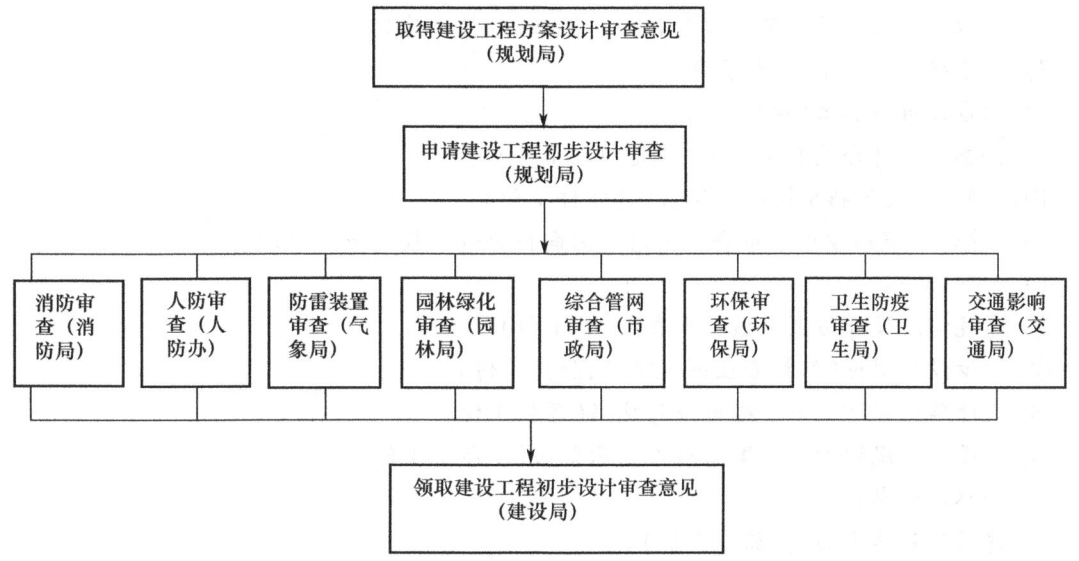

图3-3 建设工程初步设计审查手续的办理流程

注:以上的各专项审查并不是每个房地产项目都需要进行,要根据具体项目的实际情况和当地的法律要求而定。

例1:重庆市建设工程初步设计审查手续

(1) 根据《关于进一步调整主城区工程项目建筑管理权限的意见》【渝建发(2006)181号】规定:

1) 主城区内房屋建筑工程层数30层及以上,单跨跨度24m及以上,单体工程建筑面积5万m²及以上的房屋建筑工程;建筑群体工程内含有单体达到前述规模标准的房屋建筑工程的,或者总建筑面积25万m²及以上的建筑群体工程(含住宅小区),由市建设行政主管部门为主负责实施建筑管理(简称"市管工程");建设项目分期组织实施建设的,按工程总规模作为衡量标准,建设工程的总规模以项目审批、核准、备案等立项批复文件或初步设计批复,或施工图审查备案意见,或建设工程规划许可证所确定的最大数值为准。

2) 主城区内的其他建设项目(简称"区管工程"),均由工程所在地的区建设行政主管部门为主负责实施建筑管理。其中,跨区的建设项目由相关区建设行政主管部门相互协商确定,并将协商结果报市建设行政主管部门备案;对相互协商困难的,由市建设行政主管部门指定某一区建设行政主管部门牵头负责实施建筑管理。

3) 意见中建筑管理是指房屋建筑工程和市政基础设施工程的施工招标投标、工程质量、安全生产与文明施工、工程造价、施工许可、竣工验收及竣工验收备案等环节的监督管理。意见中的主城区是指主城九区行政辖区范围内的119个街道(镇)。

(2) 申请人申请建设工程初步设计审批,应向主办部门提交下列申请材料:

1) 建设工程初步设计并联审批表(原件1份)。
2) 初步设计图样(电子光盘中应有彩色效果图)(原件2份)。
3) 规划方案图和规划方案审查意见书(复印件1份)。
4) 综合管网审查意见书(合并规划方案同时审查的不需提供)(复印件1份)。
5) 建设用地规划许可证及其附件(复印件1份)。
6) 工程勘查报告及其质量审查合格意见书(原件1份)。
7) 初步设计说明书(原件2份)。
8) 初步设计概算书(原件2份)。
9) 勘察、设计合同及资质证书(复印件1份)。
10) 勘察、设计招标情况备案书(复印件1份)。

(3) 建设工程初步设计审查,申请人需向协办部门提交下列申请材料。

1) 消防部门:
① 建筑消防设计防火审核申报表(原件1份)。
② 初步设计图说(结构专业图说除外,原件1份)。
③ 设计单位消防自审小组自审意见书(原件1份)。
④ 建设工程规划设计方案消防审查意见书(复印件1份)。

2) 园林绿化部门:
① 建设项目总平面图(原件2份)。
② 绿化布置图及说明书(2份)。
③ 有建筑屋顶或平台绿化的还需提供建筑专业图说(2份)。

3) 气象防雷部门:
① 初步设计总平面布置图(原件1份)。
② 建筑及电气专业图说(原件1份)。
③ 雷电灾害风险评估报告(建筑高度50m以上或建筑面积5万m^2以上的,进行雷电灾害风险评估,初步设计审批前完成,提供资料:总规划平面图原件1份、初步设计图样原件1份、初步设计说明原件1份、地勘报告原件1份、1:500电子地形图复印件1份)。

4) 人防部门:防空地下室初步设计图说(限民用建筑,原件1份,附电子文档)。

5) 市政部门(涉及下排管网、沿街立面灯饰):
① 初步设计图说。
② 灯饰效果图。

6) 交通部门(与公路接口或跨越公路事项审查):初步设计总平面图(原件1份)。

(4) 注意事项:

1) 申请人提交上述材料时,应按部门分类成套提供。
2) 主办部门不得要求申请人自行到协办部门提交申请材料。协办部门不得在主办部门之外另行单独接收申请材料。

3) 市外来的勘察、设计单位,需提供登记备案证(审查原件收复印件)。
4) 属超高限层的建筑工程需提供专项审查核准通知书。
5) 工程涉及高切坡、深开挖、高填方等环境整治项目的,需提供施工图审查机构审查合格的边坡支护方案可行性评估报告。

例2：广州市建设工程初步设计审查手续

(1) 办理流程：
1) 单体方案批复后,准备完毕初步设计资料。
2) 协调开发中心取得消防、交通、卫生防疫、环保等专业意见。
3) 将初步设计资料报入市建委对外办公中心。
4) 资料报入后转到市建委技术处。
5) 市建委技术处经办人初审完毕。
6) 市科技委确定召开会议时间。
7) 会后取得科技委的批复意见。
8) 取得市建委扩初批复。

(2) 所需资料：
1) 建筑工程初步设计审查申请表。
2) 初步设计送审报告。
3) 项目立项批文和固定资产投资计划。
4) 建设用地规划许可证及附图；规划局核发的设计要点。
5) 市国土局的建设用地批准书复印件。
6) 规划部门关于报审方案的历次批复及审定方案图样、设计说明及指标。
7) 公安消防、环保、人防、卫生防疫等部门的审核意见或复函。

(3) 收费标准：

专家评审费：300元/人。

会务费：30 000元/次。

(4) 流程(图3-4)。

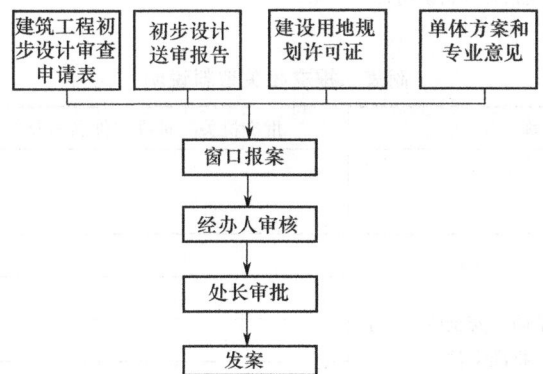

图3-4 广州市建设工程初步设计审查流程

建设工程初步设计审查申请表范本见表3-5。

表 3-5 建设工程初步设计审查申请表范本

项目名称				
项目地址				
申请人				
联系人			联系电话	
工程性质	□基础设施和公用事业工程建设项目 □使用国有资金投资或国家融资的工程建设项目　□集体经济组织投资的工程建设项目 □村集体经济组织投资的工程建设项目 □私营或外商投资的工程建设项目 □其他：_____			
使用性质	商住/居住/行政办公/公共设施/工业/仓储/市政公用设施，其他：		工程概算/万元	万元人民币
建筑面积/m²			层数/栋数	地上：　层/　栋 地下：　层/　栋
最大跨度/m²			建筑高度/m	
结构体系	砖混、框架、混合结构、框剪、排架、框筒、网架、钢结构、单跨厂房、多跨厂房、单跨桥梁、多跨桥梁、单排涵渠、多排涵渠、通信电缆沟、通信电缆孔、砖混及框架、剪力墙、其他			
设计单位			设计资质等级	
勘察单位			勘察资质等级	

住建局：
　　该工程已经取得国土、规划、环保相关批准手续，已有符合规定要求的初步设计文件，现申请办理初步设计审查。
　　　　建设单位(印章)　　法定代表人(签名)：
　　　　　　　　　　　　　　　　　　　　　　　　　年　　月　　日

注：1. 项目必须以组团或同期为单位申报，不接受单体申报。
　　2. 项目需提交附表(提交相关资料说明)。

附表：提交相关资料说明

序号	文件名称	批准机关、批准文件名称及文号	备注
1	项目立项批准文件		
2	规划、国土、环保、消防、安全生产、卫生防疫等行政主管部门的批准文件		
3	法律、法规规定的其他资料		

序号	文件名称		批准机关、批准文件名称及文号	备注
4	工程地质勘查报告			
5	初步设计文件	设计说明书		
		各专业设计图样		
		工程概算书		
6	超限高层建筑工程抗震设防专项审查			

3.4 项目命名与道路命名的申报

3.4.1 项目命名与道路命名申报手续的办理

在取得建设工程规划许可证之前，房地产开发企业策划部（营销部）需要提供项目命名与道路命名的申报方案，并由开发部人员在填写完地名/道路命名申报表后，持该申报表、建设用地规划许可证、总平面图等相关材料到当地民政局的地名管理办公室申报项目与道路命名，审批通过并缴纳公告费后，取得地名和路名的批复文件。

申报项目命名与道路命名的一般流程见图3-5。

例1：广州市小区地名和道路命名申报手续

1. 小区地名申报（30个工作日）

（1）介入条件：

1）建设用地批准书及附图。

2）取得策划部小区地名申报方案。

（2）准备资料：

1）建设用地规划许可证及附图（复印件）。

2）建设用地批准书及附图（复印件）。

3）总体规划批复及附图（复印件）。

4）广州市住宅小区楼群成片命名申报表（见附表）。

5）法人代表证明书、授权委托书。

（3）工作程序：

1）完成在区、市地名办方案咨询和调整工作。

2）报入区地名办小区地名方案。

3）与区、市地名办经办人看现场。

4）取得区地名办方案批复。

5）取得市地名办会议通过，经办人和主任同意。

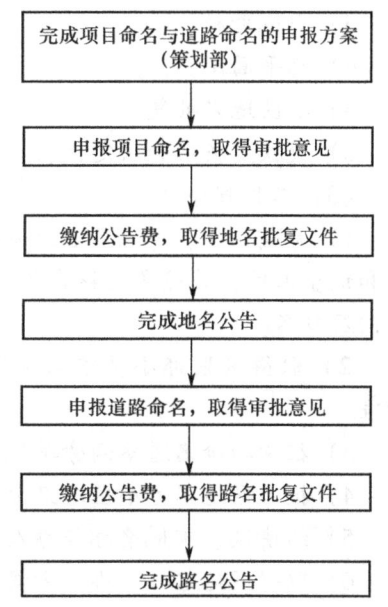

图3-5 申报项目命名与道路命名的一般流程

6）取得主管局领导的审批意见。

7）取得主管市领导的审批意见。

8）取得市地名办小区地名公告费缴费通知并交费（收费标准：公告费：2700元/条）。

9）取得小区地名批复文件。

10）完成小区地名的公告。

（4）流程（图3-6）。

（5）成果交接：将小区地名批复文件原件交集团档案室，本部及策划部留复印件。

2. 小区道路命名申报

（1）介入条件：

1）完成小区地名公告。

2）取得规划局批复的详规图。

（2）准备资料。

1）广州市道路命名申报表。

2）规划路网图。

3）用地资料。

4）总平面图。

5）小区地名批复。

6）授权委托书和法定代表人证明书。

（3）工作程序：

1）完成在区、市地名办、公安分局户籍科对路名方案咨询和调整工作，并用多色彩笔在A3纸总平面图上标出路、街走向及命名。

2）取得策划部小区路名申报方案，并报集团公司领导批准。

3）征询拟命名道路两旁单位的意见。

4）报入区地名办小区路名方案。

5）约请区、市地名办经办人看现场。

6）取得区地名办经办人方案批复并上报市地名办。

7）取得经办人和地名办主任批复意见。

8）取得局领导的审批意见。

9）取得主管市领导的审批意见。

10）取得小区路名公告费缴费通知并交费。

11）取得小区路名批复文件。

12）完成小区路名的公告并安装街牌（收费标准：路名每三条2700元、街牌880元/块、路网图250元/张、路牌510元/个）。

（4）流程（图3-7）。

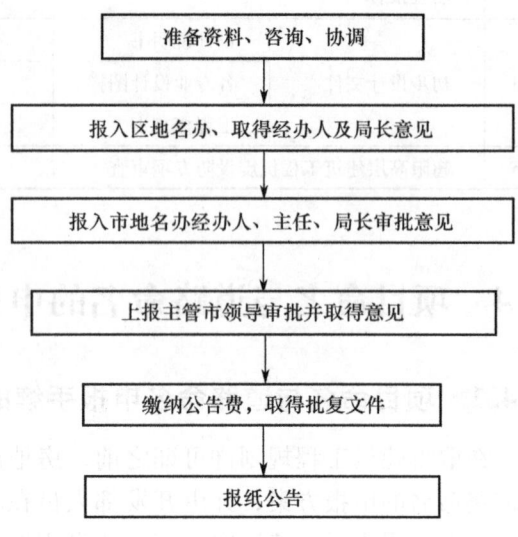

图3-6 广州市小区地名申报流程

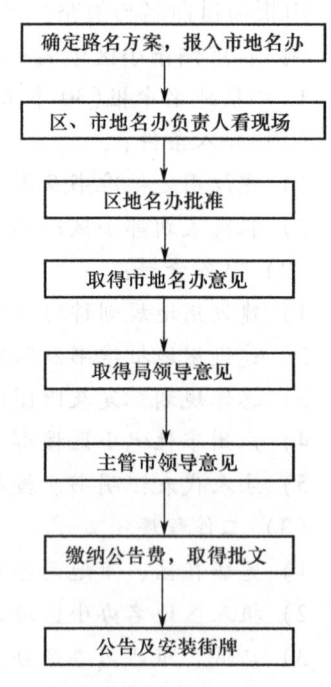

图3-7 广州市道路命名申报流程

（5）成果交接：将小区路名批复文件原件交集团档案室，本部及策划部、物业公司留复印件。

例2：东莞市项目地名和道路命名申报手续

（1）办理依据：

1)《关于发布〈地名管理条例〉的通知》，国务院国发〔1986〕11号，1986年1月23日。

2)《关于颁发〈地名管理条例实施细则〉的通知》，民政部民行发〔1996〕17号，1996年6月18日。

3)《广东省地名管理规定》，广东省人民政府令第56号，1999年12月24日。

4)《关于商住大楼和住宅区名称标准化的通知》，粤国地(测地)字〔1996〕69号。

5)《东莞市地名管理办法》，东莞市人民政府令第70号，2003年6月9日发布，2003年8月1日起实施。

（2）收件资料：

1) 申报建筑物(单体或连体)命名须提交的材料见表3-6。

表3-6 东莞市申报建筑物(单体或连体)命名须提交的材料

序号	资料名称	份数	是否原件	备注
1	建筑物命名、更名审批表	3	原件	由申报单位到镇区社会事务办或市名办领取表格填报，并加盖公章
2	授权委托证明书	1	原件	法定代表人签章并盖章，明确委托内容、权限、期限
3	建设用地批准书及附图	2	复印件	需加盖提供单位的章
4	建设用地规划许可证及红线图	2	复印件	需加盖提供单位的章
5	建设工程报建审核书	2	复印件	需加盖提供单位的章
6	经规划部门批准的四至图或总平面图	2	复印件	需加盖提供单位的章

2) 申报住宅小区(楼群或片区)命名须提交的材料见表3-7。

表3-7 东莞市申报住宅小区(楼群或片区)命名须提交的材料

序号	资料名称	份数	是否原件	备注
1	建筑物命名、更名审批表	3	原件	由申报单位到镇区社会事务办或市地名办领取表格填报，并加盖公章
2	授权委托证明书	1	原件	法定代表人签章，加盖公章，明确委托内容、权限、期限
3	建设用地批准书及附图	2	复印件	需加盖提供单位的章
4	建设用地规划许可证及红线图	2	复印件	需加盖提供单位的章
5	建设工程报建审核书	2	复印件	需加盖提供单位的章
6	经规划部门批准的四至图或总平面图	2	复印件	应附经济技术指标，需加盖提供单位的章

3) 申报道路(街巷)命名须提交的材料见表3-8。

表 3-8　东莞市申报道路(街巷)命名须提交的材料

序号	资料名称	份数	是否原件	备注
1	道路命名、更名申报表	3	原件	由申报单位到镇区社会事务办或市地名办领取表格填报，并加盖公章
2	授权委托证明书	1	原件	法定代表人签章，加盖公章，委托1~2名代理人，明确委托内容、权限、期限
3	规划道路网络图、地形图或平面图	2	复印件	所提供图样必须与实地情况相符并能清楚显示拟命名道路走向、相连路街位置，需加盖提供单位的章
4	征询拟命名道路两旁单位意见的材料	1	原件	拟命名道路两旁单位必须清晰表明本单位意见并加盖公章

(3) 办理部门：市地名办(市民政局区划地名科)。
(4) 办理时限：15个工作日。
(5) 收费标准：代收公告费。
(6) 办事流程见图3-8。

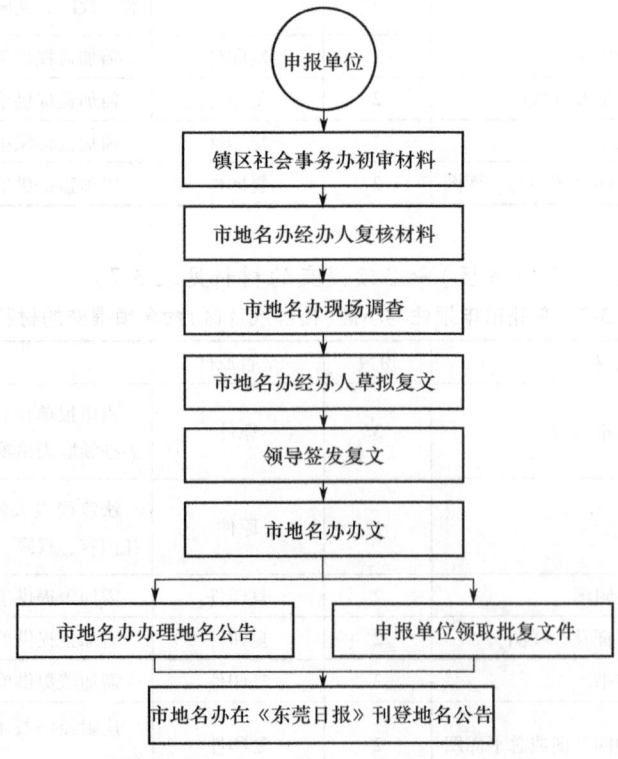

图 3-8　东莞市项目地名和道路命名申报流程

地名命名、更名申请表范本见表3-9。

表3-9 地名命名、更名申请表范本

申请名称					
汉语拼音					
地理位置					
概况					
名称由来和含义	申请人：			申请单位：（盖章） 年　月　日	
申请单位	地址			邮　　编	
	电话			联系人	
申请人承诺					

3.4.2 项目命名与道路命名申报的注意要点

房地产开发企业在申报项目命名与道路命名时，应注意以下要点：

（1）由策划部部门提供小区命名的方案。

（2）由策划部门提供小区路名的方案意见。

（3）规划路的命名要征求道路两旁相关单位的意见。

（4）项目地名办好后，策划部往往会在报建进行到一段时间时，又会提出更名的需求。如果项目名称确定后，策划部如果提出更名需求，在报建时可以依然采用标准名称不变，营销可以用他们喜欢的名称进行推广和宣传，销售合同上加一个补充说明即可。

（5）如果项目定位完全颠覆性的调整，比如从高层调整为别墅，那就需要更名。

3.5 建设工程规划许可证的办理

建设工程规划许可证是由城市规划行政主管部门核发的，确认有关建设工程符合城市规划要求的法律凭证，载明了项目建筑性质、栋数、层数、结构类型、计容积率面积、各分类面积和附件（包括总平面图、各层建筑平面图、各向立面图和剖面图）等内容。

根据《中华人民共和国城乡规划法》第四十条规定：在城市、镇规划区内进行建筑物、构筑物、道路、管线和其他工程建设的，建设单位或者个人应当向城市、县人民政府城乡规划主管部门或者省、自治区、直辖市人民政府确定的镇人民政府申请办理建设工程规划许可证（图3-9）。建设工程规划许可证是办理建筑工程施工许可证，进行规划验线和验收，商品房销（预）售，房屋产权登记等的法定要件。

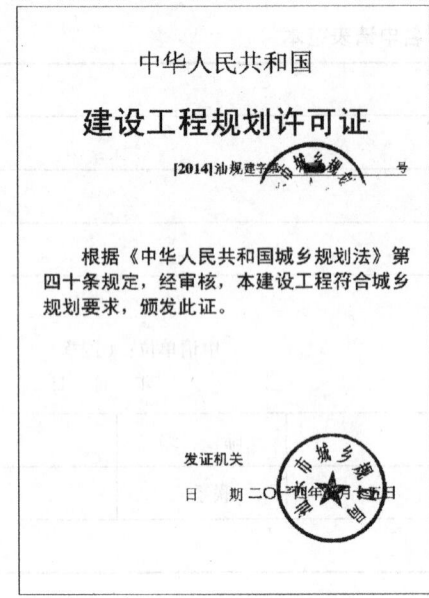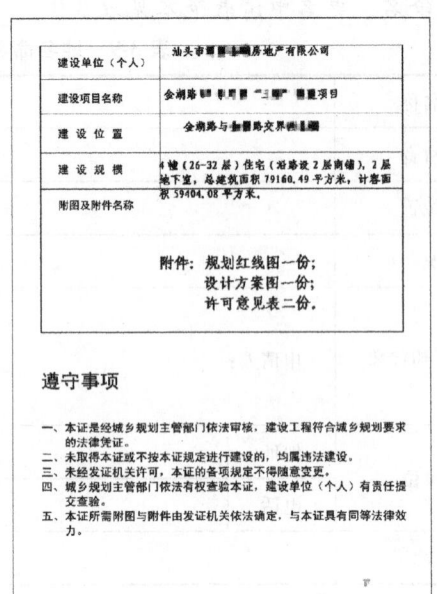

图 3-9 建设工程规划许可证式样

3.5.1 办理建设工程规划许可证的手续

在办理完建设工程方案设计、初步设计的审查手续和完成建筑施工图的设计之后,房地产开发企业就可以申请办理建设工程规划许可证了。在办理建设工程规划许可证时,需要提交的申请材料一般包括申请表、使用土地的有关证明、地名批复文件、建设工程设计方案、建筑施工图等,由规划局对企业提交的材料进行审核,并向审核通过的企业核发建设工程规划许可证。

例 1:中山市申请建设工程规划许可证办理手续

中山市申请建设工程规划许可证办理手续见表 3-10。

表 3-10 中山市申请建设工程规划许可证办理手续

办理对象: 企业、个人
办理条件: 凡在本市范围内进行建设的建设单位和个人可向市规划局提出申请。
所需材料: (1) 中山市城乡规划局业务申请表 1 份(建设工程规划许可类) (2) 建设用地规划许可证及附件复印件 1 份(需验正本,附件即规划条件及三线图) (3) 村、小区控规图复印件 1 份(有控规的住宅用地报建时需提供) (4) 方案审查意见及盖章的方案图 1 份(单位及用地 400m² 以上或建筑面积 500m² 以上的私人住宅需提供) (5) 土地使用证及附图复印件 1 份(需验正本,如土地使用证的附图非中山市统一座标的请先到国土部门换领新证) (6) 土地使用权出让合同 (7) 建筑面积统计表 1 份(由设计单位填写盖章)

（续）

(8) 建筑施工图2套（含总平面图、绿化布置平面图、基础平面图、平立剖面图，加建或补办超面积报建的需在图上注明该部分）

(9) 总平面图电子文件1份（小规模建筑物不需提供）

(10) 电子文件来源证明1份

(11) 中山市建设工程竣工档案验收报送登记表（单位报建时与城建档案馆签订）

(12) 原报建批复书或房产证复印件1份（需验正本，加建或超面积补办报建时需提供）

(13) 原报建施工图（加建时需要提供，图纸已盖"规划报建审批"章）

(14) 执法局行政处罚决定书及结案证明（违章建筑补办报建手续时需提供）或执法局证明（办理历史遗留房屋报建手续时需提供）

(15) 房产测量图2份（补办房屋报建手续时需提供）

(16) 原缴费发票原件（原已在区办事处缴费的需提供）

(17) 营业执照或机构代码证复印件、法人代表或组织主要负责人身份证明文件复印件1份（需验正本，单位报建时提供）

(18) 申请人相关身份证明文件复印件（需验正本，私人报建时提供）

(19) 授权委托书1份（委托代理人办理业务时提供）

温馨提示：施工图审查及报建通过后，需到相关建设部门办理施工许可手续，并委托规划局认可的有资质的勘测单位到施工现场放线，取得放线技术报告后经规划局验线后方可施工

窗口办理流程：
申办→受理→审批→办结

办理时限：
法定期限：20个工作日（不包含窗口受理时间、专家评审时间、听证时间、公示时间）
承诺期限：20个工作日（不包含窗口受理时间、专家评审时间、听证时间、公示时间）

办事窗口：
市局、直属分局窗口

工作时间：
逢周一至周五（8：30—12：00；14：30—17：30），法定节假日除外

收费标准：
根据中价〔2007〕128号文及中府办复〔2009〕374号城市基础设施配套费，非工业类100元/m²，工业类50元/m²，批准收取

办理依据：
《中华人民共和国城乡规划法》

例2：天津市申请建设工程规划许可证办理手续

（1）法律法规规章依据。

1)《中华人民共和国城乡规划法》第四十条　在城市、镇规划区内进行建筑物、构筑物、道路、管线和其他工程建设的，建设单位或者个人应当向城市、县人民政府城乡规划主管部门或者省、自治区、直辖市人民政府确定的镇人民政府申请办理建设工程规划许可证。

2)《天津市城乡规划条例》第五十三条、第五十四条、第五十八条、第六十三条。

3)《天津市城市雕塑管理办法》第六条。

(2) 应具备的条件。
1) 建筑工程：
① 审定修建性详细规划或总平面设计方案。
② 审定建设工程设计方案。
③ 取得土地权属文件。
2) 市政工程：
① 审定市政工程规划方案。
② 审定建设工程设计方案。
③ 取得土地权属文件。
(3) 应提交的全部申请材料目录。
1) 建筑工程(含永久性建筑、临时性建筑和维修工程)：
① 建设工程规划许可证申报表(建筑物)。
② 与规划管理相关的施工图(一式四份及电子文件)。
③ 具有相应测绘资质单位出具的建设工程规划放线测量技术报告(含电子文件)。
④ 使用土地有关证明文件。
⑤ 申报单位(人)委托代理的，提交授权委托书及被委托人身份证复印件，同时交验原件。
⑥ 其他需要提供的材料(涉及人防、地名等法律、法规规定的一项或多项审核意见)。
2) 市政工程(含临时建设)：
① 建设工程规划许可证申报表(市政工程)。
② 具有相应资质单位设计的施工图5份和电子文件(含平面示意图、平面、立面、纵断面、横断面、大样图等)，图样比例：外环线以内1∶500，外环线以外1∶2000；图样装订格式：长29cm，宽21cm。
③ 属政府资金项目，提交经批准的投资计划文件，大型市政工程项目还须提交初步设计成果及批复文件；属非政府资金项目，提交投资核准或备案文件。
④ 相关协议及证明。市政工程通过公路、河道、铁路、桥梁、城市轨道等，须征求相关部门意见，并提供有关管理部门的审批意见；需临时占用土地的，提交土地管理部门批准的临时使用土地文件；需永久占用土地的，提交建设用地批准书复印件，同时交验原件。
⑤ 管线长度小于等于200m的建设项目，需报送专业管理部门拟建方案和说明，1/500地下管线实测地形图3份和电子图；为建筑物配套的工程，还需提交建设用地规划许可证和建设工程规划许可证(复印件)；管线长度大于200m的建设项目，提交天津市建设工程规划放线测量报告(含电子文件)。
⑥ 申报单位(人)委托代理的，提交授权委托书及被委托人身份证复印件，同时交验原件。
⑦ 其他需要提供的材料。
(4) 办理程序：
1) 窗口预审受理。

2) 承办部门现场踏勘,提出初审意见。
3) 会审审定,做出决定。
4) 同意的,办理档案预登记手续,核发建设工程规划许可证;不同意的,核发通知书。

(5) 是否需要现场踏勘:需要踏勘。
(6) 是否需要审图:需要审图。
(7) 法定审批时限:20个工作日。
(8) 承诺办结时限:7个工作日(市政工程10个工作日)。
(9) 有无收费及收费依据和标准:无。

例3:广州市调整建设工程规划许可证及附图附件办理手续
(1) 办理流程:

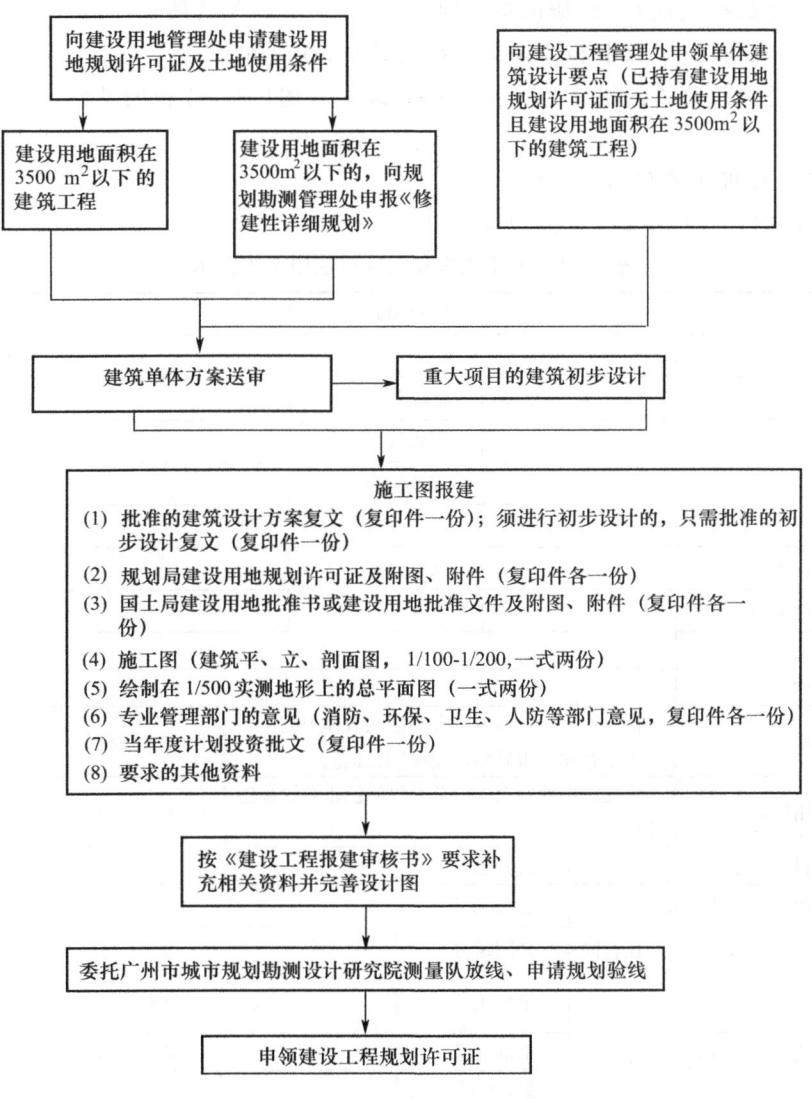

图3-10 广州市建筑工程报建流程

1）据调整的内容，总工室出齐白图。
2）开发部负责咨询规划局相关部门经办人、主管组长、处长，并取得基本意见。
3）取得基本意见后总工室提供正式的报建蓝图（一式三份）。
4）到广州市城市规划局咨询服务中心领取"建设工程设计变更技术审查登记表"，一个工作日根据要求填写完毕。
5）周一至周四的上午将资料报入市规划局服务咨询中心。
6）咨询服务中心审查完毕，如果同意换图，咨询服务中心在一个工作日内将资料转送至规划局建管处。
7）取得换图批复。

（2）准备资料：
1）立案申请表。
2）申请调整的情况说明（包括调整原因、调整要求及调整结果）。
3）原建设工程报建审核书和建设工程规划许可证（复印件）。
4）申请调整建筑施工图报建的应提交原建筑施工图（原件）和调整的建筑施工图（一式两份）。

（3）建筑工程报建流程（图3-10）。

建设工程规划许可证申请表范本见表3-11。

表3-11　建设工程规划许可证申请表范本

	名称		邮政编码		申请单位盖章
申请单位	地址				
	联系人		电子邮箱地址		
	联系电话		手机号码		日期
	名称		邮政编码		设计单位盖章
设计单位	地址				
	设计负责人		联系电话		
	勘察设计证书编号				日期
基地总体指标	建设地址				
	项目名称				
	工程性质	住宅□ 宾馆□ 商业□ 办公□ 文教体卫□ 工业仓储□ 市政站场设施□ 其他□		建设规模	m²
	土地使用性质	居住□ 工业□ 仓储□ 公共设施□ 市政设施□ 其他□		土地面积	m²
	建设项目选址意见书	通知编号		证号	
	建设工程规划设计要求	通知编号			
	国有土地使用权出让、转让合同	合同编号			
	可行性研究报告 其他计划批文	批准机关		批准文号	
	建设用地规划许可证	批准文号		编（证）号	
	建设工程规划设计方案批复	编（证）号			
		有效期限			止

(续)

基地总体指标	建设用地批准书	批准机关		批准文号		
		有效期限				止
	建设工程初步设计方案批复	批准机关		批准文号		
		有效期限				止
	造价	土建/万元	水电/万元	合计/万元	其中拨款	备注

建设基地总体指标	建筑基地面积			m²	建筑容积率		建筑密度	%
	总建筑面积			m²	停车车位数		绿化地率	%
	其中	地上建筑面积		m²	住宅总户数		集中绿地率	%
		地下建筑面积		m²	单体建筑总幢数		建筑类型数	
	地上建筑性质	住宅	宾馆	商业	办公	文教体卫	工业仓储	市政站场设施	其他
	面积/m²								

相关管理部门审核意见（请填入批准文号）

环保		绿化	
卫生		交通	
消防		地名	

送审文件、图样一览表

序号	名称	应送份数	实送份数	要件说明

同型建筑	建筑物名称（类型）		幢数：		层数：	
	建筑占地面积/幢	总建筑占地面积	建筑面积/幢	总建筑面积	地上总建筑面积	地下总建筑面积
	m²	m²	m²	m²	m²	m²
	建筑性质			建筑高度		m

（续）

<table>
<tr><td rowspan="22">单幢建筑明细表</td><td rowspan="4">地下部分</td><td rowspan="4">桩基</td><td colspan="2">长度</td><td rowspan="4">地下室</td><td>层次</td><td>深度</td><td>建筑面积</td><td>备注</td></tr>
<tr><td colspan="2"></td><td>层</td><td>m</td><td>m²</td><td></td></tr>
<tr><td colspan="2">根数</td><td>层</td><td>m</td><td>m²</td><td></td></tr>
<tr><td colspan="2"></td><td>层</td><td>m</td><td>m²</td><td></td></tr>
<tr><td rowspan="15">楼上部分</td><td rowspan="5">裙房</td><td colspan="2">层</td><td colspan="3">使用性质</td><td>建筑面积</td><td>备注</td></tr>
<tr><td colspan="2">层</td><td colspan="3"></td><td>m²</td><td></td></tr>
<tr><td colspan="2">层</td><td colspan="3"></td><td>m²</td><td></td></tr>
<tr><td colspan="2">层</td><td colspan="3"></td><td>m²</td><td></td></tr>
<tr><td colspan="2">层</td><td colspan="3"></td><td>m²</td><td></td></tr>
<tr><td colspan="2">层</td><td colspan="3"></td><td>m²</td><td></td></tr>
<tr><td rowspan="9">主楼</td><td colspan="2">层</td><td colspan="3"></td><td>m²</td><td></td></tr>
<tr><td colspan="2">层</td><td colspan="3"></td><td>m²</td><td></td></tr>
<tr><td colspan="2">层</td><td colspan="3"></td><td>m²</td><td></td></tr>
<tr><td colspan="2">层</td><td colspan="3"></td><td>m²</td><td></td></tr>
<tr><td colspan="2">层</td><td colspan="3"></td><td>m²</td><td></td></tr>
<tr><td colspan="2">层</td><td colspan="3"></td><td>m²</td><td></td></tr>
<tr><td colspan="2">层</td><td colspan="3"></td><td>m²</td><td></td></tr>
<tr><td colspan="2">层</td><td colspan="3"></td><td>m²</td><td></td></tr>
<tr><td colspan="2">层</td><td colspan="3"></td><td>m²</td><td></td></tr>
<tr><td rowspan="3" colspan="2">特殊部位</td><td colspan="2">层</td><td colspan="3"></td><td>m²</td><td></td></tr>
<tr><td colspan="2">层</td><td colspan="3"></td><td>m²</td><td></td></tr>
<tr><td colspan="2">层</td><td colspan="3"></td><td>m²</td><td></td></tr>
<tr><td colspan="9">说明：上述特殊部位是指架空层、转换层、设备层、屋顶层等部位</td></tr>
</table>

<table>
<tr><td rowspan="11">单幢建筑明细表</td><td>建筑物名称</td><td>使用性质</td><td>层数</td><td>高度/m</td><td>总建筑面积/m²</td><td>地下建筑面积/m²</td><td>地上建筑面积/m²</td><td>备注</td></tr>
<tr><td></td><td></td><td></td><td></td><td></td><td></td><td></td><td></td></tr>
<tr><td></td><td></td><td></td><td></td><td></td><td></td><td></td><td></td></tr>
<tr><td></td><td></td><td></td><td></td><td></td><td></td><td></td><td></td></tr>
<tr><td></td><td></td><td></td><td></td><td></td><td></td><td></td><td></td></tr>
<tr><td></td><td></td><td></td><td></td><td></td><td></td><td></td><td></td></tr>
<tr><td></td><td></td><td></td><td></td><td></td><td></td><td></td><td></td></tr>
<tr><td></td><td></td><td></td><td></td><td></td><td></td><td></td><td></td></tr>
<tr><td></td><td></td><td></td><td></td><td></td><td></td><td></td><td></td></tr>
<tr><td></td><td></td><td></td><td></td><td></td><td></td><td></td><td></td></tr>
<tr><td></td><td></td><td></td><td></td><td></td><td></td><td></td><td></td></tr>
</table>

(续)

申请构筑工程	围墙	长度：	m	高度	m	备注
	其他构筑物	数量	基底尺寸	高度/m	深埋/m	备注

3.5.2 办理建设工程规划许可证的注意要点

房地产开发企业在办理建设工程规划许可证时，需要注意以下几个要点：

（1）房地产开发企业缴费时间不计入承诺时限内。

（2）房地产开发企业在取得建设工程规划许可证后，应在有效期（一般为六个月）内申请开工，逾期未开工又未提出延期申请的，建设工程规划许可证自行失效。

（3）在建设工程规划许可证办结取证之前要缴纳市政配套费，对于每期开发建设 20 万 m^2 的规模，市政配套费金额较大，应做好减免缓工作，节省开发成本。必要时考虑分层办理建设工程规划许可证。

（4）要注意确保现场放线的楼宇与建设工程规划许可证批复的固定点保持一致。

（5）报建的图样要求符合退缩间距、开口天井、采光、通风符合建筑规范要求，要满足各专业意见要求。

附录　建筑工程方案设计招标投标管理办法（2008 年版）

建筑工程方案设计招标投标管理办法

（住房和城乡建设部，自 2008 年 5 月 1 日起施行）

第一章　总则

第一条　为规范建筑工程方案设计招标投标活动，提高建筑工程方案设计质量，体现公平有序竞争，根据《中华人民共和国建筑法》《中华人民共和国招标投标法》及相关法律、法规和规章，制定本办法。

第二条　在中华人民共和国境内从事建筑工程方案设计招标投标及其管理活动的，适用本办法。

学术性的项目方案设计竞赛或不对某工程项目下一步设计工作的承接具有直接因果关系的"创意征集"等活动，不适用本办法。

第三条　本办法所称建筑工程方案设计招标投标，是指在建筑工程方案设计阶段，按照有关招标投标法律、法规和规章等规定进行的方案设计招标投标活动。

第四条 按照国家规定需要政府审批的建筑工程项目，有下列情形之一的，经有关部门批准，可以不进行招标：

（一）涉及国家安全、国家秘密的。

（二）涉及抢险救灾的。

（三）主要工艺、技术采用特定专利、专有技术，或者建筑艺术造型有特殊要求的。

（四）技术复杂或专业性强，能够满足条件的设计机构少于3家，不能形成有效竞争的。

（五）项目的改、扩建或者技术改造，由其他设计机构设计影响项目功能配套性的。

（六）法律、法规规定可以不进行设计招标的其他情形。

第五条 国务院建设主管部门负责全国建筑工程方案设计招标投标活动统一监督管理。县级以上人民政府建设主管部门依法对本行政区域内建筑工程方案设计招标投标活动实施监督管理。

建筑工程方案设计招标投标管理流程图详见附件一。

第六条 建筑工程方案设计应按照科学发展观，全面贯彻适用、经济，在可能条件下注意美观的原则。建筑工程设计方案要与当地经济发展水平相适应，积极鼓励采用节能、节地、节水、节材、环保技术的建筑工程设计方案。

第七条 建筑工程方案设计招标投标活动应遵循公开、公平、公正、择优和诚实信用的原则。

第八条 建筑工程方案设计应严格执行《建设工程质量管理条例》《建设工程勘察设计管理条例》和国家强制性标准条文；满足现行的建筑工程建设标准、设计规范（规程）和本办法规定的相应设计文件编制深度要求。

第二章 招标

第九条 建筑工程方案设计招标方式分为公开招标和邀请招标。

全部使用国有资金投资或者国有资金投资占控股或者主导地位的建筑工程项目，以及国务院发展和改革部门确定的国家重点项目和省、自治区、直辖市人民政府确定的地方重点项目，除符合本办法第四条及第十条规定条件并依法获得批准外，应当公开招标。

第十条 依法必须进行公开招标的建筑工程项目，在下列情形下可以进行邀请招标：

（一）项目的技术性、专业性强，或者环境资源条件特殊，符合条件的潜在投标人数量有限的。

（二）如采用公开招标，所需费用占建筑工程项目总投资额比例过大的。

（三）受自然因素限制，如采用公开招标，影响建筑工程项目实施时机的。

（四）法律、法规规定不宜公开招标的。

招标人采用邀请招标的方式，应保证有3个以上具备承担招标项目设计能力，并具有相应资质的机构参加投标。

第十一条 根据设计条件及设计深度，建筑工程方案设计招标类型分为建筑工程概念性方案设计招标和建筑工程实施性方案设计招标两种类型。

招标人应在招标公告或者投标邀请函中明示采用何种招标类型。

第十二条 建筑工程方案设计招标时应当具备下列条件：

（一）按照国家有关规定需要履行项目审批手续的，已履行审批手续，取得批准。

（二）设计所需要资金已经落实。

（三）设计基础资料已经收集完成。

（四）符合相关法律、法规规定的其他条件。

建筑工程概念性方案设计招标和建筑工程实施性方案设计招标的招标条件详见本办法附件二。

第十三条 公开招标的项目，招标人应当在指定的媒介发布招标公告。大型公共建筑工程的招标公告应当按照有关规定在指定的全国性媒介发布。

第十四条 招标人填写的招标公告或投标邀请函应当内容真实、准确和完整。

招标公告或投标邀请函的主要内容应当包括工程概况、招标方式、招标类型、招标内容及范围、投标人承担设计任务范围、对投标人资质、经验及业绩的要求、投标人报名要求、招标文件工本费收费标准、投标报名时间、提交资格预审申请文件的截止时间、投标截止时间等。

建筑工程方案设计招标公告和投标邀请函样本详见本办法附件三。

第十五条 招标人应当按招标公告或者投标邀请函规定的时间、地点发出招标文件或者资格预审文件。自招标文件或者资格预审文件发出之日起至停止发出之日止，不得少于5个工作日。

第十六条 大型公共建筑工程项目或投标人报名数量较多的建筑工程项目招标可以实行资格预审。采用资格预审的，招标人应在招标公告中明示，并发出资格预审文件。招标人不得通过资格预审排斥潜在投标人。

对于投标人数量过多，招标人实行资格预审的情形，招标人应在招标公告中明确进行资格预审所需达到的投标人报名数量。招标人未在招标公告中明确或实际投标人报名数量未达到招标公告中规定的数量时，招标人不得进行资格预审。

资格预审必须由专业人员评审。资格预审不采用打分的方式评审，只有"通过"和"未通过"之分。如果通过资格预审投标人的数量不足3家，招标人应修订并公布新的资格预审条件，重新进行资格预审，直至3家或3家以上投标人通过资格预审为止。特殊情况下，招标人不能重新制定新的资格预审条件的，必须依据国家相关法律、法规规定执行。

建筑工程方案设计招标资格预审文件样本详见本办法附件四。

第十七条 招标人应当根据建筑工程特点和需要编制招标文件。招标文件包括以下方面内容：

（一）投标须知。

（二）投标技术文件要求。

（三）投标商务文件要求。

（四）评标、定标标准及方法说明。

（五）设计合同授予及投标补偿费用说明。

招标人应在招标文件中明确执行国家规定的设计收费标准或提供投标人设计收费的统一计算基价。

对政府或国有资金投资的大型公共建筑工程项目，招标人应当在招标文件中明确参与投标的设计方案必须包括有关使用功能、建筑节能、工程造价、运营成本等方面的专题报告。

设计招标文件中的投标须知样本、招标技术文件编写内容及深度要求、投标商务文件内容等分别详见本办法附件五、附件六和附件七。

第十八条 招标人和招标代理机构应将加盖单位公章的招标公告或投标邀请函及招标文件，报项目所在地建设主管部门备案。各级建设主管部门对招标投标活动实施监督。

第十九条 概念性方案设计招标或者实施性方案设计招标的中标人应按招标文件要求承担方案及后续阶段的设计和服务工作。但中标人为中华人民共和国境外企业的，若承担后续阶段的设计和服务工作应按照《关于外国企业在中华人民共和国境内从事建设工程设计活动的管理暂行规定》（建市〔2004〕78号）执行。

如果招标人只要求中标人承担方案阶段设计，而不再委托中标人承接或参加后续阶段工程设计业务的，应在招标公告或投标邀请函中明示，并说明支付中标人的设计费用。采用建筑工程实施性方案设计招标的，招标人应按照国家规定方案阶段设计付费标准支付中标人。采用建筑工程概念性方案设计招标的，招标人应按照国家规定方案阶段设计付费标准的80%支付中标人。

第三章 投标

第二十条 参加建筑工程项目方案设计的投标人应具备下列主体资格：

（一）在中华人民共和国境内注册的企业，应当具有建设主管部门颁发的建筑工程设计资质证书或建筑专业事务所资质证书，并按规定的等级和范围参加建筑工程项目方案设计投标活动。

（二）注册在中华人民共和国境外的企业，应当是其所在国或者所在地区的建筑设计行业协会或组织推荐的会员。其行业协会或组织的推荐名单应由建设单位确认。

（三）各种形式的投标联合体各方应符合上述要求。招标人不得强制投标人组成联合体共同投标，不得限制投标人组成联合体参与投标。

招标人可以根据工程项目实际情况，在招标公告或投标邀请函中明确投标人其他资格条件。

第二十一条 采用国际招标的，不应人为设置条件排斥境内投标人。

第二十二条 投标人应按照招标文件确定的内容和深度提交投标文件。

第二十三条 招标人要求投标人提交备选方案的，应当在招标文件中明确相应的评审和比选办法。

凡招标文件中未明确规定允许提交备选方案的，投标人不得提交备选方案。如投标人擅自提交备选方案的，招标人应当拒绝该投标人提交的所有方案。

第二十四条 建筑工程概念性方案设计投标文件编制一般不少于20日，其中大型公共建筑工程概念性方案设计投标文件编制一般不少于40日；建筑工程实施性方案设计投标文件编制一般不少于45日。招标文件中规定的编制时间不符合上述要求的，建设主管部门对招标文件不予备案。

第四章 开标、评标、定标

第二十五条 开标应在招标文件规定提交投标文件截止时间的同一时间公开进行；除不可抗力外，招标人不得以任何理由拖延开标，或者拒绝开标。

建筑工程方案设计招标开标程序详见本办法附件八。

第二十六条 投标文件出现下列情形之一的，其投标文件作为无效标处理，招标人不予受理：

（一）逾期送达的或者未送达指定地点的。

（二）投标文件未按招标文件要求予以密封的。

（三）违反有关规定的其他情形。

第二十七条 招标人或招标代理机构根据招标建筑工程项目特点和需要组建评标委员会，其组成应当符合有关法律、法规和本办法的规定：

（一）评标委员会的组成应包括招标人以及与建筑工程项目方案设计有关的建筑、规划、结构、经济、设备等专业专家。大型公共建筑工程项目应增加环境保护、节能、消防专家。评委应以建筑专业专家为主，其中技术、经济专家人数应占评委总数的三分之二以上。

（二）评标委员会人数为 5 人以上单数组成，其中大型公共建筑工程项目评标委员会人数不应少于 9 人。

（三）大型公共建筑工程或具有一定社会影响的建筑工程，以及技术特别复杂、专业性要求特别高的建筑工程，采取随机抽取确定的专家难以胜任的，经主管部门批准，招标人可以从设计类资深专家库中直接确定，必要时可以邀请外地或境外资深专家参加评标。

第二十八条 评标委员会必须严格按照招标文件确定的评标标准和评标办法进行评审。评委应遵循公平、公正、客观、科学、独立、实事求是的评标原则。

评审标准主要包括以下方面：

（一）对方案设计符合有关技术规范及标准规定的要求进行分析、评价。

（二）对方案设计水平、设计质量高低、对招标目标的响应度进行综合评审。

（三）对方案社会效益、经济效益及环境效益的高低进行分析、评价。

（四）对方案结构设计的安全性、合理性进行分析、评价。

（五）对方案投资估算的合理性进行分析、评价。

（六）对方案规划及经济技术指标的准确度进行比较、分析。

（七）对保证设计质量、配合工程实施，提供优质服务的措施进行分析、评价。

（八）对招标文件规定废标或被否决的投标文件进行评判。

评标方法主要包括记名投票法、排序法和百分制综合评估法等，招标人可根据项目实际情况确定评标方法。评标方法及实施步骤详见本办法附件九。

第二十九条 设计招标投标评审活动应当符合以下规定：

（一）招标人应确保评标专家有足够时间审阅投标文件，评审时间安排应与工程的复杂程度、设计深度、提交有效标的投标人数量和投标人提交设计方案的数量相适应。

（二）评审应由评标委员会负责人主持，负责人应从评标委员会中确定一名资深技术专家担任，并从技术评委中推荐一名评标会议纪要人。

（三）评标应严格按照招标文件中规定的评标标准和办法进行，除了有关法律、法规以及国家标准中规定的强制性条文外，不得引用招标文件规定以外的标准和办法进行评审。

（四）在评标过程中，当评标委员会对投标文件有疑问，需要向投标人质疑时，投标人可以到场解释或澄清投标文件有关内容。

（五）在评标过程中，一旦发现投标人有对招标人、评标委员会成员或其他有关人员施加不正当影响的行为，评标委员会有权拒绝该投标人的投标。

（六）投标人不得以任何形式干扰评标活动，否则评标委员会有权拒绝该投标人的投标。

（七）对于国有资金投资或国家融资的有重大社会影响的标志性建筑，招标人可以邀请人大代表、政协委员和社会公众代表列席，接受社会监督。但列席人员不发表评审意见，也不得以任何方式干涉评标委员会独立开展评标工作。

第三十条 大型公共建筑工程项目如有下列情况之一的，招标人可以在评标过程中对其中有关规划、安全、技术、经济、结构、环保、节能等方面进行专项技术论证：

（一）对于重要地区主要景观道路沿线，设计方案是否适合周边地区环境条件兴建的。

（二）设计方案中出现的安全、技术、经济、结构、材料、环保、节能等有重大不确定因素的。

（三）有特殊要求，需要进行设计方案技术论证的。

一般建筑工程项目，必要时，招标人也可进行涉及安全、技术、经济、结构、材料、环保、节能中的一个或多个方面的专项技术论证，以确保建筑方案的安全性和合理性。

第三十一条　投标文件有下列情形之一的，经评标委员会评审后按废标处理或被否决：

（一）投标文件中的投标函无投标人公章（有效签署）、投标人的法定代表人有效签章及未有相应资格的注册建筑师有效签章的；或者投标人的法定代表人授权委托人没有经有效签章的合法、有效授权委托书原件的。

（二）以联合体形式投标，未向招标人提交共同签署的联合体协议书的。

（三）投标联合体通过资格预审后在组成上发生变化的。

（四）投标文件中标明的投标人与资格预审的申请人在名称和组织结构上存在实质性差别的。

（五）未按招标文件规定的格式填写，内容不全，未响应招标文件的实质性要求和条件的，经评标委员会评审未通过的。

（六）违反编制投标文件的相关规定，可能对评标工作产生实质性影响的。

（七）与其他投标人串通投标，或者与招标人串通投标的。

（八）以他人名义投标，或者以其他方式弄虚作假的。

（九）未按招标文件的要求提交投标保证金的。

（十）投标文件中承诺的投标有效期短于招标文件规定的。

（十一）在投标过程中有商业贿赂行为的。

（十二）其他违反招标文件规定实质性条款要求的。

评标委员会对投标文件确认为废标的，应当由2/3以上评委签字确认。

第三十二条　有下列情形之一的，招标人应当依法重新招标：

（一）所有投标均做废标处理或被否决的。

（二）评标委员会界定为不合格标或废标后，因有效投标人不足3个使得投标明显缺乏竞争，评标委员会决定否决全部投标的。

（三）同意延长投标有效期的投标人少于3个的。

符合前款第一种情形的，评标委员会应在评标纪要上详细说明所有投标均做废标处理或被否决的理由。

招标人依法重新招标的，应对有串标、欺诈、行贿、压价或弄虚作假等违法或严重违规行为的投标人取消其重新投标的资格。

第三十三条　评标委员会按如下规定向招标人推荐合格的中标候选人：

（一）采取公开和邀请招标方式的，推荐1~3名。

（二）招标人也可以委托评标委员会直接确定中标人。

（三）经评标委员会评审，认为各投标文件未最大程度响应招标文件要求，重新招标时间又不允许的，经评标委员会同意，评委可以以记名投票方式，按自然多数票产生3名或3名以上投标人进行方案优化设计。评标委员会重新对优化设计方案评审后，推荐合格的中标候选人。

第三十四条　各级建设主管部门应在评标结束后15天内在指定媒介上公开排名顺序，并对推荐中标方案、评标专家名单及各位专家评审意见进行公示，公示期为5个工作日。

第三十五条　推荐中标方案在公示期间没有异议、异议不成立、没有投诉或投诉处理后没有发现问题的，招标人应当根据招标文件中规定的定标方法从评标委员会推荐的中标候选方案中确定中标人。定标方法主要包括：

（一）招标人委托评标委员会直接确定中标人。

（二）招标人确定评标委员会推荐的排名第一的中标候选人为中标人。排名第一的中标候选人放弃中标、因不可抗力提出不能履行合同、招标文件规定应当提交履约保证金而在规定的期限内未提交的，或者存在违法行为被有关部门依法查处，且其违法行为影响中标结果的，招标人可以确定排名第二的中标候选人为中标人。如排名第二的中标候选人也发生上述问题，依次可确定排名第三的中标候选人为中标人。

（三）招标人根据评标委员会的书面评标报告，组织审查评标委员会推荐的中标候选方案后，确定中标人。

第三十六条 依法必须进行设计招标的项目，招标人应当在确定中标人之日起15日内，向有关建设主管部门提交招标投标情况的书面报告。

建筑工程方案设计招标投标情况书面报告的主要内容详见本办法附件十。

第五章　其他

第三十七条 招标人和中标人应当自中标通知书发出之日起30日内，依据《中华人民共和国合同法》及有关工程设计合同管理规定的要求，按照不违背招标文件和中标人的投标文件内容签订设计委托合同，并履行合同约定的各项内容。合同中确定的建设标准、建设内容应当控制在经审批的可行性报告规定范围内。

国家制定的设计收费标准上下浮动20%是签订建筑工程设计合同的依据。招标人不得以压低设计费、增加工作量、缩短设计周期等作为发出中标通知书的条件，也不得与中标人再订立背离合同实质性内容的其他协议。如招标人违反上述规定，其签订的合同效力按《中华人民共和国合同法》有关规定执行，同时建设主管部门对设计合同不予备案，并依法予以处理。

招标人应在签订设计合同起7个工作日内，将设计合同报项目所在地建设或规划主管部门备案。

第三十八条 对于达到设计招标文件要求但未中标的设计方案，招标人应给予不同程度的补偿。

（一）采用公开招标，招标人应在招标文件中明确其补偿标准。若投标人数量过多，招标人可在招标文件中明确对一定数量的投标人进行补偿。

（二）采用邀请招标，招标人应给予每个未中标的投标人经济补偿，并在投标邀请函中明确补偿标准。

招标人可根据情况设置不同档次的补偿标准，以便对评标委员会评选出的优秀设计方案给予适当鼓励。

第三十九条 境内外设计企业在中华人民共和国境内参加建筑工程设计招标的设计收费，应按照同等国民待遇原则，严格执行中华人民共和国的设计收费标准。

工程设计中采用投标人自有专利或者专有技术的，其专利和专有技术收费由招标人和投标人协商确定。

第四十条 招标人应保护投标人的知识产权。投标人拥有设计方案的著作权（版权）。未经投标人书面同意，招标人不得将交付的设计方案向第三方转让或用于本招标范围以外的其他建设项目。

招标人与中标人签署设计合同后，招标人在该建设项目中拥有中标方案的使用权。中标人应保护招标人一旦使用其设计方案不能受到来自第三方的侵权诉讼或索赔，否则中标人应承担由此而产生的一切责任。

招标人或者中标人使用其他未中标人投标文件中的技术成果或技术方案的,应当事先征得该投标人的书面同意,并按规定支付使用费。未经相关投标人书面许可,招标人或者中标人不得擅自使用其他投标人投标文件中的技术成果或技术方案。

联合体投标人合作完成的设计方案,其知识产权由联合体成员共同所有。

第四十一条 设计单位应对其提供的方案设计的安全性、可行性、经济性、合理性、真实性及合同履行承担相应的法律责任。

由于设计原因造成工程项目总投资超出预算的,建设单位有权依法对设计单位追究责任。但设计单位根据建设单位要求,仅承担方案设计,不承担后续阶段工程设计业务的情形除外。

第四十二条 各级建设主管部门应加强对建设单位、招标代理机构、设计单位及取得执业资格注册人员的诚信管理。在设计招标投标活动中对招标代理机构、设计单位及取得执业资格注册人员的各种失信行为和违法违规行为记录在案,并建立招标代理机构、设计单位及取得执业资格注册人员的诚信档案。

第四十三条 各级政府部门不得干预正常的招标投标活动和无故否决依法按规定程序评出的中标方案。

各级政府相关部门应加强监督国家和地方建设方针、政策、标准、规范的落实情况,查处不正当竞争行为。

在建筑工程方案设计招标投标活动中,对违反《中华人民共和国招标投标法》《工程建设项目勘察设计招标投标办法》和本办法规定的,建设主管部门应当依法予以处理。

第六章 附则

第四十四条 本办法所称大型公共建筑工程一般指建筑面积在 2 万 m^2 以上的办公建筑、商业建筑、旅游建筑、科教文卫建筑、通信建筑以及交通运输用房等。

第四十五条 使用国际组织或者外国政府贷款、援助资金的建筑工程进行设计招标时,贷款方、资金提供方对招标投标的条件和程序另有规定的,可以适用其规定,但违背中华人民共和国社会公共利益的除外。

第四十六条 各省、自治区、直辖市建设主管部门可依据本办法制定实施细则。

第四十七条 本办法自 2008 年 5 月 1 日起施行。

附件一:建筑工程方案设计招标管理流程图(略)。

附件二:建筑工程方案设计招标条件(略)。

附件三:建筑工程方案设计公开招标公告样本和建筑工程方案设计投标邀请函样本(略)。

附件四:建筑工程方案设计招标资格预审文件样本(略)。

附件五:建筑工程方案设计投标须知内容(略)。

附件六:建筑工程方案设计招标技术文件编制内容及深度要求(略)。

附件七:建筑工程方案设计投标商务示范文件(略)。

附件八:建筑工程方案设计招标开标程序(略)。

附件九:建筑工程方案设计招标评标方法(略)。

附件十:建筑工程方案设计投标评审结果公示样本(略)。

附件十一:建筑工程方案设计招标投标情况书面报告(略)。

第4章

房地产项目建筑工程施工许可与施工阶段报批报建指南

房地产项目工程开工之前,需要办理的事项包括建设工程施工图审查备案、工程建设项目报建表审批、建设工程施工、监理招标、施工、监理合同备案、建设工程质量安全监督登记、施工安全措施备案、余泥渣土排放证的办理、建筑工程施工许可证的申请、建设工程放线、验线的办理、工程临时施工设施和永久设施的报批等。

4.1 建设工程施工图审查备案

施工图审查是施工图设计文件审查的简称,是指建设局认定的施工图审查机构按照法律法规,对施工图涉及的公共利益、公众安全和工程建设强制性标准的内容进行的审查。根据《房屋建筑和市政基础设施工程施工图设计文件审查管理办法》,施工图设计文件必须进行审查,审查合格的施工图是工程施工、监理活动以及质量安全监督管理的依据。

4.1.1 建设工程施工图的审查要点

施工图审查机构对施工图进行审查的要点包括以下几个方面:
(1) 是否符合工程建设强制性标准。
(2) 地基基础和主体结构的安全性。
(3) 是否符合民用建筑节能强制性标准,对执行绿色建筑标准的项目,还应当审查是否符合绿色建筑标准。
(4) 勘察、设计企业和注册执业人员以及相关人员是否按规定在施工图上加盖相应的图章和签字。
(5) 法律、法规、规章规定必须审查的其他内容。

4.1.2 建设工程施工图审查手续的办理

在设计单位完成建筑施工图、结构施工图、水电施工图等全部施工图及结构计算书等文件之后,房地产开发企业就可以开始施工图的送审。施工图审查工作由建设局认定的有相应资质的审查机构进行,由消防局、人防办、气象局等相关部门进行专项审查,审查合格的,可以领取施工图审查合格书。

施工图审查的一般流程见图4-1。

注:以上的各专项审查并不是每个房地产项目都需要进行,要根据具体项目的实际情况和当地的法律要求而定。

例1:重庆市建设工程施工图审查手续
(1) 委托审图机构审图。
1) 全套施工图文件(原件1份,含结构计算书、节能计算书、设备计算书)。
2) 设计单位资质证书及人员资格证书(复印件1份,加盖设计单位行政用章)。
3) 工程地质勘查文件(原件1份,详勘阶段)。
4) 勘察单位资质证书及人员资格证书(复印件1份,加盖设计单位行政用章)。
(2) 相关专项审批。
1) 人防部门。

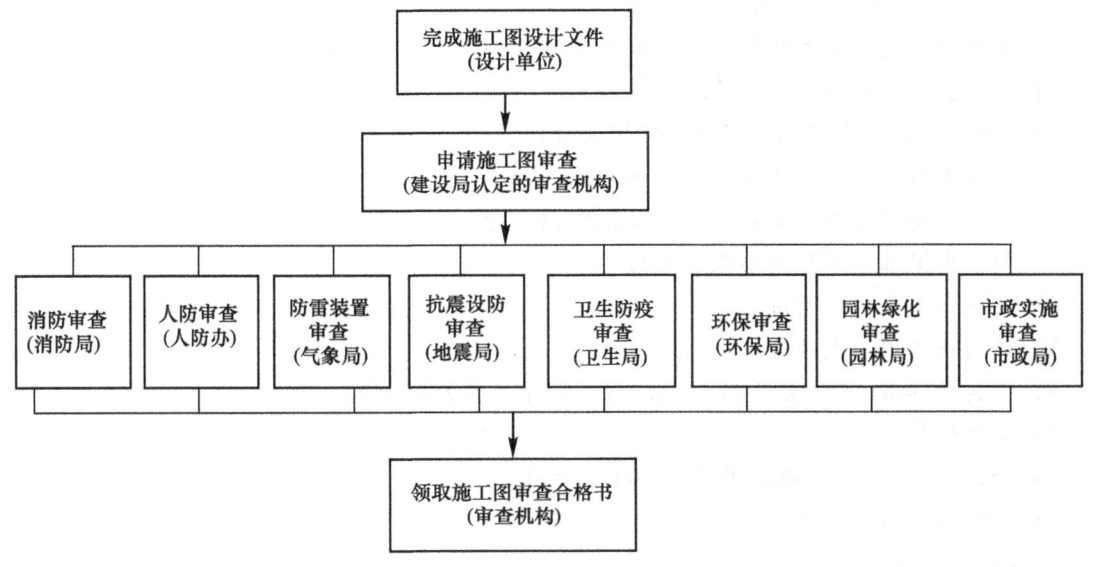

图 4-1 施工图审查的一般流程

① 建设工程规划设计方案审查意见书(复印件 1 份)。

② 建设工程初步设计批复(复印件 1 份)。

③ 建设工程建筑施工图(防空地下室易地建设)或建设工程建筑施工图、建设工程防空地下室施工设计图说及施工图审查机构的审查意见(防空地下室就地建设)(1 份)。

2) 气象防雷部门。

① 施工图设计技术评价:

A. 初设审批意见(复印件 1 份)。

B. 建筑及电气专业图说(原件 1 份)。

C. 防雷装置施工监审申请表(原件 1 份)。

② 防雷装置施工监审申请:

A. 建构筑物防雷设施隐蔽工程分段检测验收手册(手册在施工图技术评价时领取)。

B. 防雷装置施工监审表(原件 1 份)。

C. 缴纳防雷装置施工监审费、防雷设施验收费【工程概算<500 万元,按 0.3‰收费,500 万元<工程概算<1000 万元,按 0.2‰收费,工程概算>1000 万元按 0.1‰收费;建筑物 10 层(或高 30m)以下现场监审 2 次、建筑物 20 层(或高 60m)以下现场监审 5 次、建筑物 30 层(或高 90m)以下现场监审 10 次、建筑物 30 层(或高 90m)以上的现场施工。按现场监审次数计算,每次收费 500 元】。

例 2:佛山市建设工程施工图审查手续

(1) 说明。

1) 以下行政性文件为复印件时,需加盖建设单位公章;勘察设计文件需盖勘察、设计单位出图章和注册师章。

2) 建设单位应在工程勘察完成后提前送审勘察报告,未经审查批准的勘察报告不得用作施工图设计依据。

(2) 工程勘察报告送审需提交资料。
1) 工程勘察报告一式两份及岩芯照片光盘一份。
2) 工程勘察合同一份。
(3) 建筑、结构专业施工图送审需提交资料。
1) 建筑工程消防审核意见书复印件一式三份。
2) 盖有公安消防大队审核章的建筑报审图一份。
3) 经审查批准的工程勘察报告一份。
4) 建筑施工图一式两份。
5) 结构施工图一式两份。
6) 结构计算书(纸质文件)及数据磁盘(电子文本)各一份。
7) 工程设计合同。
(4) 给水、排水专业施工图送审需提交资料。
1) 给水施工图一式两份。
2) 排水施工图一式两份。
3) 工程设计合同或专项设计分包合同一份。
(5) 消防专业施工图送审需提交资料。
1) 消防工程消防审核意见书复印件一式两份。
2) 盖有公安消防大队审核章的消防设备工程报审图一份。
3) 消防施工图一式两份。
4) 工程设计合同或专项设计分包合同一份。
(6) 玻璃幕墙施工图送审需提交资料。
1) 玻璃幕墙施工图一式两份。
2) 玻璃幕墙结构计算书(纸质文本)及数据磁盘(电子文本)各一份。
3) 工程设计合同或专项设计分包合同一份。
(7) 网架施工图送审需提交资料。
1) 网架施工图一式两份。
2) 网架结构计算书(纸质文本)及数据磁盘(电子文本)各一份。
3) 工程设计合同或专项设计分包合同一份。

注：① 除以上资料外，应同时提交审图机构认为有必要补充的其他资料。
② 佛山市以外的勘察设计单位需同时提交进入佛山市的跨区备案文件一份。
③ 被政府确定为重点建设项目的工程，按政府有关绿色通道的要求执行。

(8) 施工图设计文件审查流程：窗口受理申请→程序性审查→技术性审查→出具审查报告→建设局签发审查批准书→建设单位凭缴款单取件。

(9) 办理时限。送审资料齐备后，设计文件审查10个工作日内，勘察报告5个工作日内回复。特级和一级建筑工程、大面积群体工程、复杂的项目审查时间适当延长。

(10) 收费标准。根据广东省物价局《关于建筑工程施工图技术审查中介服务收费问题的复函》(粤价函〔2001〕300号)和顺德区建设局《关于落实市经济工作会议精神具体措施的通知》(顺建发〔2002〕40号)执行。

1) 一般工程项目按规定标准的70%收取。

2) 外商投资、中外合资企业投资、外地企业投资、各镇集约工业园的项目或一次性报审土建造价超过5000万元以上的工程项目按规定标准的60%收取（缴费时外商、外资或者合资企业需提供工商营业执照复印件并加盖公章）。

3) 政府投资的学校、医院、敬老院、文化馆等福利工程或一次性报审土建造价超过一亿元以上的工程项目按规定标准的50%收取。

计算以上施工图审查费时，勘察设计费取值暂依据建设部〔1992〕价费字375号有关规定执行。

例3：广州市单体人防工程施工图审查手续

(1) 办理时间：25个工作日。

(2) 准备资料：

1) 申请函。
2) 人防工程施工图审查申请表。
3) 建设用地规划许可证及附图。
4) 修建性详规批复及附图。
5) 计委立项投资批文。
6) 人防单体设计方案和规划部门的单体方案批复。
7) 人防工程施工图（建筑、结构、风水电）二套。

(3) 工作程序：

1) 取得研发中心提供的施工图二套。
2) 报入市人防办人防工程施工图审查。
3) 取得市人防办工程建设处经办人审查意见。
4) 取得市人防办工程建设处处长审批意见。
5) 取得市人防办主任审批意见。
6) 预决算部在人防办批复后、出案前需签订人防门购销及安装合同。
7) 凭合同原件和复印件取得单体人防工程施工图审查意见书。
8) 取得人防单体设计方案批复。

(4) 审查流程（图4-2）。

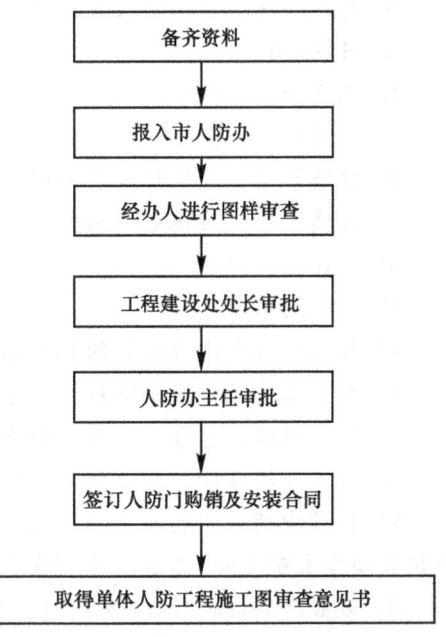

图4-2 广州市单体人防工程施工图审查流程

例4：东莞市防雷装置施工图审查手续

(1) 办理条件。

1) 设计单位和人员取得国家规定的资质、资格。
2) 申请单位提交的申请材料齐全且符合法定形式。
3) 需要进行雷电灾害风险评估的项目，提交了雷电灾害风险评估报告。

(2) 所需材料。

1) 防雷装置设计审核申请书(原件一份,申请书双面打印并逐项填写,加盖建设单位公章;委托办理应带授权书,授权书内容须与申请书一致,逐项填写,加盖建设单位公章)。

2) 总规划平面图(即经规划部门批准的总平面图,蓝图原件或复印件三套,复印件须加盖建设单位公章)。

3) 设计单位和人员的资质证和资格证书的复印件:
① 设计单位资质证(复印件加盖设计单位公章,带原件备验)。
② 设计人员资格证(须是参加项目建设的设计人员,即在设计图样上签名,复印件加盖设计单位公章,带原件备验)(施工单位确定的可同时提交施工单位和人员的资质证和资格证书的复印件,未确定的应在工程投标之前提供)。

4) 防雷装置施工图设计说明书、施工图设计图样及相关资料三套及其电子文档(蓝图原件或复印件,复印件须加盖建设单位公章):
① 防雷设计说明(包括分类依据)。
② 基础防雷平面图及大样图(有桩的含桩图,有地下室加上首层防雷平面图)。
③ 天面及转换层防雷平面图及大样图(包括针、网带及其他)。
④ 建筑均压环设计图及大样图。
⑤ SPD设计示意图。
⑥ 正立面图(四个方位)。
⑦ 总配电图。
⑧ 玻璃幕墙标准层接地平面图。
⑨ 玻璃幕墙立面接地平面图。
⑩ 建筑施工图。
⑪ 结构施工图。
⑫ 其他与防雷建设有关的施工图(水、电、消防、煤气、金属构架大样、SPD安装等)。
⑬ 生产工艺流程图、物料存储方式、危险品场所分布等资料(有工业建筑时提供)。
⑭ 储罐材质、壁厚、储存物形态、储存工作压力数据等资料(有储罐时提供)。
⑮ 若属分段设计,则须按施工进度提交相应图样。

5) 设计中所采用的防雷产品相关资料(防雷产品特指浪涌保护器,如在设计阶段,浪涌保护器型号未确定的,可在竣工验收时提供):
① 防雷产品检测报告(复印件,须加盖施工单位公章,检测报告须是国务院气象主管机构授权的防雷产品检测机构出具的测试合格报告)。
② 防雷产品合格证(复印件,须加盖施工单位公章)。

6) 经当地气象主管机构认可的防雷专业技术机构出具的防雷装置设计技术评价报告(原件或复印件一份)雷电灾害风险评估报告(原件或复印件一份,大型建设工程、重点工程、爆炸和火灾危险环境工程、人员密集场所工程等建设项目提交)。

备注:
1) 申请书和授权书须填写完整,涂改的地方应加盖建设单位公章。
2) 所有申请材料须加盖公章,多页的材料须加盖骑缝章。
3) 提交材料如为复印件须加盖公章。

(3) 窗口办理流程。

1) 建设单位持本事项所需申报材料到气象局行政服务窗口提出防雷装置设计审核申请。

2) 窗口人员检查送审材料是否齐全、符合法定形式。送审材料不齐全、不符合法定形式，退回申请资料或暂作收件登记，并发出资料补正通知书，申请人补正后重新申请。送审材料齐全、符合法定形，窗口受理申请并出具受理回执(1个工作日内)。

3) 对资料进行审核并签署审核意见(7个工作日内)。

4) 对申请事项进行核准(1个工作日内)。

5) 窗口办结。对审核合格的发放《防雷装置设计核准意见书》；对审核不合格的发放《防雷装置设计修改意见书》。(1个工作日内)。申请单位进行设计修改后，按照原程序重新申请设计审核。

(4) 网上办理流程。

1) 申请人在网上提出申请，并上传申请材料。

2) 对申请事项进行网上预审，预审通过后通知申请人到行政服务窗口现场办理。

(5) 办理时限。

1) 法定期限：20个工作日。

2) 承诺期限：10个工作日。

(6) 办事窗口：市气象行政服务中心。

例5：广州市卫生防疫施工图审查手续

(1) 介入条件：取得开发中心有关单体方案批复及附图或修建性详规批复(跨越单体报建的)，取得总工室单体施工报建图(平、立、剖)。

(2) 准备资料：

1) 申请报告。

2) 卫生审查申请表。

3) 建设用地规划许可证及附图。

4) 单体方案批复及附图或修建性详规批复及附图。

5) 施工报建图。

(3) 工作程序：

1) 报入市疾病预防控制中心单体卫生设计审查。

2) 约请市疾病预防控制中心工程监测科人员勘查现场。

3) 取得工程监测科经办人卫生设计审查意见。

4) 取得工程监测科科长卫生设计审批意见。

5) 取得市疾控中心主任卫生设计审批意见。

6) 市疾控中心办公室秘书打印审查意见并办理出文手续，取得卫生审查意见。

4.1.3 建设工程施工图审查情况备案手续的办理

房地产开发企业在进行建设工程报建之前，需要办理施工图审查情况备案，即施工图审查机构在向房地产开发企业颁发审查合格书后的5个工作日内，将施工图审查情况报当地建设局备案，取得备案证明。办理建设工程施工图审查情况备案需要提供的申请材料一般包括备案登记表、施工图审查合格书、施工图审查报告、施工图设计文件等。

建设工程施工图审查情况备案手续办理的一般流程见图4-3。

例1：百色市建设工程施工图审查情况备案手续

（1）实施权限和实施主体。

根据《房屋建筑和市政基础设施工程施工图设计文件审查管理办法》第四条第三款的规定，施工图设计文件审

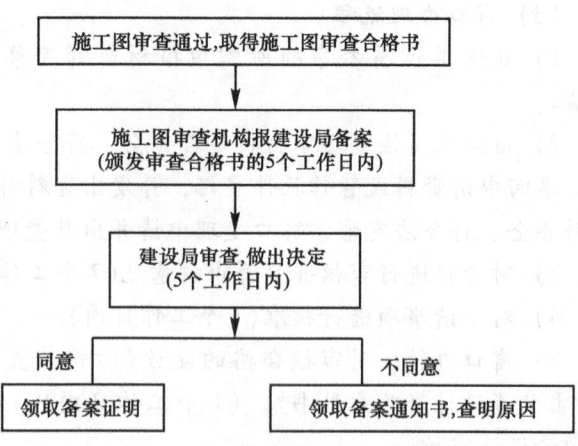

图4-3 建设工程施工图审查情况备案手续办理的一般流程

查备案由项目所在地的地级市、县级住房和城乡建设行政主管部门负责办理。

（2）实施对象和范围。

根据《房屋建筑和市政基础设施工程施工图设计文件审查管理办法》第三条、第九条、第十三条第一款第（一）项、第十九条的规定，公民、法人、其他组织在建设房屋建筑工程、市政基础设施工程时需将施工图送审查机构审查，审查机构应当办理施工图设计文件审查备案。

（3）申请材料。

根据《房屋建筑和市政基础设施工程施工图设计文件审查管理办法》第二十条的规定，审查机构办理施工图设计文件审查备案时，需提供以下材料：

1）申请书（法人代表及受委托人身份证复印件）。

2）建设工程规划许可证（包括审批单及红线图）（复印件，需加盖公章及查验原件）。

3）施工图审查报告书4份。

4）工程地质勘查报告（有审图机构审查专用章、经建管科备案）。

5）施工图样1份（需加盖有效的国家注册人员执业资格印章，有审图机构图样审查专用章）及电子版2份（刻入光盘，版本为Auto CAD2004）。

（4）办结时限。

1）法定办结时限：5个工作日。

2）承诺办结时限：3个工作日。

（5）收费项目、标准及其依据：不收费。

（6）施工图审查情况备案审批流程（图4-4）

例2：东莞市建设工程施工图审查情况备案手续

东莞市建设工程施工图审查情况备案手续见表4-1。建设工程施工图审查申请表范本见表4-2。防雷装置设计审核申请表范本见表4-3。施工图审查情况备案表范本见表4-4。

表 4-1　东莞市建设工程施工图审查情况备案手续

颁发的证件	备案证明
设定依据	（1）《房屋建筑和市政基础设施工程施工图设计文件审查管理办法》（建设部令第 134 号）第十三条（一）审查合格的，审查机构应当向建设单位出具审查合格书，并将经审查机构盖章的全套施工图交还建设单位。审查合格书应当有各专业的审查人员签字，经法定代表人签发，并加盖审查机构公章。审查机构应当在 5 个工作日内将审查情况报工程所在地县级以上地方人民政府建设主管部门备案 （2）《关于实施〈房屋建筑和基础设施工程施工图设计文件审查管理办法〉有关问题的通知》（建质〔2004〕203 号）第十条　审查机构应当在审查合格书颁发后 5 个工作日内将审查情况报项目所在地县级以上地方人民政府建设主管部门备案。该备案属于告知性备案，其内容应当包括审查合同和审查合格书 （3）《关于加强民用建筑工程项目建筑节能审查工作的通知》（建科〔2004〕174 号），各级建设行政主管部门要将建筑节能审查切实作为建筑工程施工图设计文件审查的重要内容，保证节能标准的强制性条文真正落到实处。审查合格的工程项目，需在项目受管辖的建筑节能办公室进行告知性备案 （4）《转发建设部〈关于加强民用建筑工程项目建筑节能审查工作的通知〉》（粤建设字〔2005〕18 号），各地建筑节能施工图审查后应报项目管辖的建设行政主管部门建筑节能办公室或建设局指定的处（科）室备案 （5）《关于印发〈民用建筑工程节能质量监督管理办法〉的通知》（建质〔2006〕192 号）第六条第二款，向建设主管部门报送的施工图设计文件审查备案材料中应包括建筑节能强制性标准的执行情况
申请资料	（1）房屋建筑和市政基础设施工程施工图设计文件审查情况备案表： 1）表-1 房屋建筑工程 2）表-2 市政基础设施工程 3）表-3 民用建筑节能设计审查 （2）施工图审查合格书（附：施工图审查报告） （3）有人工挖孔桩的工程应附市建设局出具的东莞市建筑工程使用人工挖孔桩备案意见书复印件（办理方式详见建设工程保证安全施工的措施备案指南）
审批受理机构	市建设局
审批程序	（1）市建设局办事大厅窗口收验材料 对资料不齐全项目，即时做出补正材料通知书，一次性告知申请人需澄清、补充的有关情况或文件，或对有关内容进行调整 （2）自收到之日，对符合条件的由市建设局签发备案证明 对不同意的，出具不予备案通知书，并说明理由 注：申请人对项目备案的办理意见有异议的，可依法向市人民政府（或省建设厅）申请行政复议或者向人民法院提起行政诉讼
审批时限	即到即办
审批收费	无

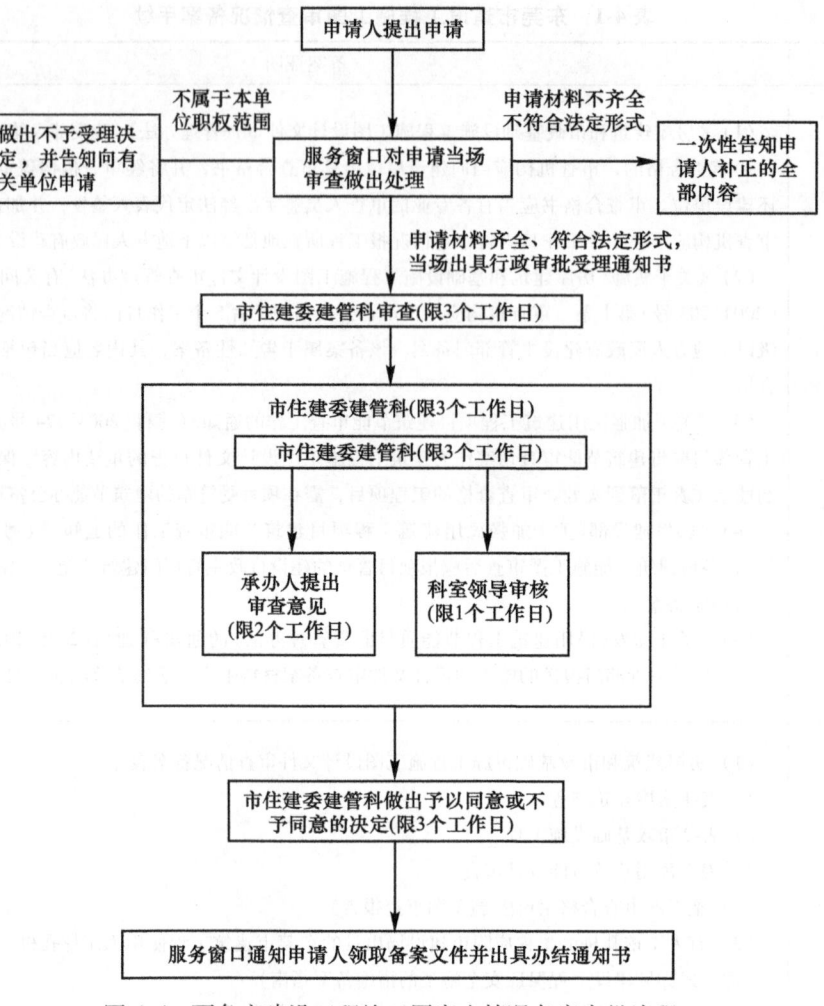

图 4-4 百色市建设工程施工图审查情况备案审批流程

表 4-2 建设工程施工图审查申请表范本

工程名称			
建设单位		法定代表人	
联系人		电话号码	
报送材料			
序号	内容		数量
1	全套施工图设计文件		1套
2	批准立项文件		复印件1份
3	建设工程规划许可证		复印件1份
4	备案设计合同、设计委托书（双方盖章）		原件及复印件各1份
5	省外、市外、市内来鲁来烟勘察设计单位登记备案表及参加项目设计的人员名单表		原件1份
6	初步设计批准文件及回复意见，特殊项目（学校、幼儿园、医院等建筑工程）需提供抗震专项审查意见		复印件1份

(续)

序号	内容	数量
7	审查合格的工程勘察报告	原件 1 份
8	打印的结构计算书、热工计算书(暖通空调专业)、节能计算书(附建筑节能设计审查备案登记表 3 份),应加盖设计单位资质印章、注册师印章及设计、校对、审核人员签字并应注明计算软件名称	原件 1 份
9	建筑平、立、剖(保留 pl 线)光盘、节能计算书光盘、结构原始数据光盘(需在光盘封皮上标注清楚各专业内容)	各 1 份
工程地址				
结构体系		基础形式	
工程规模、工程等级		厂房跨度及吊车吨位	
抗震设防烈度、类别		防火等级及人防等级	
勘察单位		资质等级	
设计单位		资质等级	

根据国务院《建设工程质量管理条例》、《建设工程勘察设计管理条例》、建设部 13 号令《房屋建筑和市政基础设施工程施工图设计文件审查管理办法》等有关规定,特申请对本项目进行施工图审查,并按规定支付施工图审查费用。

申请单位(盖章):　　　申请单位代表(签字):
　　年　　月　　日

备注:基坑深度>5 米的项目,需做完基坑支护审查才能办理施工图设计文件审查合格证书。

附表:
项目名称:

序号	项目名称	建筑面积 /m²	跨度 (厂房)	吊车吨位 (厂房)	地上层数	地下层数	是否含人防	地下深度 /m	计算书册数
									建筑本
									结构本
									暖通本
									其他本

合计总面积:

表 4-3　防雷装置设计审核申请书范本

申请单位(公章)：_____

申请项目：_____

设计阶段：_____

申请日期：____年__月__日

建设项目	名　　称				
	地　　址				
	建设规模				
	使用性质				
建设单位	名称				
	地址			邮政编码	
	联系人			联系电话	
设计单位	名称				
	地址			邮政编码	
	资质证编号			资质等级	
	资格证编号			联系电话	
易燃易爆品、化学危险品情况					
品名	数量/(t/每年)				
	生产	使用	储存	运输	经营
电子信息系统情况					
系统名称	系统结构及设备配置				
设计简介：					

经办人：　　　年　月　日

申请单位(公章)：　　　　　　　　　　　　　　　经办人：　　　年　月　日

办理结果：

气象主管机构(公章)：　　　　　　经办人：

年　月　日

施工图样审查报告格式范本

(1) 封面。

封面包括项目名称、工程地址、工程规模、建设单位、设计单位名称(负责该工程联系人、联系电话)、勘察单位名称(负责该工程联系人、联系电话)、审查机构名称(盖章)(负责该工程联系人、联系电话)、审查机构法人代表、审查日期等内容。

(2) 目录及内容。

1) 勘察、设计单位的营业执照及资质证书副本(外省入桂承接工程勘察设计任务的单位,还需附《入桂承接工程勘察设计任务备案通知书》);

2) 审查机构营业执照及审查机构认定书;

3) 审查人员名单(签字、单位盖章);

4) 审查报告(签字、单位盖章);

5) 施工图审查意见汇总表(含初审意见、节能设计审查的初审意见);

6) 不良行为记录;

7) 施工图设计文件审查意见书,包含各相关专业初审人签名、复审人签名及答复情况;

8) 勘察、设计企业针对审查意见的答复;审查机构对答复的意见(反馈文件审查意见、签名、日期、盖章);

9) 民用(居住和公共)建筑节能审查及审查备案表(附节能计算书)。

(3) 装订要求。

以上资料全部用 A4 纸装订成册,原件一式四份。

表 4-4 施工图审查情况备案表范本

备案编号:

基本情况	工程名称			工程等级		
	建设单位					
	设计单位			资质证书号		
	勘察单位			资质证书号		
	审查单位			资质证书号		
工程概况	工程地址					
	建筑防火类别	工业建筑	类　　层	总建筑面积	m²	
		民用建筑	类　　层	建筑高度	m	
	建筑层数	地上　层,地下　层		防水等级	屋面　　/地下室	
	耐火等级	地上　层,地下　层		主梁最大跨度　　m	屋架最大跨度	m
	结构体系		基础形式	抗震等级		
	地震安评	□有 □缺	设计设防烈度/加速度值	度/g	安评结果设防烈度/加速度值	度/g
	初步设计审查情况	是否需要初步设计审查	□是□否	初步设计审查编号		

(续)

审查情况	类别	勘察	建筑	结构	给水排水	电气	暖通	建筑节能	合计
	不符合工程建设标准强制性条文数								
	不符合法律，法规及规章条文数								
	相关注册师姓名及注册号								
	图样签章情况	勘察文件签章 □符合 □不符合				设计文件签章 □符合 □不符合			
	涉及公众安全与公共利益的问题	详见审查报告							
	本工程属于	□基坑挖深≥4m　□采用高支模施工≥8m							
	审查人员名单								
	专业	审查人			专业		审查人		
	勘察				给水排水				
	建筑				电气				
	结构				暖通				

审查时限	受理日期		审查报告	出具日期		审查时间（工日）	天
				编号			
	施工图文件整改时间（工日）	天	施工图整改后重新受理日期				

审查结论		审查合格书出具日期	
		合格书编号	

法人签名	审查机构法定代表人： （签名） （公章）

备注	附：□施工图设计文件审查合格书 　　□施工图设计文件审查报告

4.2　工程建设项目报建表的审批

工程建设项目报建是指各类房屋建筑、土木工程设备安装、管道线路敷设、装饰装修等固定资产投资的新建、扩建、改建以及技改等的建设项目，由建设单位或其代理机构在工程项目可行性研究报告或其他立项文件被批准后，向当地建设局或其授权机构进行报建。根据《工程建设项目报建管理办法》，未报建的工程建设项目，不得办理招标手续和发放建筑工程施工许可证。建设局审核通过的工程建设项目报建表是建设项目办理施工招标和备案的申请材料。

4.2.1 工程建设项目报建的主要内容

工程建设项目的报建内容主要包括：
(1) 工程名称。
(2) 建设地点。
(3) 投资规模。
(4) 资金来源。
(5) 当年投资额。
(6) 工程规模。
(7) 开工、竣工日期。
(8) 发包方式。
(9) 工程筹建情况。

4.2.2 工程建设项目报建表审批手续的办理

在取得建设工程施工图审查情况备案证明之后，房地产开发企业可以到建设局或其授权机构领取工程建设项目报建表，填写之后将该报建表、项目立项批准文件、银行出具的资信证明和备案的施工图审查报告一并提交建设局或其授权机构进行项目报建。

例1：武汉市工程建设项目报建表审批手续

武汉市工程建设项目报建表审批手续见表4-5。

表4-5 武汉市工程建设项目报建表审批手续

审批事项名称	工程报建	申请方式	网上填申请表，再到报建窗口办理
审批部门	武汉市市民之家二楼市城建委报建窗	收费标准	不收费
申请人需要提交的材料	(1) 建设工程项目报建表 (2) 建设工程项目批准文件或民营企业董事会决议 (3) 建设项目用地的有效证明文件 (4) 工业项目核准文件（工业项目）		
工作流程	(1) 登陆"武汉建设网"进入"工程报建"，按提示获取企业登录号及动态密码 (2) 登陆"武汉建设网"进入"工程报建"，按提示填写登录号及密码，填报工程报建表并网上提交。打印6份并加盖公章 (3) 提交工程报建表7日内（逾期系统自动删除，须重新申报）带上述工程报建表和申报资料的原件及加盖单位公章的复印件2份到报建受理窗口审查，资料齐全并与报建表数据核对无误后收取资料批准报建手续，由报建员盖章及上网发布报建信息，并告知相关事项		

例2：百色市工程建设项目报建表审批手续

(1) 设定依据。

2004年7月31日经广西壮族自治区第十届人民代表大会常务委员会第九次会议通过，自2004年8月1日起施行的《广西壮族自治区建筑市场管理条例》第十三条，建设工程实行报建、质量、安全监督和施工许可证制度。

(2) 实施权限和实施主体。

根据《广西壮族自治区建筑市场管理条例》第十三条第二款规定，列入国家和自治区重点工程的专业工程，报建手续由自治区工业、交通、水利等有关行政主管部门备案；其他建设工程的报建手续由批准立项的发展和改革行政主管部门的同级建设行政主管部门备案。

(3) 行政审批条件。

1) 经发展和改革行政主管部门批准立项，列入年度固定资产投资计划。

2) 取得土地使用证和规划手续。

3) 申请材料齐全并符合法定形式。

(4) 实施对象和范围。

根据《广西壮族自治区建筑市场管理条例》规定，在广西区域内建设工程报建备案的对象为进行的土木工程、建筑装饰装修、设备和金属结构安装、管道线路敷设等工程建设项目的公民、法人、其他组织。

(5) 申请材料。

根据《广西壮族自治区建筑市场管理条例》，申请建设工程报建备案需提交以下材料：

1) 申请书（法人代表及受委托人身份证复印件）。

2) 广西壮族自治区工程建设项目报建表（2份）。

3) 建设项目资金落实情况（银行资信证明或批准文件，工期1年以内的要求资金到位50%，工期1年以上的要求资金到位30%）。

4) 已备案的施工图样审查报告（复印审查备案页）。

(6) 办结时限。

1) 法定办结时限：当场办结。

2) 承诺办结时限：当场办结。

(7) 行政审批数量：无数量限制。

(8) 收费项目、标准及其依据：不收费。

(9) 工程建设项目报建表申领审批流程（图4-5）。工程建设项目报建表范本见表4-6。

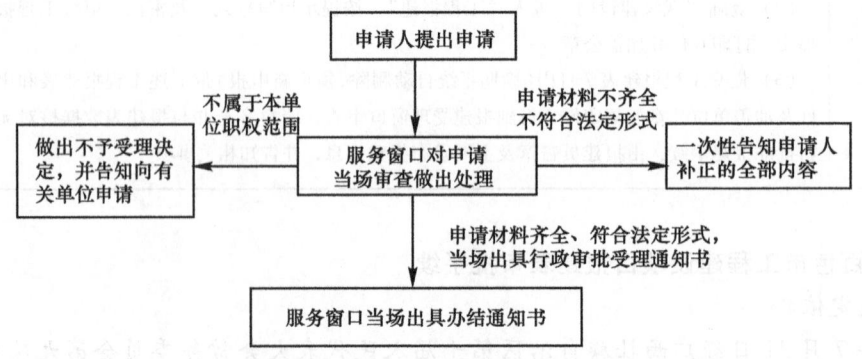

图4-5 工程建设项目报建表申领审批流程

表 4-6 工程建设项目报建表范本

报建工程名称：××办公综合楼
报建工程建设地点：百色市××大道××旁
报建日期：××××年××月××日
报建(建设)单位：×××××公司(公章)

固定资产投资计划下达时间、文号、文题	2011 年 12 月 14 日《关于××××项目立项的批复》(百发改投资〔2011〕150 号)		
本项目计划投资规模	403.4249 万元	资金来源	自筹
本项目计划建设规模	3082.07m^2，框架结构/地下 1 层、地上 4 层、局部 5 层		
本项目计划开竣工时间	2014 年 10 月开工，2015 年 12 月竣工		
本项目当年计划投资额	350 万元		
建设发包条件	(1) 经招标选择具有三级以上建设资质的施工单位，签订施工质量、安全、管理合同 (2) 专业性强，必须是专门从事建筑施工的建筑公司 (3) 质量保证，信誉度高 (4) 报价合理，要与预算标底相近或略低于标底 (5) 要在百色范围内有样板工程 (6) 由施工方包工、包料，工期 400 天		
拟采用发包形式 (公开招标，邀请招标)	公开		
报建单位联系人	张三	联系电话	×××××××××××
工程筹建情况	(1) 本项目已经百色市发改委登记备案 (2) 已取得土地使用证(百国用(×××年)第×××号) (3) 已办理建设用地规划许可证审批时间：××××年××月××日，编号：451001×××)、建设工程规划许可证(审批时间：××××年××月××日，编号：451001××××) (4) 工程地质已勘查，有工程地质勘查报告 (5) 施工图设计文件已按规定进行审查备案 (6) 建设资金已落实 (7) "三通一平"准备工作就绪		
市住建委审核意见			
日期			

4.3 建设工程施工、监理招标和合同备案

根据《房屋建筑和市政基础设施工程施工招标管理办法》，施工单项合同估算价在 200 万元人民币以上，或者项目总投资在 3000 万元人民币以上的，必须进行招标。对于需要

实行监理的工程（根据《建设工程监理范围和规模标准规定》，国家重点建设工程、大中型公用事业工程、成片开发建设的住宅小区工程、利用外国政府或者国际组织贷款、援助资金的工程以及国家规定的其他工程必须实行监理），还需要通过招标选择合适的监理单位，以代替建设单位对承建单位的工程建设实施监控。房地产开发企业在取得建设局审批通过的工程建设项目报建表后，就可以开始工程的施工、监理招标工作。建设工程施工、监理的招标登记与招标情况备案需要到建设局办理，其办理流程见图4-6。

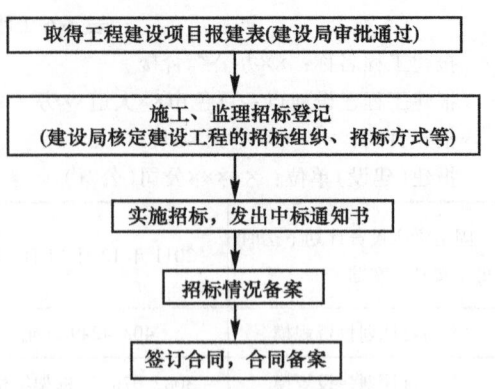

图4-6 建设工程施工、监理招标和合同备案的办理流程

4.3.1 建设工程施工监理招标登记和备案手续的办理

房地产开发企业进行招标时，需要将建设项目的招标组织形式（委托代理招标或自行招标）、招标方式（公开招标或邀请招标）等情况报建设局核定，由建设局对房地产开发企业提交的申请表、工程建设项目报建表、立项批文和招标文件等进行审核，核定后发放招标核准书（招标登记表）。

例1：武汉市建设工程施工公开和邀请招标登记和备案手续

（1）武汉市房屋建筑和市政基础设施工程公开招标施工项目。

1）项目招标登记备案（招标一部办理）。

① 需提供下列资料（招标投标监督管理机构将进行原件审核并留存加盖招标人公章的复印件）：

A. 工程建设项目报建表。

B. 工程建设项目招标代理备案申请表或者招标人自行办理招标事宜年度备案表。

C. 招标人的企业法人营业执照。

D. 项目审批部门批准的邀请招标立项文件（经市、区发改委或建委等相关立项审批部门确定为邀请招标方式的批准文件）。

E. 项目用地证明，施工图设计文件审查合格书，资金证明，报市、区发改委或建委等相关项目审批部门的项目申请报告书，项目初步设计批复文件或设计单位出具的项目概算。

F. 拟邀请投标人的相关资料（企业营业执照、企业资质证书、安全生产许可证、外省企业需提供进鄂证明、建造师注册证书）。

G. 招标文件（含答疑文件、项目造价计价监管通知书）。

H. 武汉市非国有投资建设工程招标备案表（网上填写并打印，需加盖招标人公章、招标人法人代表签章及招标代理机构公章）。

② 办理内容：

A. 核定建设项目招标组织形式（委托代理招标或业主自行招标）。

B. 核定建设项目招标方式。

C. 审核招标过程和结果的合法性，核发武汉市非国有投资建设工程招标备案表。

③ 工作时限：2个工作日。

2）公示中标结果（开标、评标部办理）。

① 需提供下列资料（招标投标监督管理机构将进行原件审核并留存加盖招标人公章的复印件）：

A. 该项目开、评标资料（含开标会签到表、投标文件密封情况检验表、开标会唱标记录表、投标函及投标函附录、评委签到表、评委评分表、评委评分汇总表、评委职称证或各级交易中心专家评委证、评标报告）。

B. 经监管部门审核并通过的武汉市非国有投资建设工程招标备案表、项目中标公示表（应加盖招标人公章、招标代理机构公章，另招标人及招标代理机构经办人需签字）。

② 办理内容：

核对网上填报的中标结果，发布中标公示。

③ 工作时限：即时办理。

3）发出中标通知书（报建部办理）。

① 需提供的资料：中标通知书。

② 办理内容：核对中标结果，签发中标通知书。

③ 工作时限：即时办理。

4）项目招投标情况备案（招标一部办理）。

① 需提供的资料：

A.《武汉市房屋建筑和市政基础设施工程施工招标投标情况书面报告》（需加盖招标人公章、招标人法人代表签章及招标代理机构公章）。

B. 项目的完整招投标资料。

C. 中标通知书。

② 办理内容：审核签发《武汉市房屋建筑和市政基础设施工程施工招标投标情况书面报告》。

③ 工作时限：1个工作日。

5）开具建设工程项目施工办证联系单（招标一部办理）。

① 需提供的资料：项目的完整招投标资料。

② 办理内容：审核签发建设工程项目施工办证联系单。

③ 工作时限：即时办理。

（2）武汉市房屋建筑和市政基础设施工程邀请招标施工项目。

1）项目招标登记（招标一部办理）。

① 需提供的资料（招标投标监督管理机构将进行原件审核并留存加盖招标人公章的复印件）：

A. 工程建设项目报建表。

B. 工程建设项目招标代理备案申请表或者招标人自行办理招标事宜年度备案表。

C. 招标单位的法人证明材料。

D. 项目审批部门批准的邀请招标立项文件（经市、区发改委或建委等相关立项审批部门确定为邀请招标方式的批准文件)。

E. 项目用地证明、施工图设计文件审查受理通知书、资金证明、报市、区发改委或建委等相关项目审批部门的项目申请报告书、项目初步设计批复文件或设计单位出具的项目概算。

F. 拟邀请投标人的营业执照、资质证书、安全生产许可证、外地企业需提供进武汉证明、拟邀请投标人的项目经理建造师注册证书。

G. 武汉市建设工程招标登记表(网上填写并打印,需加盖招标人公章、招标人法人代表签章及招标代理机构公章)。

② 办理内容:

A. 核定建设项目招标组织形式(委托代理招标或业主自行招标)。

B. 核定建设项目招标方式。

C. 核发武汉市建设工程招标登记表。

③ 工作时限:即时办理。

2) 项目招标文件审查备案(招标一部办理)。

① 需提供的资料(下述资料均需加盖招标人公章、招标人法人代表签章及招标代理机构公章):

项目招标文件及附件(招标文件制式文本、工程量清单、专用合同条款等)。

② 办理内容:

A. 发出招标文件送审受理单。

B. 审核招标文件。

C. 提出招标文件审核意见书(如有修改的情况)。

D. 签发招标文件审核备案表。

③ 工作时限:2个工作日。

3) 项目招标答疑文件备案(招标一部办理)。

① 需提供的资料:武汉市房屋建筑和市政基础设施工程招标答疑文件备案表(如有时,需加盖招标人公章、招标人法人代表签章及招标代理机构公章)。

② 办理内容:审查项目招标答疑内容,核发武汉市房屋建筑和市政基础设施工程招标答疑文件备案表。

③ 工作时限:即时办理

4) 网上交易场所预定(开标、评标部办理)。

① 需提供的资料:经监管部门备案的招标文件原件1份(提前三天递交给开评标部)。

② 办理内容:开标、评标场所预定。

③ 工作时限:即时办理。

5) 抽取专家评委(开评标部办理)。

① 需提供的资料:

A. 经监管部门备案的招标登记表原件。

B. 建设项目施工图设计审查合格书复印件(加盖招标人公章)。

C. 经监管部门备案的答疑文件备案表原件。

D. 评委打分表表样、汇总表表样及评标报告表样。

E. 招标项目专家评委抽选登记表(加盖招标人公章及招标人经办人签字)。

F. 项目业主评委委托书及身份证和职称证复印件(如有时,需加盖招标人公章及法人章)。

② 办理内容：抽取专家评委、组建评审委员会。

③ 工作时限：即时办理。

6) 开标、评标(开标、评标部办理)。

① 开标结束后,招标人或招标代理机构将开标资料及时提交给开评标部。需提供的原件资料：

A. 开标会签到记录表。

B. 投标文件递交时间表。

C. 投标文件密封互检情况表。

D. 投标人法人授权委托书。

E. 开标会唱标记录表。

F. 投标函及投标函附录。

G. 开标会异常情况记录(如有时)。

② 评标结束后,开评标部将提供给招标人或招标代理机构该项目的评标报告及评委签到名单(复印件各1份)。

③ 办理内容：

A. 查核开标会资料。

B. 收集评标专家评分表、汇总表和评标报告。

④ 工作时限：即时办理。

7) 中标公示(开标、评标部办理)。

① 需提供的资料：项目中标公示表。

② 办理内容：核查并发布项目中标公示。

③ 工作时限：即时办理。

8) 发出中标通知书(报建部办理)。

① 需提供的资料：

A. 中标通知书。

B. 项目中标公示表。

② 办理内容：核对中标结果,签发中标通知书。

③ 工作时限：即时办理。

9) 项目招标投标情况备案(招标一部办理)。

① 需提供的资料：

A.《武汉市房屋建筑和市政基础设施工程施工招标投标情况书面报告》(需加盖招标人公章、招标人法人代表签章及招标代理机构公章)。

B. 项目的完整招投标资料。

C. 中标通知书。

② 办理内容：审核签发《武汉市房屋建筑和市政基础设施工程施工招标投标情况书面报告》。

③ 工作时限：1个工作日。

10）开具建设工程项目施工办证联系单（招标一部办理）。

① 需提供的资料：项目的完整招投标资料。

② 办理内容：审核签发建设工程项目施工办证联系单。

③ 工作时限：即时办理。

例2：惠州市建设工程施工和监理招标备案手续

（1）办理建设工程标底备案手续。具体所需资料包括：

1）标底（投标控制价）。

2）工程量清单。

3）电子光盘。

4）招标文件。

5）经办人身份证明及联系电话。

（2）办理建设工程施工公开、邀请招标备案手续。具体所需资料包括：

1）建设工程施工招标备案表一式三份（原件）。

2）发展和改革局立项文件（复印件核对原件）。

3）国有土地使用证（复印件核对原件）。

4）建设用地规划许可证（复印件核对原件）。

5）建设工程规划许可证（复印件核对原件）。

6）银行保函或银行存款余额证明（原件）。

7）建设单位营业执照或组织机构代码证（复印件核对原件）。

8）建设单位法人委托证明（原件）。

9）被委托人身份证及联系电话（复印件核对原件）。

10）申请安排工程监理报告或监理（公开、邀请）招标申请表或委托监理申请表（复印件核对原件）。

11）施工图设计文件审查批准书（原件）。

12）惠州市建设工程造价管理站标底备案表（原件）。

13）委托合同（委托招标代理机构进行招标的）（原件）。

14）工程预算书（原件，建设工程造价咨询公司编制）。

15）招标文件（原件）。

（3）办理工程监理（公开、邀请）招标备案和委托监理手续。具体所需资料包括：

1）工程监理招标申请表或委托监理申请表一式三份（原件）。

2）发展和改革局立项文件（复印件核对原件）。

3）国有土地使用证（复印件核对原件）。

4）建设用地规划使用证（复印件核对原件）。

5）建设工程规划许可证（复印件核对原件）。

6）银行保函或银行存款余额证明（原件）。

7) 建设单位营业执照或组织机构代码证(复印件核对原件)。
8) 私营企业股份公司证明文件(工商行政主管部门出具)(原件)。
9) 建设单位法人委托证明(原件)。
10) 被委托人身份证及联系电话(复印件核对原件)。
11) 施工图设计文件审查批准书(原件)。
12) 委托合同(原件,委托招标代理机构进行招标的)。
13) 工程预算书(原件,建设工程造价咨询公司编制)。
14) 招标文件(原件)。

例3:百色市建设工程施工招标事项备案手续

(1) 实施权限和实施主体。

根据《房屋建筑和市政基础设施工程施工招标投标管理办法》(建设部令第89号),自治区、地级市、县级住房和城乡建设行政主管部门负责建设工程施工招标事项(含自行组织招标、委托招标、招标文件的修改澄清、招标文件、招标投标情况书面报告)备案。

地级市住房和城乡建设行政主管部门负责办理本行政区域内建设工程施工招标事项(含自行组织招标、委托招标、招标文件的修改澄清、招标文件、招标投标情况书面报告)备案。

县(县级市)住房和城乡建设行政主管部门负责办理本行政区域内建设工程施工招标事项(含自行组织招标、委托招标、招标文件的修改澄清、招标文件、招标投标情况书面报告)备案。

(2) 实施对象和范围。

根据《房屋建筑和市政基础设施工程施工招标投标管理办法》规定,在广西区域内建设工程施工招标事项(含自行组织招标、委托招标、招标文件的修改澄清、招标文件、招标投标情况书面报告)备案的对象为实施房屋建筑和市政基础设施项目施工招标的建设单位。

(3) 申请材料。

根据《建筑工程设计招标投标管理办法》(建设部令第82号)和《房屋建筑和市政基础设施工程施工招标投标管理办法》(建设部令第89号),申请建设工程施工招标事项(含自行组织招标、委托招标、招标文件的修改澄清、招标文件、招标投标情况书面报告)备案,须提交如下材料。

1) 自行组织建设工程施工招标的,备案时需提交以下材料:
① 申请书(法人代表及受委托人身份证复印件)。
② 有关部门同意自行招标的核准文件(原件)。
③ 备案项目年度计划批文复印件(原件备查)。
④ 建设用地规划许可证(包括审批单及红线图)。
⑤ 建设工程规划许可证(包括审批单及红线图)。
⑥ 广西壮族自治区工程建设项目报建表复印件(原件备查)。
⑦ 中标公示材料、中标通知书。

2) 委托招标代理机构进行建设工程施工招标的,备案时需提交以下材料:
① 申请书(法人代表及受委托人身份证复印件)。
② 招标备案申请书3份。

③ 建设工程施工招标申请表3份。
④ 建设工程(施工)招标备案登记表3份。
⑤ 建设工程施工招标文件报批表3份。
⑥ 备案项目年度计划批文复印件(原件备查)。
⑦ 建设用地规划许可证(包括审批单及红线图)。
⑧ 建设工程规划许可证(包括审批单及红线图)。
⑨ 广西壮族自治区工程建设项目报建表复印件(原件备查)。
⑩ 招标委托书、招标代理协议书。
⑪ 工程招标代理项目组组成人员情况及事项表。
⑫ 招标代理机构资质证书复印件(外省企业需提供广西壮族自治区驻桂企业承接工程项目年度登记表或驻桂企业单项承接工程项目登记表)。
⑬ 招标公告或投标邀请函(原件)。
⑭ 招标文件、招标文件修改补充材料。
⑮ 评标报告。
⑯ 中标公示材料、中标通知书。

(4) 办结时限。

1) 法定办结时限：5个工作日。

2) 承诺办结时限：3个工作日。

(5) 行政审批数量：无数量限制。

(6) 收费项目、标准及其依据：不收费。

(7) 建设工程施工招标事项(含自行组织招标、委托招标、招标文件的修改澄清、招标文件、招标投标情况书面报告)备案审批流程见图4-7。

(法定办结时限5个工作日、承诺办结时限3个工作日)

4.3.2 建设工程施工和监理合同备案手续的办理

根据《房屋建筑和市政基础设施工程施工招标投标管理办法》《房屋建筑和市政基础设施工程施工分包管理办法》，在中标通知书发出的30日内，招标人应当按照招标文件、中标人的投标文件和中标人签订施工合同/分包合同，并在合同签订之后的7日内，将施工合同/分包合同送至建设局备案。实行监理的建筑工程，房地产开发企业应当与其委托的工程监理单位签订书面委托监理合同，并报建设局备案。

在办理建设工程施工和监理合同备案手续时，房地产开发企业需要填写建设工程施工/监理合同备案表，并将该备案表、施工合同/分包合同/监理合同、中标通知书(招标工程)、施工单位/监理单位营业执照及资质证书等申请材料报建设局备案，由建设局对符合条件的房地产开发企业颁发合同备案证。

例1：百色市建设工程施工合同、分包合同备案手续

(1) 实施权限和实施主体。

根据《房屋建筑和市政基础设施工程施工分包管理办法》规定，自治区、地级市、县住房和城乡建设行政主管部门负责建设工程施工合同、分包合同备案。

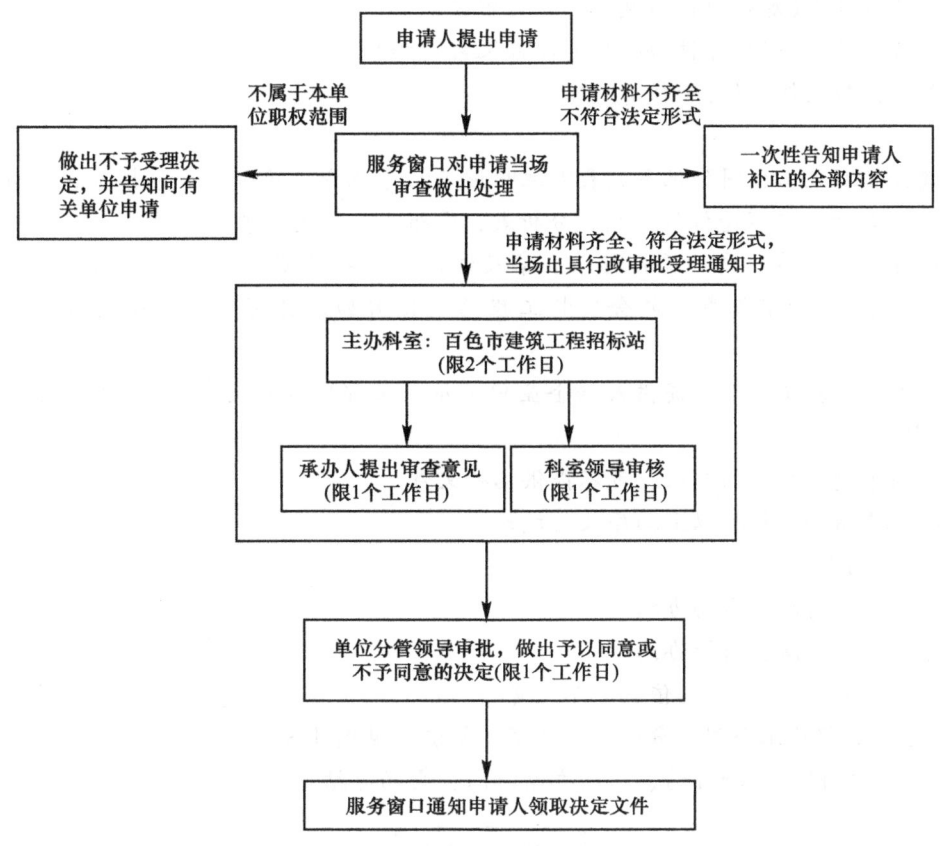

图 4-7　百色市建设工程施工招标事项备案审批流程

(2) 行政审批条件。

1) 经建设单位认可。

2) 分包工程承包人具有相应资质。

3) 申请材料齐全并符合法定形式。

(3) 实施对象和范围。

根据《房屋建筑和市政基础设施工程施工分包管理办法》规定，建设工程施工合同、分包合同备案的对象为进行房屋建筑和市政基础设施工程施工发包活动的公民、法人、其他组织。

(4) 申请材料。

根据《房屋建筑和市政基础设施工程施工分包管理办法》规定，申请建设工程施工合同、分包合同备案，须提交以下材料。

1) 申请书(法人代表及受委托人身份证复印件)。

2) 建设工程施工合同登记备案表4份(审核后一份装订留档)。

3) 施工单位营业执照、资质证书、安全生产许可证、建造师注册证，项目人员相关资格证(复印件装订留档)。

4) 已备案的中标通知书或发承包审核通知书原件(原件审核后复印件装订留档)。

5) 建设工程施工合同(原件审核后复印件装订留档)。

6）廉政责任书（原件审核后复印件装订留档）。

7）中标人的商务标（原件审核后复印件装订留档）。

8）招、投标文件原件（审核后退回）。

注：

1）建设工程施工合同登记备案表需注明该工程专业分包及劳务分包情况，无分包的填写"无"。该表所含工程造价经济指标分析表，需根据承包内容填写完整。

2）投标工程量清单需加盖投标人公章及编制人员执业资格章，并按承包内容分别提交单位工程投标报价汇总表，包含安装工程的项目需加盖具有安装专业的造价员执业资格章。

3）区外建筑施工企业须提供入桂企业单项承接工程项目备案登记表（或年度备案登记表）（复印件）。

4）依法不进行招标的工程，可不提供招标文件。

5）将需要留档材料按以上顺序装订成册。

（5）办结时限。

1）法定办结时限：当场办结。

2）承诺办结时限：当场办结。

（6）收费项目、标准及其依据：不收费。

（7）建设工程施工合同、分包合同备案审批流程见图4-8。

（法定办结时限：当场办结、承诺办结时限：当场办结）

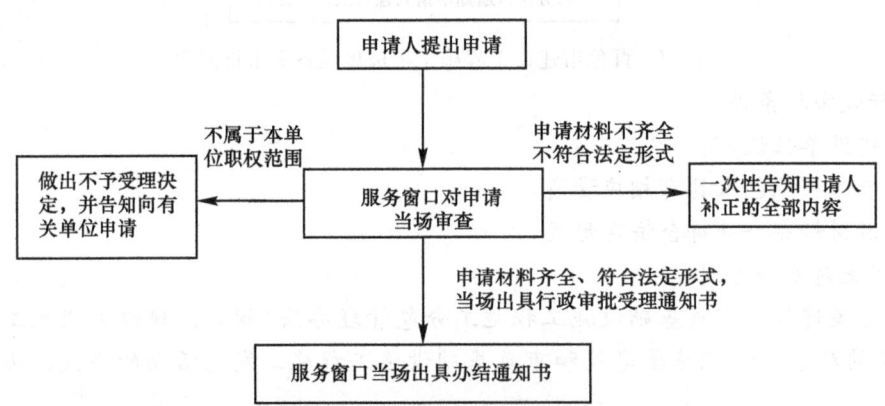

图4-8　百色市建设工程施工合同、分包合同备案审批流程

例2：东莞市建设工程施工和监理合同、保函备案手续

东莞市建设工程施工和监理合同、保函备案手续见表4-7。

表4-7　东莞市建设工程施工和监理合同、保函备案手续

颁发的证件及有效期	颁发的证件：已备案的合同（正本、副本）、合同备案证；保函备案证
	证件有效期：无
审批类型及法律效力	日常管理。建设单位在申办建筑工程施工许可证前，应当将工程施工（监理）合同（正、副本）和施工单位提供的承包商履约保函原件、建设单位提供的业主工程款支付保函原件提交建设行政主管部门备案

(续)

设定依据	（1）《房屋建筑和市政基础设施工程施工招标投标管理办法》第四十七条 招标人与中标人应当自中标通知书发出之日起30日内，按照招标文件和中标人的投标文件订立书面合同；招标人和中标人不得再行订立背离合同实质性内容的其他协议。订立书面合同后7日内，中标人应当将合同送县级以上工程所在地的建设行政主管部门备案 （2）《房屋建筑和市政基础设施工程施工分包管理办法》第十条第二款 分包工程发包人应当在订立分包合同后7个工作日内，将合同送工程所在地县级以上地方人民政府建设行政主管部门备案。分包合同发生重大变更的，分包工程发包人应当自变更后7个工作日内，将变更协议送原备案机关备案 （3）《广东省建设工程监理条例》第十四条 根据本条例规定，必须实行监理的建设工程项目，建设单位应当依法确定监理单位，并签订建设工程监理合同。未签订建设工程监理合同，建设行政主管部门不得核发施工许可证 （4）《关于印发〈关于在建设工程项目中进一步推行工程担保制度的意见〉的通知》（建市〔2006〕326号）第23条建设单位在申办建筑工程施工许可证前，应当将施工单位提供的承包商履约保函原件和建设单位提供的业主工程款支付保函原件提交建设行政主管部门或其委托单位保管
申请资料	（1）东莞市建设工程施工、监理合同备案表 （2）房地产项目需提供建设工程项目规划总图、经审查后的建筑施工图（备案后退回） （3）建筑工程施工许可证复印件（盖建设单位公章或业主私章） （4）应招标工程提交中标通知书复印件（加盖招标人公章） （5）不纳入招标范围的工程提交建设单位营业执照副本复印件、相关公司章程复印件（需全部资料复印并加盖建设单位公章） （6）建设工程承发包合同（须含人工费总额专门条款）（正本、副本各二本） （7）有专业分包的分包合同（正本、副本各二本） （8）有劳务分包的分包合同（正本、副本各二本） （9）建设工程监理合同复印件（正本、副本各二本） （10）施工总承包、专业承包企业安全生产许可证复印件 （11）项目经理证书原件 （12）承包商履约保证担保函（原件） （13）业主工程款支付保证担保函（原件） 以上复印件均需提供原件核对，所有附件资料A4纸装订成册，软纸皮封面并做好目录页码
审批受理机构	市建设局
审批程序	（1）市建设局办事大厅窗口收验材料 对资料不齐全的，即时做出补正材料通知书，一次性告知申请人需澄清、补充的有关情况或文件，或对相关内容进行调整 （2）自收到之日5个工作日内，对符合条件的由市建设局签发备案证 对不同意备案的，在5个工作日内出具不予备案通知书，并说明理由 注：申请人对项目备案的办理意见有异议的，可依法向人民政府（或省建设厅）申请行政复议或者向人民法院提起行政诉讼
审批时限	自收到齐全资料之日起5个工作日内
审批收费	无

例3: 长沙市建设工程施工和监理合同备案手续

(1) 监理合同备案(建设市场管理处)。

1) 监理合同备案登记表(一式三份)。

2) 监理单位营业执照、资质证书。

3) 备案登记表所填人员监理证书、身份证及总监继续教育培训证。

4) 建设工程委托监理合同标准文本。

5) 监理中标通知书原件(工程造价在1300万元以上的项目)。

6) 施工中标通知书(复印件)。

7) 外地来长监理企业,还需提供外地来长企业备案表。

(2) 建设工程施工合同备案(市建设工程造价站)。

1) 施工合同文本,施工作业分包(专业分包)合同文本(原件一式三份,附电子文档光盘)。

2) 长沙市建设工程施工合同备案表(表4-8)、长沙市建设工程施工作业分包(专业分包)合同备案表(原件各一式六份,一个施工合同填写一套)。

3) 施工作业分包(专业)分包建筑企业资质证书复印件。

4) 中标通知书复印件或非招标工程审批表复印件。

5) 非招标项目需提交施工单位营业执照、资质证书、安全生产许可证、建造师证、安全生产考核合格证、项目技术负责人职称证。

6) 加盖公章及注册造价师签字盖章的工程量清单报价单或投标报价造价书(.pks),附电子文档光盘。

7) 填写合同备案管理信息(加盖公章)。

8) 甲、乙双方法人授权委托书原件及经办人身份证复印件。

9) 监理合同备案登记表复印件。

10) 施工作业分包企业项目技术负责人职称证复印件。

11) 长沙市建筑施工企业工伤保险参保登记表及建筑施工企业工伤保险参保证明原件。

表4-8 建设工程施工合同备案表范本

合同备案编号:

工程概况			
施工单位			
备案联系人		联系电话	
建设单位		联系电话	
工程名称			
结构层次		工程地址	
建筑面积/m²		合同价格/万元(中标价)	
合同开工竣工日期		实际开工竣工日期	
承包范围			
专业分包及劳务分包情况			

(续)

施工现场注册备案人员							
岗位组成	姓名	性别	年龄	专业	职称	证书编号	联系电话
项目经理							
副经理							
施工员							
质检员							
安全员							
预算员							
取样员							
…							
施工单位提供的文件或证明材料情况							
建设工程项目招标投标合同备案表							
建设工程施工合同(副本)							
施工现场注册备案人员岗位及资格证书(复印件)							
其他资料							
工程价款支付方式:							
施工单位意见: (盖章) 法定代表人:　　　　年　月　日							
建设单位意见: (盖章) 法定代表人:　　　　年　月　日							
市有关管理部门意见: (盖章) 　　　　　　　　　　年　月　日							

注：(1) 本表一式四份，市建管部门、施工单位各留存一份，施工单位报送建设单位两份。
　　(2) "施工现场注册备案人员证书编号"栏填写资格证书或岗证书编号。
　　(3) "施工单位提供的文件或证明材料情况"栏填写文件或证明材料是否完备情况。
　　(4) "施工单位意见"和"建设单位意见"栏填写对本表内容的确认意见。

4.4　建设工程质量安全监督登记和施工安全措施备案

　　房地产开发企业在工程施工、监理招标工作完成后，在申领建筑工程施工许可证之前，应到当地建设局的质量安全监督站办理建设工程质量安全监督登记手续和施工安全措施备案手续。

4.4.1 建设工程质量安全监督登记手续的办理

在取得施工、监理单位中标通知书，建设工程施工、监理合同备案表后，房地产开发企业可以到建设局下的质量安全监督站领取建设工程质量安全监督登记表(书)，填写之后将该登记表和中标通知书、合同备案表、施工组织设计等申请材料一并提交质量安全监督站进行登记。

例1：百色市建设工程质量安全监督登记手续

（1）实施权限和实施主体。

1）根据《建设工程质量管理条例》（国务院令第279号），由自治区、地级市、县级住房和城乡建设行政主管部门负责建设工程质量安全监督登记。

2）自治区住房和城乡建设厅负责办理自治区人民政确定的重点建设工程质量安全监督登记。

3）地级市住房和城乡建设行政主管部门负责办理本行政区域内建设工程质量安全监督登记。

4）县级住房和城乡建设行政主管部门负责办理本行政区域内建设工程质量安全监督登记。

（2）行政审批条件。

根据《建设工程质量管理条例》（国务院令第279号），行政审批条件为：

1）市（县）规划区范围内的所有建设工程项目。

2）村庄、集镇规划区内，建筑跨度、跨径或者高度超过自治区人民政府建设行政主管部门规定范围的建筑工程以及2层（含2层以上）的住宅。

（3）实施对象和范围。

根据《建设工程质量管理条例》（国务院令第279号）规定，在广西区域内建设工程质量安全监督登记的对象为市（县）规划区范围内的所有建设工程项目。

（4）申请材料。

根据桂建质〔2001〕13号和桂建质〔2005〕21号申请建设工程质量安全监督登记，须提交如下材料：

1）申请书（法人代表及受委托人身份证复印件）。

2）建设工程质量安全监督登记书（原件，一式四份）。

3）建设工程规划许可证。

4）施工、监理单位中标通知书，建设工程施工合同备案表、监理合同。

5）施工、监理单位资质证书，施工企业安全生产许可证及年审记录。

6）项目部授权书及人员名单（原件）、证件（公司质量安全管理部门人员中级职称证书；项目经理建造师注册证书、安全生产考核合格证书B证；技术负责人中级职称证书；安全员岗位证书、安全生产考核合格证书C证；施工员、质检员、资料员等资格证和岗位证书；以上人员的继续教育培训情况。企业及所有人员信息应及时按规定录入建筑业企业网上报送信息系统);监理部授权书及人员名单(原件)、证件(公司质量安全管理部门人员中级职称证书;总监执业资格证及其他监理员培训合格证、继续教育培训情况。企业及所有人员信息应及时按规定录入建筑业企业网上报送信息系统)。

7) 经监理单位审定的,包含施工安全技术措施的施工组织设计;危险性较大的分部分项工程清单和专项安全施工方案(原件)。

8) 建设、施工、监理签署的质量、安全承诺书,房屋质量、市政质量、建设工程安全告知书(原件,一式四份或五份)。

9) 建设工程开工安全条件情况报告书、应组织专家论证的危险性较大工程情况报告书(原件)。

(5) 办结时限。

1) 法定办结时限:5个工作日。

2) 承诺办结时限:3个工作日。

(6) 行政审批数量:无数量限制。

(7) 收费项目、标准及其依据:不收费。

(8) 建设工程质量安全监督登记审批流程见图4-9。

(法定办结时限5个工作日、承诺办结时限3个工作日)

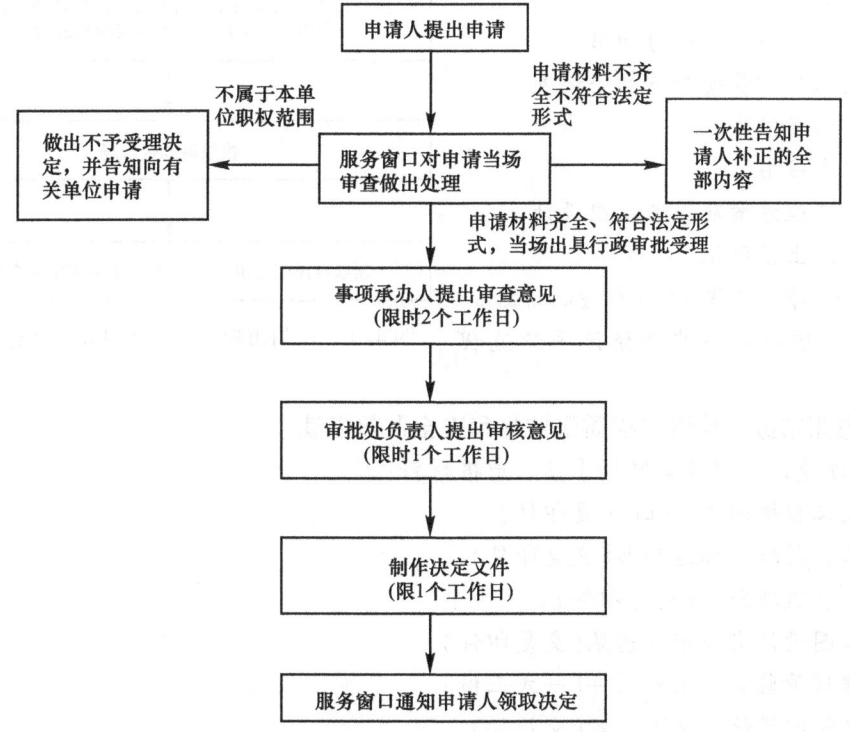

图4-9 百色市建设工程质量安全监督登记审批流程

例2:广州市建设工程质量安全登记手续

(1) 报监程序:

1) 取得建设工程施工中标通知书、建设工程规划许可证后,将质监资料报质监部门。

2）收案后到办公室取得建设工程质量安全监督登记表。

3）填写建设工程质量安全监督登记表（一式五份），加盖单位公章。

4）约请市质检站执法科工作人员查勘现场。

5）在办公室办理完毕登记手续后，将登记表及有关资料送监督业务科室查阅安排监督工作人员。

6）凭登记表到站财务室按项目建安工作量的0.25%开交款通知书。

7）持交款通知书到市工商银行各营业网点交款并将回执送办公室。

8）将该项目的项目经理证书原件送办公室备案。

9）登记表取得后取得安全文明施工情况表。

（2）所需资料：

1）建设工程施工中标通知书。

2）建设工程质量安全监督登记表。

3）地质勘查报告。

4）报建审核书。

5）旁站监理方案及施工组织设计。

6）淤泥渣土排放证。

（3）收费标准：工程建安工作量的0.25%。

（4）办理质量安全监督登记手续流程（图4-10）。

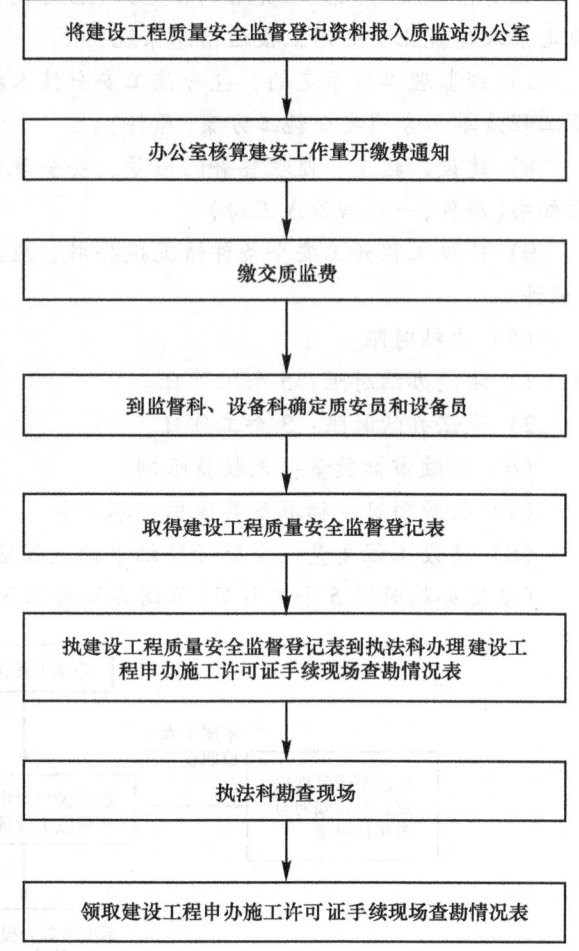

图4-10　广州市建设工程质量安全登记手续流程

例3：惠州市办理建设工程质量监督和安全监督手续

（1）办理建设工程质量监督手续。申报材料：

1）建设工程规划许可证（交复印件）。

2）施工、监理中标通知书（交复印件）。

3）施工、监理合同（交复印件）。

4）施工图设计文件审查意见（交复印件）。

5）工程质量监督登记表原件（一式五份）。

6）施工组织设计或施工方案（交原件）。

7）监理规划。

8）民用建筑节能设计审查备案登记表（交复印件）。

9）施工图一套（盖审查章）（交原件）。

10）地质勘查报告（交原件）。

11）建设单位提供委托送样见证人的证明和相片（交原件）。

（2）办理建设工程安全监督手续。

1）建设单位申报材料：

① 报送申请办理建设工程施工安全监督手续的报告。

② 领取并填报建设工程各方人员登记表（一式一份）。

③ 领取并填报建设工程安全监督登记表（一式四份）。

④ 领取并填报建设工程施工前期安全措施登记表（一式四份）。

⑤ 建设工程规划许可证复印件（含附件）。

⑥ 建设工程施工中标通知书复印件或有关部门的审批意见。

⑦ 建设工程监理中标通知书复印件或有关部门的审批意见。

⑧ 建设工程项目地质勘查报告（审查后退回）。

⑨ 建筑施工图及结构施工图（审查后退回）。

⑩ 领取并填报建设工程重大危险源登记备案表（一式一份）。

2）施工企业申报材料：

① 项目管理人员任命书及项目安全、文明施工管理机构网络图（必须根据工程项目实际设置情况进行任命和绘制网络图）。

② 项目安全生产、文明施工责任制：必须根据现场管理人员的职责进行编制，其中项目经理安全生产责任制由公司法人代表与项目经理签订，其余管理人员安全生产责任制由项目经理与各管理人员签订，双方均应在安全生产责任制上签字认可。

③ 安全管理各项制度，包括安全检查制度、安全教育培训制度、消防责任制度、应急救援预案制度等。

④ 管理目标，包括伤亡控制指标、安全达标、文明施工目标。

⑤ 施工企业安全生产许可证、施工企业分管本项目的技术负责人（总工）、安全员及项目负责人、施工员、资料员、特种作业人员等花名册、资格证书复印件。资格证书要求提供原件及复印件，原件审查后退回。施工现场应按工程项目大小配备安全员，建筑工程、装修工程可按建筑面积1万 m^2 及以下的工程为1人；1万~5万 m^2 的工程为2人；5万~10万 m^2 的工程为3人；10万 m^2 以上的大型工程应当设置安全总监，按土建、机电设备等专业设置专职安全生产管理人员（原则上不少于5人）。土木工程、线路管道与设备安装工程按总造价5000万元以下的工程为1人；5000万~1亿元的工程为2人；1亿~2亿元的工程为3人；2亿元以上的大型工程应当设置安全总监，按土建、机电设备等专业设置专职安全生产管理人员（原则上少于5人）。

⑥ 单位工程施工组织设计、专项施工组织设计、方案（脚手架、井字架、卸料平台、施工用电、桩基工程、基坑支护、模板工程、高支模、临时设施搭设等）必须按规定办理审批和监理单位审查等签证手续。

⑦ 拟进场施工机械、设备型号和数量。

⑧ 建设工程安全生产、文明施工设施经费落实情况。

⑨ 意外伤害保险办理情况。

⑩ 经办人身份证明及联系电话。

4.4.2 建设工程施工安全措施备案手续的办理

根据《建设工程安全生产管理条例》,在申请领取建筑工程施工许可证时,应当提供建设工程有关安全施工措施的备案资料。房地产开发企业在到建设局办理施工安全措施备案时,需要提供的申请材料一般包括备案表、安全施工措施计划与施工组织设计等,由建设局对上述材料进行审核后提出备案意见。

例1:百色市建设工程施工安全措施备案手续

(1) 实施权限和实施主体。

根据《建设工程安全生产管理条例》,自治区、地级市、县级建设行政主管部门或交通、水利等有关部门行政主管部门负责建设工程施工安全措施备案。

(2) 实施对象和范围。

根据《建设工程安全生产管理条例》规定,在广西区域内建设工程施工安全措施备案的对象为进行土木工程、建筑工程、线路管道和设备安装工程及装修工程的新建、扩建、改建和拆除的建设单位。

(3) 申请材料。

根据《建设工程安全生产管理条例》规定,申请建设工程施工安全措施备案,需提交以下材料。

1) 申请书(法人代表及受委托人身份证复印件)。

2) 建设工程安全措施备案表(5份)。

3) 安全施工措施的主要资料,资料应包含备案表中以下内容:

① 建设单位名称、项目负责人、建设单位安全监督人员名册、联系电话;监理单位、总监理工程师、现场监理人员、联系电话;施工单位名称、项目负责人、安全负责人、联系电话。

② 施工现场及毗邻区域的供水、排水、供电、供气、通信等地下设施情况、线路管道在施工现场的走向及地下埋设的深度等资料。

③ 施工现场平面布置图。主要内容包括:拟建项目的位置、施工机械安装的位置、材料堆放的位置、工人宿舍、临时用电、用水的布设、临时道路的方向等内容。

4) 临时围挡主要内容:要文字说明围挡的材料、高度、位置。

5) 安全施工措施费用计划。

(4) 办结时限。

1) 法定办结时限:当场办结。

2) 承诺办结时限:当场办结。

(5) 收费项目、标准及其依据:不收费。

(6) 建设工程施工安全措施备案审批流程见图4-11。

(法定办结时限:当场办结、承诺办结时限:当场办结)

例2:东莞市建设工程施工安全措施备案手续

东莞市建设工程施工安全措施备案手续见表4-9,建设工程质量安全监督登记书范本见表4-10,建设工程安全施工措施备案表范本见表4-11。

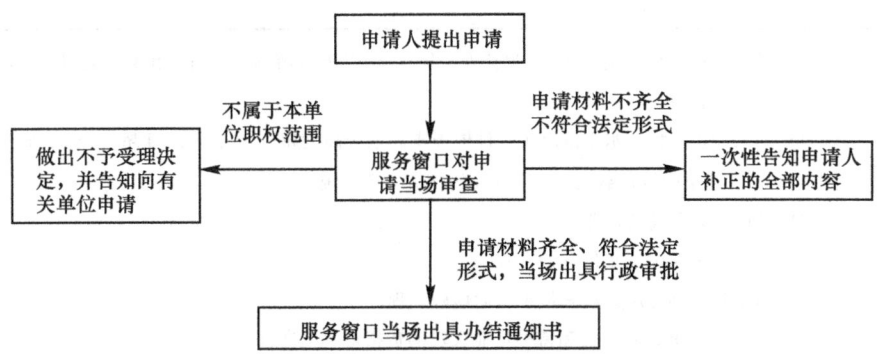

图 4-11 百色市建设工程施工安全措施备案审批流程

表 4-9 东莞市建设工程施工安全措施备案手续

申请资料	（1）该工程施工组织设计（施工组织设计由施工单位按规定编制盖章，并经监理单位审核后，施工企业技术负责人、监理单位总监理工程师签字提交建设单位），具体包括以下内容 1）施工安全管理机构组织结构图，安全生产责任人、专职安全管理人员名单（应当按企业资质类别和等级，根据企业生产能力或施工规模足额配备） 2）安全生产、文明施工责任制度及项目安全管理目标 3）安全技术措施 4）施工现场总平面布置图，临时设施规划方案，施工现场临时用电方案 5）依据《建设工程安全生产管理条例》第二十六条所列七项分部分项工程需提交专项施工方案 ① 基坑支护与降水工程：按东建〔2006〕60号《东莞市建设局建筑深基坑工程管理规定》规定，深基坑工程（以下简称深基坑工程）是指开挖深度超过4m（含4m），或虽未超过4m但地质情况和周围环境复杂的建筑基坑工程，包括工程勘察、支护设计、支护施工、地下（表）水处理、检测验收、基坑监测、土方挖填等内容 ② 土方开挖工程：土方开挖工程是指开挖深度超过5m（含5m）的基坑、槽的土方开挖 ③ 模板工程：各类工具式模板工程，包括滑模、爬模、大模板等；水平混凝土构件模板支撑系统及特殊结构模板工程 ④ 起重吊装工程 ⑤ 脚手架工程：高度超过24m的落地式钢管脚手架、附着式升降脚手架（包括整体提升与分片式提升）、悬挑式脚手架、门型脚手架、挂脚手架、吊篮脚手架、卸料平台 ⑥ 拆除、爆破工程：采用人工、机械拆除或爆破拆除的工程 ⑦ 其他危险性较大的工程：建筑幕墙的安装施工、预应力结构张拉施工、隧道工程施工、桥梁工程施工（含架桥）、特种设备施工、网架和索膜结构施工、6m以上的边坡施工、大江与大河的导流和截流施工、港口工程、航道工程，以及采用新技术、新工艺、新材料，可能影响建设工程质量安全，已经行政许可，尚无技术标准的施工 6）下列专项工程需递交由施工单位组织专家（专家应当不少于5名，并经建设部或广东省建设厅或东莞市建设局认可的）进行论证、审查的书面论证审查报告 ① 基坑支护与降水工程：开挖深度超过4m（含4m），或虽未超过4m但地质情况和周围环境复杂的建筑基坑工程，包括工程勘察、支护设计、支护施工、地下（表）水处理、检测验收、基坑监测、土方挖填等内容 应提交深基坑工程的设计文件（包括计算书、图样和文字资料等）、专项施工方案、专项监测方案以及专家论证审查意见书

(续)

申请资料	② 地下暗挖工程：地下暗挖（包括人工挖孔桩）及遇有溶洞、暗河、瓦斯、岩爆、涌泥、断层等地质复杂的隧道工程 ③ 高大模板工程：水平混凝土构件模板支撑系统高度超过8m，或跨度超过18m，施工总荷载大于10kN/m²，或集中线荷载大于15kN/m 的模板支撑系统 ④ 30m 及以上高空作业的工程 ⑤ 大江、大河中深水作业的工程 ⑥ 城市房屋拆除爆破和其他土石大爆破工程 7）工程施工员、安全员和特种作业人员的资格证书复印件 （2）施工单位安全作业环境和文明施工、安全施工措施费用的使用计划 附：建设单位已列明费用的工程预算复印件、合同支付条款复印件 （3）人工挖孔桩工程：建筑工程采用人工挖孔桩的，建设单位可在办理施工图审查前，将下列资料送市建设局办理使用人工挖孔桩备案，由市建设局签发《东莞市建筑工程使用人工挖孔桩备案意见书》后，设计单位方可按人工挖孔桩进行施工图设计，并由建设单位委托施工图审查机构进行施工图审查 1）建设单位会同勘察、设计单位共同提交的建筑工程使用人工挖孔桩申请表 2）建设单位会同勘察、设计单位提交的采用人工挖孔桩的可行性报告 3）地质勘查报告原件 4）周边建（构）筑物、道路、管线等环境示意图
审批受理机构	市建设局
审批程序	（1）建设工程保证安全施工的措施备案纳入施工许可一并审查 （2）建筑工程使用人工挖孔桩申请可先行按下列程序进行 1）由市建设局办事窗口收验材料 对资料不齐全项目，即时做出补正材料通知书，一次性告知申请人需澄清、补充的有关情况或文件，或对相关内容进行调整 2）自收到之日5个工作日内，对备案材料进行审查，符合条件的由市建设局签发《东莞市建筑工程使用人工挖孔桩备案意见书》。对不符合条件的项目，在5个工作日内出具不予备案通知书，并说明理由 3）凭《东莞市建筑工程使用人工挖孔桩备案意见书》设计单位可按人工挖孔桩进行施工图设计，并由建设单位委托施工图审查机构进行施工图审查
审批时限	使用人工挖孔桩申请自收到齐全资料之日起5个工作日内
审批收费	无

表 4-10　建设工程质量安全监督登记书范本

建设单位：＿＿＿＿＿＿＿＿＿＿＿＿

工程名称：＿＿＿＿＿＿＿＿＿＿＿＿

监督机构：建设工程质量安全监督站

为确保建设工程质量和施工安全，根据《建设工程质量管理条例》和《建设工程安全生产管理条例》的规定，请建设单位持有关资料到当地政务服务中心咨询办理建设工程质量安全监督登记手续。

（1）工程概况

工程名称			
工程详细地址			
房屋建筑面积/m²		工程造价/万元	
层数		结构类型	
市政工程工作量		道路、桥梁长度/m	
计划开工日期		计划竣工日期	
勘察单位		资质等级	
设计单位		资质等级	
施工单位		资质等级	
监理单位		资质等级	
施工图审查机构		资质等级	

（2）根据桂建质〔2001〕13号和桂建质〔2005〕21号申请建设工程质量安全监督登记，须提交如下材料：

1）申请书（法人代表及受委托人身份证复印件）。

2）建设工程质量安全监督登记书（原件，一式四份）。

3）建设工程规划许可证。

4）施工、监理单位中标通知书，建设工程施工合同备案表、监理合同。

5）施工、监理单位资质证书，施工企业安全生产许可证及年审记录。

6）项目部授权书及人员名单（原件）、证件（公司质量安全管理部门人员中级职称证书；项目经理建造师注册证书、安全生产考核合格证书B证；技术负责人中级职称证书；安全员岗位证书、安全生产考核合格证书C证；施工员、质检员、资料员等资格证和岗位证书；以上人员的继续教育培训情况。企业及所有人员信息应及时按规定录入建筑业企业网上报送信息系统）；监理部授权书及人员名单（原件）、证件（公司质量安全管理部门人员中级职称证书；总监执业资格证及其他监理员培训合格证、继续教育培训情况。企业及所有人员信息应及时按规定录入建筑业企业网上报送信息系统）。

7）经监理单位审定的，包含施工安全技术措施的施工组织设计；危险性较大的分部分项工程清单和专项安全施工方案（原件）。

8) 建设、施工、监理签署的质量、安全承诺书,房屋质量、市政质量、建设工程安全告知书(原件,一式四份或五份)。

9) 建设工程开工安全条件情况报告书、应组织专家论证的危险性较大工程情况报告书(原件)。

10) 法律法规规定的其他文件资料。

(3) 建设单位项目管理机构人员名单

项目职务	姓名	职务	职称	岗位证号	手机号码	备注
法定代表人						
项目负责人						
技术负责人						
现场代表						

(4) 施工图审查单位项目管理机构人员名单

项目职务	姓名	职务	职称	专业	注册证书号码	手机号码	备注
法定代表人							
项目负责人							

(5) 勘察单位项目管理机构人员名单

项目职务	姓名	职务	职称	专业	资格(职务)证书号码	手机号码	备注
法定代表人							
项目负责人							
项目技术负责人							

(6) 设计单位项目管理机构人员名单

项目职务	姓名	职务	职称	专业	注册证书号码	手机号码	备注
法定代表人							
项目负责人							
项目技术负责人							
结构设计人							

(7) 施工单位项目管理机构人员名单

施工单位	（盖公章确认） 年　月　日	法定代表人		联系电话	
		主管安全负责人		手机号码	
		技术负责人		手机号码	
项目职务	姓名	职称	岗位证号	安全生产考核合格证号	年度安全教育培训证号	手机号码	备注
项目经理							
技术负责人							
专职安全员							
质检员							
施工员							
资料员							
取样员							

(8) 监理单位项目监理机构人员名单

监理单位	（盖公章确认） 年　月　日	法定代表人		联系电话	
		质量安全负责人		手机号码	
项目职务	姓名	职称	执业证书号	年度安全教育培训证号	手机号码	备注
项目总监						
总监代表						
专业监理员						
安全监理员						
见证员						

（9）本表一式四份。质量安全监督站留存一份；建设单位领取三份：自存一份，并代交监理单位、施工单位各一份。

建设单位：_____ 监督机构：_____
（盖章）   （盖章）
联系人：_____ 项目监督工程师：_____
电话：_____ 电话：_____
____年__月__日

表 4-11　建设工程安全施工措施备案表范本

建设单位(公章)		法定代表人		联系电话	
工程项目名称			工程地点		
建筑类型		建筑面积		投资规模	开、竣工日期
序号	提供安全施工措施主要资料核查情况				
1	建设单位项目负责人、监理单位总监理工程师、监理人员名单、施工单位项目负责人、安全负责人名单是否与报监登记书一致　□是□否				
2	施工现场及毗邻区域的供水、排水、供电、供气、供热、通信等地下设施情况是否与建设单位提交的资料一致　□是□否				
3	施工现场平面布置图是否与建设单位报送的资料一致　□是□否				
4	施工现场临边四周是否全封闭防护　□是□否				
5	安全施工措施费用计划(万元)是否提交　□是□否				
6	其他				
备案意见					
联系人： 备案机关(公章) 年　月　日					

施工现场周边环境及地下设施情况表

工程名称			
建设单位负责人		总监理工程师	
施工单位技术负责人		项目经理	
序号	检查项目		检查情况
1	地上管线,如毗邻高压线、网线、供电、供水等的状况		
2	施工对毗邻建筑物、构筑物、地下工程的影响		
3	施工对地下管线、周边通信、道路等公用设施的影响		
4	施工现场及毗邻区域内地下管线资料、气象水文观测资料		
5	其他可能造成严重后果的危险源		
项目负责人签字:	总监签字: 监理单位(章) 年 月 日		项目经理签字: 施工单位(章) 年 月 日

关于××工程安全防护及文明施工措施费的支付计划

百色市住房和城乡规划建设委员会:

本单位建设的_____工程,经招标,其安全防护及文明施工措施费已单列,具体费用为_____万元。我单位将严格按照《广西壮族自治区建筑工程安全防护、文明施工措施费及使用管理细则》(桂建质〔2006〕22号)文要求,同时结合本工程实际,按照施工合同分期拨付给施工单位,即:____年____月____日前拨付____万元;____年____月____日前拨付____万元;____年____月____日前拨付____万元。我单位将严格落实支付计划,确保该费用足额到位,并监督施工单位专款专用,做好安全生产防护及文明施工工作,努力创建安全文明工地。

建设单位(章):
年 月 日

4.5 余泥渣土排放证的办理

余泥渣土是指各类建筑工程废弃的土、渣、料等的建筑垃圾。在取得建设工程规划许可证、工程建设项目报建表、签订与施工单位的责任状之后,在余泥渣土排放之前,房地产开发企业需要到工程所在地的城市管理局申领余泥渣土排放证,该证是企业取得施工标牌和进行规划验收的前提条件。

例:广州市余泥渣土排放证办理手续

(1) 办事程序:

1) 建设单位需要排放(收纳)余泥渣土的,应在排放(收纳)前到工程所在地的区余泥管理所申报,领取一式两份广州市余泥渣土排放申请书,并按要求填写好,加盖单位公章。

2)总工室提供的相关图样资料。

3)申请单位开具来人单位介绍信,用两个标准档案袋装好广州市余泥渣土排放申请书及图样资料,到工程所在地的区余泥所申办。

4)区余泥所对申请单位交来的申报资料进行审查验收。

5)余泥所对实地进行现场查勘,核对用地红线与用地范围,核对地貌,检查前期手续,检查工地现场围闭和洗车设备,对各种原因造成不能设置洗车槽的责令限期整改。

6)申请单位凭余泥渣土管理部门开出的交款通知书,到工商银行缴交建筑垃圾处置费。

7)申请单位凭收款银行的交费回执单,到余泥渣土管理部门领取有关证件。

(2)所需资料:

1)建筑物平立刨及承台大样图等图样。

2)余泥运输合同。

3)标高证明。

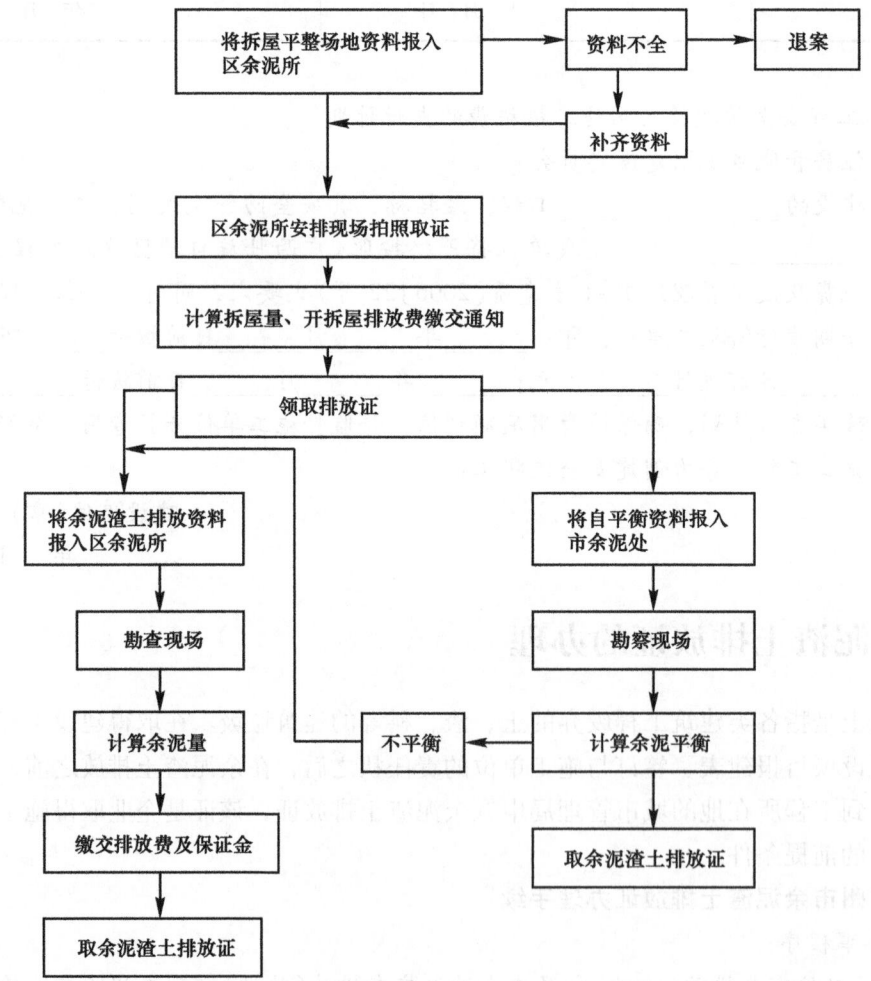

图4-12 广州市余泥渣土排放证办理流程

4) 报建审核书。
5) 建设用规划许可证及红线图。
6) 建设单位及施工单位的责任状。
(3) 收费标准：3元/m³余泥。
(4) 办理余泥渣土排放手续流程(图4-12)。

4.6 建筑工程施工许可证的办理

建筑工程施工许可证是建筑施工单位符合各种施工条件、允许开工的批准文件，是建设单位进行工程施工的法律凭证，也是房屋权属登记的主要依据之一。在建筑工程开工之前，房地产开发企业必须到当地建设局申请领取建筑工程施工许可证(工程投资额在30万元以下或者建筑面积在300m²以下的建筑工程可以不申请办理施工许可证)，建设局在收到申请的15日内，对符合条件的企业颁发建筑工程施工许可证。

4.6.1 办理建筑工程施工许可证的条件

房地产开发企业申请领取建筑工程施工许可证，应当具备以下条件：
(1) 依法应当办理用地批准手续的，已经办理该建筑工程用地批准手续。
(2) 在城市、镇规划区的建筑工程，已经取得建设工程规划许可证。
(3) 施工场地已经基本具备施工条件，需要征收房屋的，其进度符合施工要求。
(4) 已经确定施工企业。按照规定应当招标的工程没有招标，应当公开招标的工程没有公开招标，或者肢解发包工程，以及将工程发包给不具备相应资质条件的企业的，所确定的施工企业无效。
(5) 有满足施工需要的技术资料，施工图设计文件已按规定审查合格。
(6) 有保证工程质量和安全的具体措施。施工企业编制的施工组织设计中有根据建筑工程特点制订的相应质量、安全技术措施。建立工程质量安全责任制并落实到人。专业性较强的工程项目编制了专项质量、安全施工组织设计，并按照规定办理了工程质量、安全监督手续。
(7) 按照规定应当委托监理的工程已委托监理。
(8) 建设资金已经落实。建设工期不足一年的，到位资金原则上不得少于工程合同价的50%，建设工期超过一年的，到位资金原则上不得少于工程合同价的30%。建设单位应当提供本单位截至申请之日无拖欠工程款情形的承诺书或者能够表明其无拖欠工程款情形的其他材料，以及银行出具的到位资金证明，有条件的可以实行银行付款保函或者其他第三方担保。
(9) 法律、行政法规规定的其他条件。
建筑工程施工许可证示例见图4-13。

4.6.2 办理建筑工程施工许可证的手续

在办理完建设工程施工图审查备案、工程建设项目报建表审批、施工监理招投标以及质

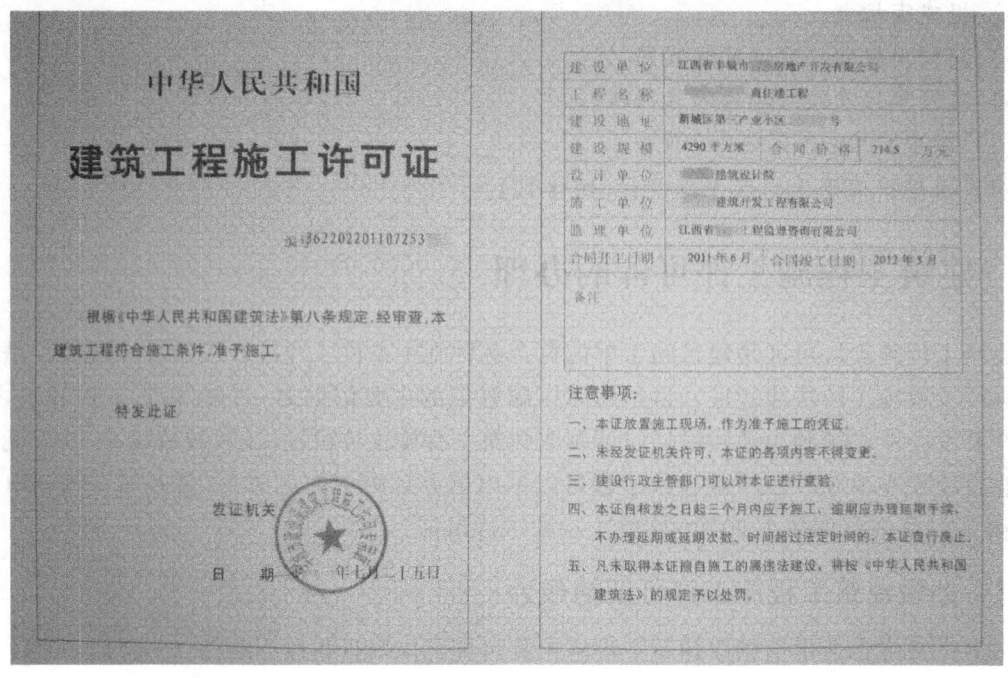

图 4-13 建筑工程施工许可证示例

量安全监督等手续之后，房地产开发企业就可以到建设局申请办理建筑工程施工许可证了，其申请材料一般包括申请表、建设工程规划许可证、审查通过的施工图、施工监理中标通知书（合同）、质量安全监督登记表等。

建筑工程施工许可证办理的基本程序如下：

（1）房地产开发企业到建设局领取建筑工程施工许可证申请表。

（2）房地产开发企业持加盖单位及法定代表人印鉴的建筑工程施工许可证申请表及上述的申请材料向建设局提出申请。

（3）建设局在收到房地产开发企业报送的建筑工程施工许可证申请表和所附证明文件后，对于符合条件的，应当自收到申请之日起 15 日内颁发建筑工程施工许可证；对于证明文件不齐全或者失效的，应当当场或者 5 日内一次性告知企业需要补正的全部内容，审批时间可以自证明文件补正齐全后做相应顺延；对于不符合条件的，应当自收到申请之日起 15 日内书面通知房地产开发企业，并说明理由。

例 1：东莞市建筑工程施工许可证办理手续

东莞市建筑工程施工许可证办理手续见表 4-12。

表 4-12 东莞市建筑工程施工许可证办理手续

颁发的证件	建筑工程施工许可证
证件有效期	建设单位应当自领取施工许可证之日起 3 个月内开工。因故不能按期开工的，应当在期满前向发证机关申请延期，并说明理由；延期以两次为限，每次不超过 3 个月。既不开工又不申请延期或者超过延期次数、时限的，施工许可证自行废止

(续)

审批类型及法律效力	行政许可。在东莞行政区域内的房屋建筑工程，能源、石化、制造等工业工程和农业、林业、市政公用、环保设施等土木工程，线路管道和设备安装工程及装修工程，市政基础设施工程等建设项目的施工许可的审批和管理由市建设局负责。建设单位必须申请领取施工许可证，方可进行施工
设定依据	(1)《中华人民共和国建筑法》第七条 (2)《建筑工程施工许可管理办法》(2001年7月4日修正)第二条 (3)《广东省加强建设工程项目开工管理若干规定》(粤府办〔2006〕6号)第三条 (4)《关于加强既有建筑装修、改扩建质量安全监督管理的通知》(建安办函〔2007〕4号)第三条、第四条
审批条件	(1) 土地征收被依法批准，且征地(或拆迁)单位已与被征用人(或房屋被拆迁人)签订征地(或拆迁)补偿安置协议；征地(或拆迁)的各项补偿款已按征地(或拆迁)补偿安置协议的约定，足额发放给土地被征收人(或房屋被拆迁人) (2) 建设项目已按规定完成了项目审批、核准或备案和规划审批、用地审批、环境影响评价、初步设计审查、招标投标等工作，具备法定开工条件 (3) 工程投资额在30万元以下或者建筑面积在300m^2以下的建筑工程，军事设施工程、抢险救灾工程和农民自用的3层及3层以下住宅，可以不申请办理施工许可证 按照国务院规定的权限和程序批准开工报告的建筑工程，不再领取施工许可证
申请资料	(1) 东莞市建筑工程施工许可证申请表(一份) (2) 建设工程规划许可证复印件(加盖建设单位公章或业主私章) (3) 市建设局签发的合同(施工、监理)备案凭证复印件 (4) 市建设局签发的《房屋建筑和市政基础设施工程施工图设计文件审查合格书》备案凭证复印件 (5) 施工总承包企业、专业承包企业的安全生产许可证复印件(加盖企业公章，需提交原件核对) (6) 项目经理证书复印件(加盖企业公章) (7) 已在工程所在地的镇街规划办办理登记的东莞市建筑工程监督登记表 (8) 建设工程保证安全施工措施备案资料(详见安全施工措施备案指南) (9) 商品混凝土购销合同复印件(加盖施工单位公章，需提交原件核对)和商品混凝土公司已办理质量监督的东莞市预拌(商品)混凝土生产企业监督登记表(复印件)或申请建设工程项目使用袋装水泥和现场搅拌混凝土申请核准资料： 1) 建设工程项目使用袋装水泥和现场搅拌混凝土申请表 2) 建设、施工和监理单位盖章的场地示意图(加盖建设、施工和监理单位公章) (10) 建设工程地质勘查报告复印件(一式两份，加盖勘察单位公章) (11) 建筑意外伤害保险凭证、保险合同、保险发票复印件(保险合同应明确约定购买的险种、保险金额、保险面积或人数、费用支付以及约定造成损失后承担的责任等条款，需提交原件核对) (12) 加盖审查机构章的全套施工图样一份，建筑施工图一份 (13) 属既有建筑装修、加层、改建、扩建项目还需提交以下资料： 1) 改变房屋使用性质和结构部位登记表(一份) 2) 既有建筑安全性咨询报告及咨询单位资格证书、营业执照复印件(加盖咨询单位公章) 3) 既有建筑工程施工许可证及竣工验收报告的复印件 (14) 新型墙体材料专项基金、建设工程散装水泥专项基金、建设工程定额测定费、建设工程质量监督费的缴费凭证原件
审批受理机构	市建设局

（续）

审批程序	（1）市建设局办事大厅窗口收验材料 对材料不齐全或者不符合法定形式的行政许可申请，即时做出建设行政许可补正材料通知书发送申请人，一次性告知申请人需澄清、补充的有关情况或文件，或对相关内容进行调整。对属于本局职权范围，材料（或补正材料）齐全、符合法定形式的行政许可申请，当场制作建设行政许可受理通知书，发送申请人。 （2）自收到之日15个工作日内，对申请材料进行审查，符合条件的由市建设局签发加盖东莞市建设局印章的建筑工程施工许可证 对不符合法定条件、标准的或者申请人隐瞒有关情况或者提供虚假材料申请行政许可的，制作不予建设行政许可决定书，说明理由 注：申请人对许可事项的办理意见有异议的，可依法向市人民政府（或省建设厅）申请行政复议或者向人民法院提起行政诉讼
审批时限	自收到齐全资料之日起15个工作日内
审批收费	无

例2：广州市建筑工程施工许可证办理手续

（1）办事程序：
1）负责取得施工单位缴纳散装水泥保证金的证明。
2）将施工证资料报入建委对外办公中心。
3）经办人出案。
4）经办科长出案。
5）建设单位及施工单位缴交印花税。
6）处长批准。
7）取得建筑工程施工许可证。

（2）所需资料：
1）建设工程施工许可证申请表。
2）施工中标通知书。
3）承发包合同。
4）监理中标通知书。
5）固定资产投资许可证。
6）建设用地规划许可证。
7）建设用地批准书。
8）建设工程规划许可证。
9）开户银行的存款证明。
10）质量安全监督登记表。
11）建设工程开工安全文明施工情况表。
12）监理单位总监的注册证书、资格证，项目经理、施工员、质安员的证书。

（3）收费标准。

印花税：建设单位和施工单位各万分之三。

（4）流程（图4-14）。

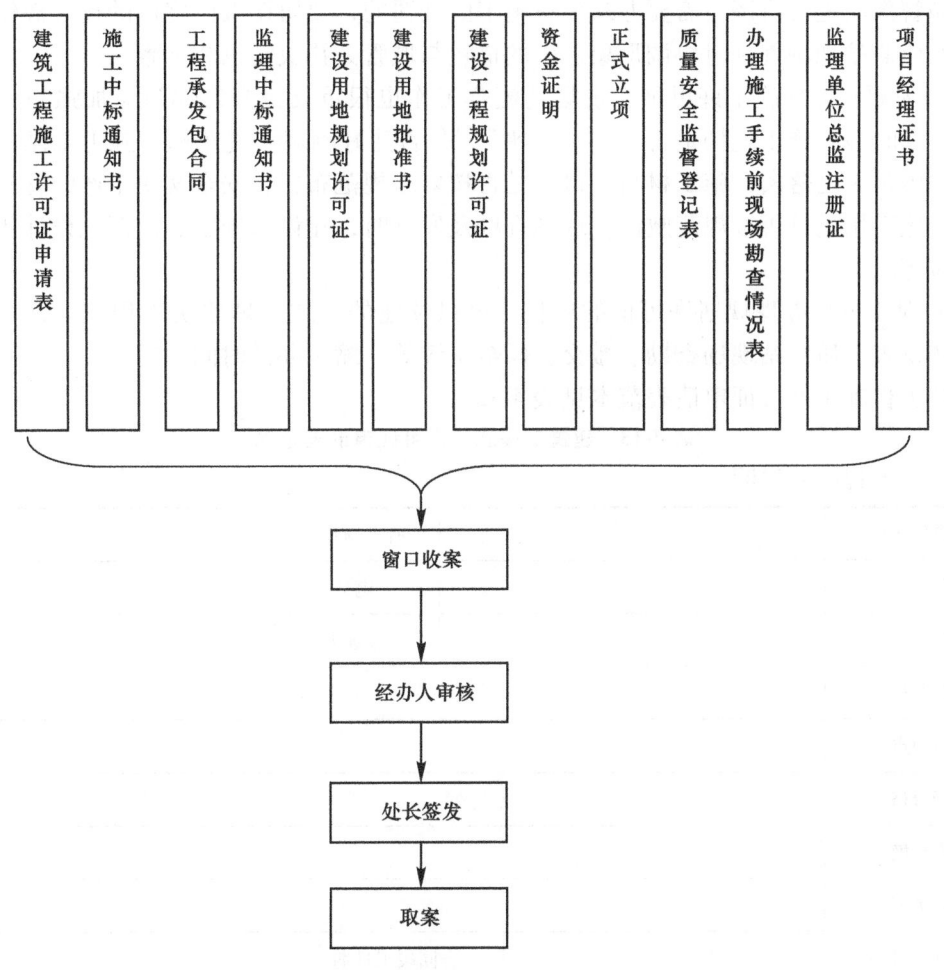

图4-14　广州市建筑工程施工许可证办理流程

4.6.3　办理建筑工程施工许可证的注意要点

房地产开发企业在申请领取建筑工程施工许可证的过程中，需要注意以下几个要点：

（1）因办理建筑工程施工许可证的前提条件较多，因此要精心策划，做好同步和穿插报建工作，以尽量节省时间。

（2）为使办理中标通知书的工作顺利进行，房地产开发企业开发部要与招投标部或集团招投标中心沟通，提醒招投标部在对投标单位资格审查时的注意事项，以减少建筑工程施工许可证办理的麻烦或时间延续。办理招投标手续时尽量协调缩短公示期，以早日取得中标通知书，加快建筑工程施工许可证的办理；同时应与招投标部门沟通，降低工程造价的标注，减少开发报建规费。

（3）提前进行施工图审查，缩短开发报建时间。

（4）对于有提前动工要求的建设工程，应及时协调质监部门和安监部门提前介入，并提前与城管部门进行协调，需要办理先行施工的处罚的，要协调按已完成的投资额作为处罚依据。在质监站现场查勘时协调形象进度的描述与城管处罚决定书一致。

（5）为顺利办理施工许可证，现场的配合工作也很重要，开发部门应加强与施工现场的沟通，及时检查施工现场是否"三通一平"，是否建好围墙、洗车槽，施工工棚，现场安全维护设施是否已落实，施工材料、机械是否按要求规范布置，安全文明生产的管理制度是否落实，施工用电是否按规范敷设，现场查勘及发证时，建设、施工、监理、设计相关人员是否到位等。

（6）对于分层办理规划许可证的项目，可以续建的方式办理建筑工程施工许可证，避开施工图审查、质监站现场查勘、缴交劳保金手续等，缩短办证时间。

建筑工程施工许可证申请表范本见表4-13。

表4-13　建筑工程施工许可证申请表范本

表一　工程简要说明

建设单位名称		所有制性质	
建设单位地址		电话	
法定代表人		领证人	
工程名称			
建设地点			
合同价格			
建设规模			
结构类型			
合同开工日期		合同竣工日期	
施工总包单位		施工分包单位	
申请单位			
法定代表人（签章）　　单位（盖章） 　　年　月　日			

表二 工程简要说明

建设工程用地许可证	
建设工程规划许可证	
拆迁许可证或施工现场是否具备施工条件	
中标通知书及施工合同	
施工图样及技术资料	
施工组织设计	
监理合同或建设单位工程技术人员情况	
质量、安全监督手续	
资金保函或证明	
其他资料	
审查意见	

（发证机关盖章）

经办人： 　　　　　　　　　　　　　　　审查人： 　年　月　日

注：此栏中应填写文件或证明材料的编号。没有编号的，应由经办人审查文件或资料是否完备。

4.7 建设工程放线、验线的办理

建设工程放线是指在施工图样出来之后，通过测量、定坐标等技术手段将图样上的建筑物在实地上落实一个具体的位置。房地产开发企业在取得建设工程规划许可证后，工程正式开工之前，需要到规划局提出放线申请，由规划局下属的测绘机构到现场放线，取得建设工程放线测量记录册。放线完毕，施工单位照着边角点施工，之后就可以到规划局申请验线，验线合格的，可以取得建设工程规划验线测量册。

例1：广州市建设工程放线、验线办理手续

（1）跨越单体方案报建的项目。

1）介入条件取得修建性详规批复，并满足条件：

① 非主干道（40m）一线。

② 总建筑面积2万 m^2 以内。

③ 高度为18层以下。

④ 取得研发中心提供的拟报建建筑施工图（平立剖）及四至图。

⑤ 工程项目现场场地平整。

2）准备资料：

① 用地红线图。

② 修建性详规批复意见及图样（总平面图、道路网图）。

③ 拟报建建筑施工图两套（平立剖）。

(2) 需经建筑设计方案审定的项目。

1) 介入条件：

① 取得建筑设计方案复函。

② 取得拟报建建筑施工图(平立剖)。

③ 工程项目现场场地平整。

2) 准备资料：

① 用地红线图。

② 建筑设计方案复函及其图样(平立剖)一套。

③ 拟报建建筑施工图及四至图两套。

3) 工作程序：

① 将资料报入市规划院建设工程测量队委托测量。

② 约请市规划院建测队放线组到现场放线。

③ 协调建测队放线组完成建设工程放线测量记录册的编制。

④ 协调建测队检查员完成图样与记录册检查。

⑤ 协调建测队队长完成图样与记录册复检。

⑥ 取得核定放线费，并办理请款及缴费手续。

⑦ 取得项目的建设工程放线测量记录册。

4) 报建流程(图 4-15)。

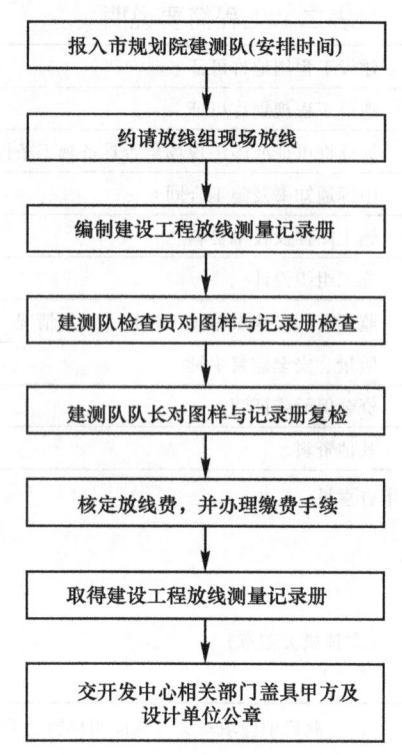

图 4-15　广州市建设工程放线、验线办理流程

例2：济南市建设工程规划验线手续

济南市建设工程规划验线手续见表 4-14。

表 4-14　济南市建设工程规划验线手续

办事机构	济南市规划局
申报条件	已取得建设工程规划许可证并已履行施工图规划备案手续的建设工程，申请人在施工现场醒目位置设置规划批后公示牌(除法律、法规规定的涉密内容)后，委托具有相应测绘资质的测绘单位进行建设工程放线，形成规划放线测量成果。申请人持建设工程规划放线测量成果等资料向市规划局相应直属分局申请规划验线。地下管线等隐蔽工程在覆土前申请规划验线。规划验线合格的，核发建设工程规划验线合格通知书
办理所需证件	(1) 建设工程规划验线申请表(申请函) (2) 施工图规划备案证明 (3) 规划放线测绘成果(临时建设工程、居民私房提供放线示意图)
办理流程	(1) 申请与受理 市规划局在市行政审批服务中心设总服务窗口，高新区分局、直属第三分局(历城)和第四分局(长清)分别在辖区内设服务分窗口 (2) 审查、审批 承办处室(分局)根据《济南市规划局业务项目分类与分级规定》确定的工作流程研究办理 (3) 核发证件或函复意见 申请人凭行政审批事项收件受理通知单领取审批结果，发件窗口确认后发出
收费标准	按国家规定

4.8 建设工程临时施工设施的报批

4.8.1 建设工程临时施工设施报批手续的办理

建设工程临时施工设施的报批是指房地产开发企业为保障工程顺利开工，在取得建设用地规划许可证、总平面图以及临时施工用水、用电、出入口、排水设计等方案后，到当地水务局、供电局、市政局等部门申请建设工程临时施工设施的审批。此项工作是保证工程顺利开工的前提条件，因此，房地产开发企业在取得上述报批所需的材料之后，即可以开始申请，争取早日完成，避免影响工程施工。

例1：广州市建设工程临时施工用水报批手续

（1）介入条件：

1）取得小区建设用地规划许可证及附图。

2）取得研发中心总平面图（以报入规划局为准）。

3）取得工程部、设计会签的临时施工用水方案（给水总平面图，包括永久水表的位置、口径、施工水表的位置、口径），保证施工水表与永久水表位置一致。

（2）准备资料：

1）申请报告。

2）申请表格。

3）建设用地规划许可证及附图。

4）小区总平面图、地形图（一式两份、打上建筑物的位置）。

（3）工作程序。

1）报入市自来水公司大户组临时施工用水方案。

2）约请大户组经办人勘查施工现场，并初步确定供水管的接入点。

3）取得大户组经办人供水方案。

4）取得市自来水公司供水管理部供水方案审查意见。

5）取得市自来水公司领导供水方案审查意见。

6）取得市自来水公司临时施工供水协议。

7）与市自来水公司设计室设计人员勘查现场，确定供水管的具体接入点。

8）取得施工图。向大户组申请先行施工。施工图交招标中心发包，发包合同要求施工单位办理装表和开挖许可证。

9）设计室报入市规划局综合处施工图设计审查案。

10）综合处将施工图设计审查案转到市政处。

11）约请市规划局市政处人员勘查施工现场。

12）取得市政处施工图审查意见。

13）取得市规划局市政处主管领导的审核意见。

14）市自来水公司取得市规划局核发的该管线工程报建审核书和市政管线工程验收勘测费预收款缴费通知。

15) 到市规划院缴交验收勘测费预收款。

16) 市自来水公司设计室取得该管线工程建设工程规划许可证。

17) 缴交设计费。

18) 施工单位取得施工图并提供道路开挖方案。

19) 取得给水工程道路开挖许可证。

20) 施工单位完成管道安装后，向区供水管理所申请安装临时施工用水表。

21) 区供水管理所在管道工程竣工验收合格后，安装施工水表。

(4) 流程（图4-16）。

(5) 成果交接：

1) 供水协议（原件）存入公司档案室。

2) 供水协议（复印件）转交预决算部进行施工招标。

例2：广州市建设工程临时施工用电报批手续

(1) 介入条件：

1) 取得小区建设用地规划许可证及附图。

2) 取得总工室总平面图（以报入规划局为准）。

3) 取得工程部临时施工用电方案（变压器容量和安装位置）。

(2) 准备资料：

1) 申请报告。

2) 申请表格。

3) 建设用地规划许可证及附图。

4) 小区总平面图。

(3) 工作程序：

1) 报入区供电局临时施工用电方案。

2) 约请区供电局营业部与生技部人员勘查施工现场，并取得供电出线点初步方案。

3) 取得营业部供电初步方案的审查意见。

4) 取得生技部供电负荷初步方案审核意见。

5) 取得区供电局领导供电初步方案审核意见。

6) 约请市供电局用电处人员勘查施工现场。

7) 取得用电处供电方案审查意见。

8) 取得市供电局施工用电供用电方案协议（空白件），公司先行签章。

9) 取得市供电局供用电方案协议（正式件）。

(4) 流程（图4-17）

(5) 成果交接：

1) 供用电方案协议（原件）存入公司档案室。

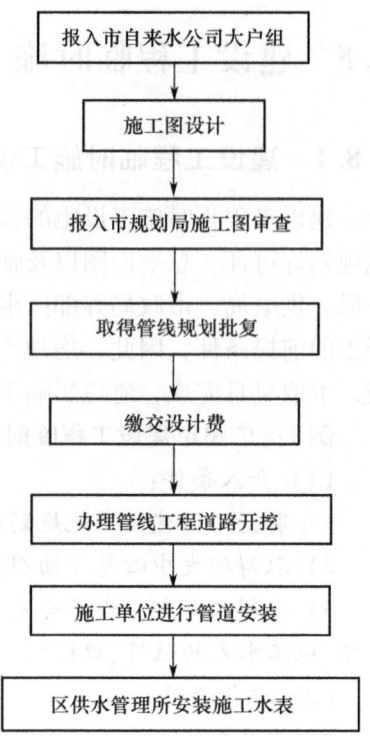

图4-16 广州市建设工程临时施工用水报批流程

2) 供用电方案协议(复印件)转交预决算部进行施工招标。

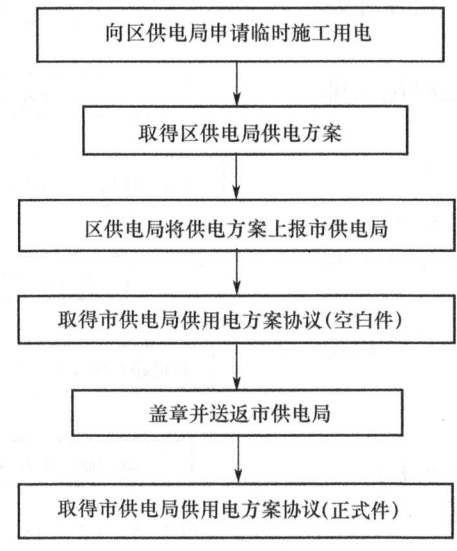

图 4-17　广州市建设工程临时施工
用电报批流程

例 3：广州市建设工程开设临时施工出入口报批手续

（1）介入条件：

1) 取得建设用地规划许可证及附图。

2) 取得总工室总平面图(以报入规划局为准)。

3) 取得工程部临时施工出入口的设计方案。

（2）准备资料：

1) 申请函。

2) 开挖道路申请表。

3) 建设用地规划许可证及附图。

4) 小区总平面图。

（3）工作程序：

1) 报入市政园林局(区建设局)道路开挖申请，取得受理编号。

2) 与区交警大队经办人勘查现场。

3) 取得区交警大队道路开挖审批意见，将开挖方案报入市交警支队。

4) 与市交警支队勤务处、市政园林局市政管理处(区建设局市政科)经办人勘查现场。

5) 取得市交警支队道路开挖方案审批意见。

6) 取得市政园林局(区建设局)市政道路开挖修复费(预收款)和占道费缴费通知。

7) 缴纳修复费(预收款)和占道费，取得施工出入口道路开挖许可证。

8) 工程完工后，向市政园林局(区建设局)报验收，并对现场的道路开挖进行现场实测，核算道路修复费，多退少补。

(4)流程(图4-18)。

(5)成果交接：道路开挖许可证（原件）转交工程部组织施工。

例4：广州市建设工程临时施工排水报批手续

(1)介入条件：

1)取得修建性详细规划及附图。

2)取得总工室总平面图（以报入规划局为准）。

3)取得工程部临时施工排水的设计方案。

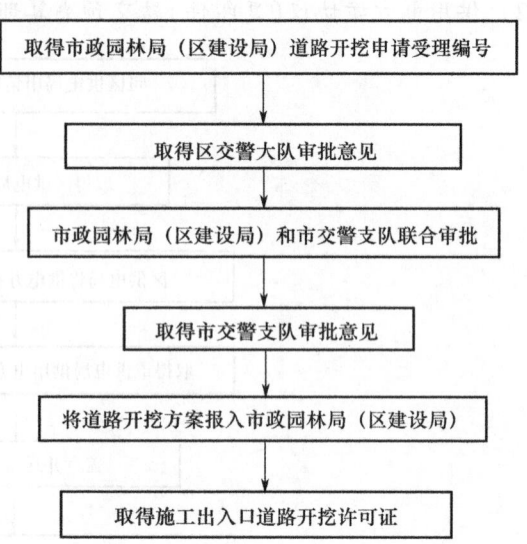

图4-18 广州市建设工程开设临时施工出入口报批流程

(2)准备资料：

1)临时城市排水许可证申请表。

2)临时接驳设施方案图。

3)施工单位的资质证明文件。

4)周边地下综合管线资料。

5)城市规划部门审核同意文件。

6)授权委托书，申请人身份证明。

(3)工作程序：

1)报入市政园林局。

2)与市政园林局排水处经办人勘查现场。

3)取得市政园林局排水处审批意见。

4)取得临时排水许可证。

(4)成果交接：临时排水许可证（原件）转交工程部组织施工。

4.8.2 建设工程临时施工设施报批的注意要点

房地产开发企业在进行建设工程临时施工设施报批时，需要注意以下几个要点：

(1)施工临水临电的报批必须确保在项目计划开工节点时间之前完成，临水临电方案以接入点越近越好，并能满足施工现场需求。对于当地所要求的相关规费应协调减免。

(2)临时施工用水水表应尽可能与永久用水水表相一致，包括位置、口径等，避免重复施工增加开发成本。

(3)根据临时施工用电方案，协调变压器的容量和安装位置的实施方案，减少资金的投入，降低开发成本。

(4)根据现场情况和周边发展规划与科技发展中心确定最佳的临时施工出入口方案，为施工现场创造最佳的施工通道。

临时占用城市道路（或挖掘城市道路）申请表范本见表4-15。

表 4-15 临时占用城市道路（或挖掘城市道路）申请表范本

申请单位：_____（盖章）
联系人：_____
联系电话：_____
申请日期：_____

申请单位情况	单位名称			
	地址		邮政编码	
	营业执照注册号		法定代表人	
	资质等级		资质证号	
申请事项	工程名称			
	工程批准部门			
	设计单位			
	挖掘地点			
	挖掘面积	长　　m×宽　　m＝　　m²		
	挖掘期限	自　年　月　日至　年　月　日		
	工程施工方案			
申请事由	（盖章）　年　月　日			
有关部门的意见	盖章(签名)　年　月　日		盖章(签名)　年　月　日	
区市政部门审查意见	盖章(签名)　年　月　日			
城管局审批意见	承办人审查意见	（签名）　年　月　日	市政科审核意见	（盖章）　年　月　日
	局长审批意见	（盖章）　年　月　日		

4.9　建设工程永久设施的报批

4.9.1　建设工程永久设施报批手续的办理

建设工程永久设施报批是指房地产开发企业为了保障工程施工，在取得建设工程规划许可证以及永久用水、用电、出入口、排水、用气等的方案之后，到水务局、供电局、市政局、煤气公司等部门申请建设工程永久设施的审批。审批通过的，可以取得各部门发放的许可证或批复文件，依据这些文件，可以组织各设施的施工。

例1：广州市建设工程永久用水报批手续

（1）介入条件：取得建设工程规划许可证。

（2）准备资料：

1）申请报告及申请表格。
2）供用水合同两份。
3）报装登记表（每类水表一张登记表）、用户申请用水登记审查表。
4）小区修建性详细规划的批复及附图、首期工程建设工程规划许可证及附件。
5）用水所在地地形图（一式两份，打上建筑物轮廓和水表位置）、室内给水设计图两套。

（3）工作程序：

1）报入市自来水公司大户组小区永久供水方案。
2）约请大户组经办人勘查施工现场，并初步确定供水管的接入点。
3）取得市自来水公司供水管理部供水方案审查意见。
4）取得市自来水公司领导供水方案审查意见。
5）取得市自来水公司小区永久供水供水协议及经办人管线基本走向图。
6）与市自来水公司设计所设计人员勘查现场，确定供水管的具体接入点。
7）市自来水公司设计所设计完成施工图设计。
8）市自来水公司设计所报入市规划局综合处施工图设计审查案。
9）约请市规划局市政处人员勘查施工现场。
10）取得市政处施工图审查意见。
11）取得市规划局市政处主管领导的审核意见。
12）市自来水公司取得市规划局核发的该管线工程报建审核书和市政管线工程验收勘测费预收款缴费通知。
13）到市规划院缴交验收勘测费预收款后，市自来水公司设计室取得该管线工程建设工程规划许可证。
14）缴交设计费后，管道施工单位取得施工图并提供道路开挖方案（最好在合同中约定由施工单位办理）。
15）取得给水工程道路开挖许可证。
16）管道施工单位完成管道安装后，向市政园林局供水管理处申请进行楼宇室内给水设施、管材及二次供水的验收。
17）取得市政园林局管理处二次供水检验合格证明后，区供水管理所对管道工程进行竣工验收。
18）竣工验收合格后，区供水管理所安装小区永久供水表。
19）市自来水公司供水管理部大户组在装表后，出具小区安装永久供水表证明。

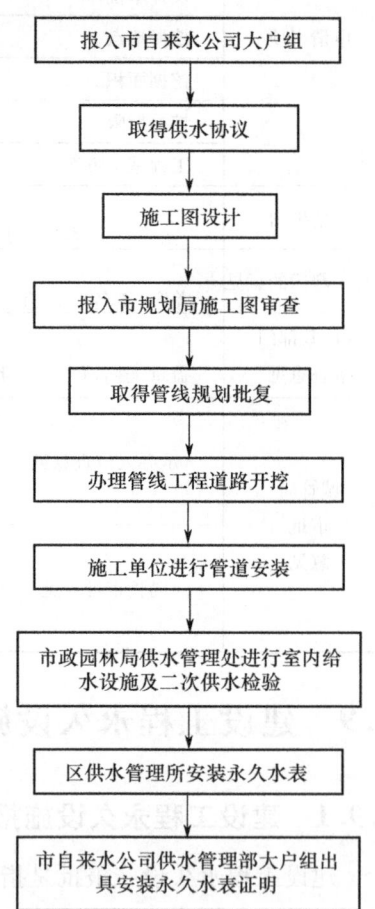

图4-19　广州市建设工程永久用水报批流程

（4）流程（图4-19）。

（5）成果交接：

1）供水协议（原件）存入公司档案室。

2) 供水协议(复印件)转交预决算部进行施工招标。

3) 道路开挖许可证(原件)转交管道施工单位进行施工。

4) 小区安装永久供水表证明(原件)存入公司档案室。

例2：广州市建设工程永久用电报批手续

(1) 介入条件：取得建设工程规划许可证。

(2) 准备资料：

1) 申请报告。

2) 申请表格(客户用电报装表一份、负荷分布明细表)。

3) 建设用地规划许可证及附图。

4) 小区修建性详细规划的批复及附图。

5) 建设工程规划许可证及附件。

(3) 工作程序：

1) 报入区供电局永久用电方案。

2) 约请区供电局营业部与生技部人员勘查施工现场，并取得供电出线点初步方案。

3) 取得生技部出线点方案。

4) 取得营业部供电方式、负荷初步方案。

5) 取得生技部初步方案审核意见。

6) 取得区供电局领导初步方案审核意见。

7) 区供电局把初步方案转到市供电局用电处。

8) 约请市供电局用电处人员勘查施工现场。

9) 取得用电处供电方案审查意见。

10) 取得市供电局永久用电供用电方案协议(空白件)。

11) 签署供用电方案协议并将其连同公司法人代表证明书一起送返市供电局。

12) 市供电局用电处处长签署供用电方案协议。

13) 取得市供电局供用电方案协议(正式件)。

(4) 流程(图4-20)。

(5) 成果交接：

1) 供用电方案协议(原件)存入公司档案室。

2) 供用电方案协议(复印件)转交预决算部进行施工招标。

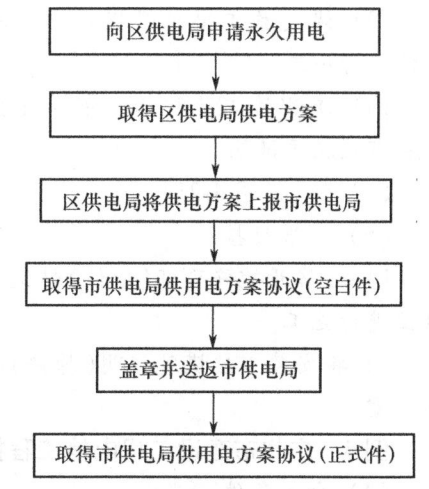

图4-20 广州市建设工程永久用电报批流程

例3：广州市建设工程永久用气报批手续

(1) 介入条件：预决算部确定煤气工程设计、施工单位。

(2) 准备资料：

1) 小区修建性详细规划的批复及附图。

2) 小区管线平衡批复及附图。

3) 建设用地规划许可证及附图。

4) 建设工程规划许可证及附件。

(3) 工作程序：

1) 备齐资料并送交设计单位。

2) 煤气设计室完成室外管道施工图设计。

3) 设计室报入市规划局综合处施工图设计审查案。

4) 约请市规划局市政处人员勘查施工现场。

5) 取得市政处施工图审查意见。

6) 取得市规划局市政处主管领导的审核意见。

7) 市煤气公司取得市规划局核发的该管线工程报建审核书和市政管线工程验收勘测费预收款缴费通知。

8) 到市规划院缴交验收勘测费预收款后，市煤气公司设计室取得该管线工程建设工程规划许可证。

9) 管道施工单位取得施工图并提供道路开挖方案。

10) 取得给水工程道路开挖许可证。

11) 煤气公司设计室完成室内煤气管道安装施工图。

12) 煤气施工单位根据室内、外施工图设计进行施工。

13) 工程竣工验收后，市煤气公司出具安装市政煤气证明。

(4) 流程（图4-21）。

(5) 成果交接：

1) 道路开挖许可证（原件）转交煤气施工单位进行施工。

2) 将安装市政煤气证明（原件）存入公司档案室。

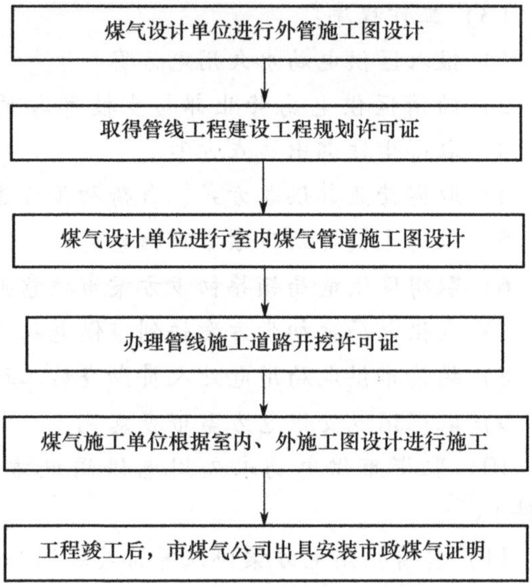

图4-21 广州市建设工程永久用气报批流程

例4：广州市建设工程电信工程报批手续

(1) 介入条件：

1) 取得小区详细规划批复及综合管线平衡图。

2) 签订电信综合业务协议书（要求配合工程及提交验收证明）。

(2) 准备资料：

1) 申请函。

2) 小区管线平衡批复及附图。

3) 建设用地规划许可证及附图、建设工程规划许可证及所附各层平面图。

4) 小区总平面图（电子文件）、1∶500地形图（一式三份）。

(3) 工作程序：

1) 向区电信分局提交报装申请。

2) 与区电信分局经办人员、市电信设计所设计人员勘查现场。

3) 市电信设计所完成小区电信管线工程的总体规划设计。

4) 报入市规划局市政处进行方案审查。

5) 取得市规划局市政处电信工程总体规划方案批复。

6) 市电信设计所完成单体电信工程施工方案的设计。

7) 电信施工队伍进场施工。

8) 电信工程竣工后,市电信局出具电信工程合格证明。

(4) 流程(图4-22)。

(5) 成果交接:将电信工程合格证明(原件)存入公司档案室。

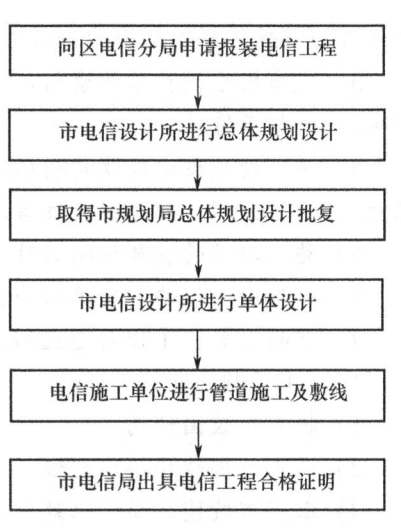

图4-22 广州市建设工程电信工程报批流程

例5:广州市建设工程管线、市政绿化带、路灯、公交车站等迁移工程的协调报批手续

(1) 介入条件:项目动工前,由工程部牵头召开由总工室、预决算部、开发部共同参加的现场协调会,并进行现场勘查;工程部明确小区红线内影响施工的管线,并进行小区临时施工出入口和永久出入口的现场放线;总工室就各项迁移工程提出设计方案;各部门根据施工进度制订迁移工程工作时间表。

(2) 准备资料:

1) 申请函。

2) 建设用地规划许可证及附图。

3) 小区总平面图。

4) 迁移方案示意图。

(3) 工作程序:

1) 各个迁移工程的主管单位勘查现场。

2) 根据迁移工程的具体情况和其主管单位的要求办理相关的手续。

3) 取得迁移工程施工预算并协调签订施工合同。

例6:广州市城市公共排水设施接驳核准手续

(1) 介入条件:

1) 城市排水设施通过验收(除接驳管外,包括水质检测井等内部排水设施已按照批准的《城市排水设施设计审批书》和附图实施完成)。

2) 按规定设置的污水处理设施通过验收。

3) 已在排放口设置专用水质检测井。

4) 城市公共设施管理单位审核同意。

(2) 准备资料:

1) 接驳城市公共排水设施申请表(一式两份)。

2) 接驳设施设计图(指接驳城市公共排水设施的设计图,从水质检测井至接驳井,接驳井通常为市政排水管网中的检查井或沉砂井)。

3) 城市排水设施验收资料(指竣工图、隐蔽工程验收记录和验收报告等,由建设单位盖章确认,一式两份)。

4) 污水处理设施验收资料(指沉淀池、隔油池等内部处理设施的竣工图、隐蔽工程验收记录和验收报告等,由建设单位盖章确认)。

5) 施工单位的资质证明文件。

6) 城市公共设施管理单位审核意见书(指城市排水设施设计审批书及附图等)。

7) 证明资料:①授权委托书;②申请人身份证明。

(3) 工作程序:

1) 报入市政园林局。

2) 与市政园林局排水处经办人勘查现场。

3) 取得市政园林局排水处审批意见。

4) 取得接驳市政排水管网许可证。

(4) 成果交接:接驳市政排水管网许可证(原件)存公司档案中心,复印件交招标中心进行招标。

例7:广州市建设工程永久出入口报批(含城市道路挖掘的报批)手续

(1) 介入条件:取得小区道路建设工程规划许可证。

(2) 准备资料:

1) 申请函。

2) 开挖道路申请表。

3) 建设用地规划许可证及附图。

4) 小区总平面图。

5) 小区道路建设工程规划许可证、报建审核书及附图。

6) 办理其他方面城市道路挖掘的报批还需要以下资料:

① 新建、扩建、改建管线及其他设施的,应提供市城市规划局核发的建设工程规划许可证及道路、管、线审核意见书及附图。

② 施工单位资质证明文件。

③ 施工组织方案(施工现场总平面布置图、临时设施搭建情况说明表、施工现场文明施工围蔽设施的搭设计划、施工进度计划、施工现场使用的施工机械设备列表、施工污水排放方式)。

④ 挖掘主、次干道车行道超过100m、人行道300m以上的,还需提供交通组织方案。

⑤ 市政园林局对挖掘工程的相关批复文件。

(3) 工作程序:

1) 取得市政园林局(区建设局)道路开挖申请受理编号。

2) 区交警大队经办人勘查现场。

3) 取得区交警大队道路开挖审批意见。

4) 将开挖方案报入市交警支队。

5) 市交警支队勤务处经办人勘查现场。

6) 市政园林局道路设施管理处（区建设局市政科）经办人勘查现场。

7) 市政园林局道路设施管理处（区建设局市政科）和市交警支队勤务处对道路开挖案进行联合审批。

8) 取得市交警支队道路开挖方案审批意见。

9) 将开挖方案报入市政园林局（区建设局）。

10) 取得市政道路开挖修复费（预收款）和占道费缴费通知。

11) 缴纳修复费（预收款）和占道费后取得永久出入口开挖道路许可证。

12) 工程完工后，向市政园林局（区建设局）报验收，并对现场的道路开挖进行现场实测，核算道路修复费，多退少补。

（4）流程（图4-23）。

（5）成果交接：道路开挖许可证（原件）转交工程部组织施工。

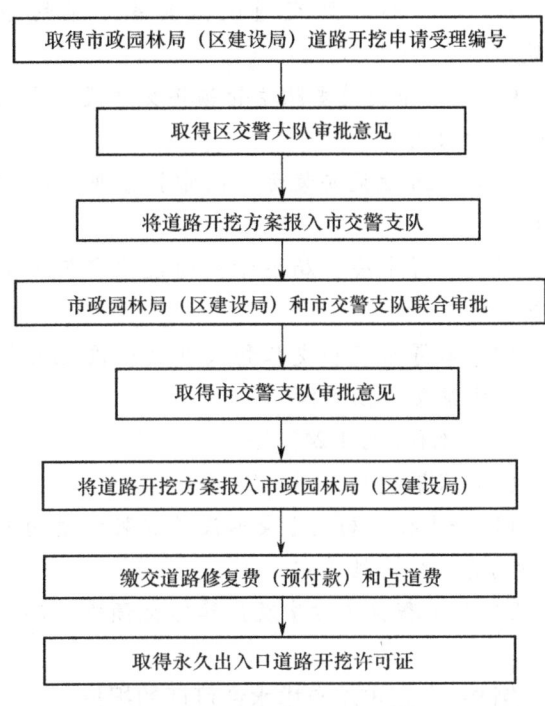

图4-23 广州市建设工程永久出入口报批（含城市道路挖掘的报批）流程

例8：广州市建设工程交通设施报批手续

（1）介入条件：

1) 取得小区道路建设工程规划许可证。

2) 取得科技发展中心小区永久出入口交通布局方案。

（2）准备资料：

1) 申请函。

2) 建设用地规划许可证及附图。

3) 小区总平面图。

4) 小区道路建设工程规划许可证、报建审核书及附图。

5) 小区永久出入口交通布局方案。

（3）工作程序：

1) 报入区交警大队交通设施安装方案。

2) 区交警大队人员勘查现场。

3) 取得区交警大队交通设施安装方案的审批意见。

4) 报入市交警支队交通设施安装方案。

5) 市交警支队勤务处经办人员勘查现场。

6) 取得勤务处交通设施安装方案的审批意见。

7) 市交警支队科技处经办人员勘查现场。

8) 取得科技处交通设施安装方案的审批意见。

9) 取得市交警支队主管领导交通设施安装方案的审批意见。

10) 交通设施安装方案的审批意见上报市公安局。

11) 取得市公安局关于交通设施安装方案的批复。

12) 取得市交警支队科技处交通设施安装工程施工方案及工程预算。

(4) 流程(图4-24)。

(5) 成果交接：

1) 将市公安局关于交通设施安装方案的批复(原件)存入公司档案室。

2) 将工程施工方案及预算转交预决算部进行对数。

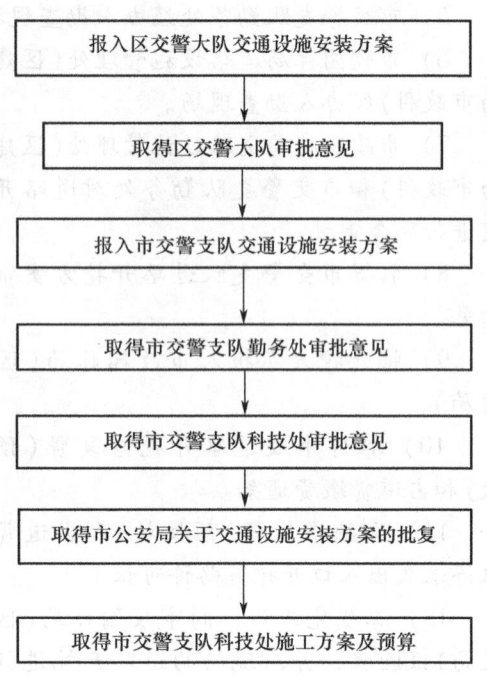

图4-24 广州市建设工程交通设施报批流程

例9：广州市城市排水许可证的报批

(1) 介入条件：

1) 符合城市公共排水设施接驳条件，接驳设施通过验收。

2) 向城市公共排水设施排放的污水符合国家和地方的排放标准。

(2) 准备资料：

1) 城市排水许可证申请表(一式三份)。

2) 同意接驳的证明文件和接驳设施验收资料(验收资料指竣工图、隐蔽工程验收记录和验收报告等,由申请单位盖章确认)(一式两份)。

3) 排放污水的水质、水量、水温和水压资料。

4) 城市排水许可信息登记表(验收)(一式三份)；

5) 证明资料：①授权委托书；②申请人身份证明。

(3) 工作程序：

1) 报入市排水检测站。

2) 组织市政园林局排水处和排水站看现场(需工程部配合)。

3) 取得排水站盖章的城市排水许可申请表交市政园林局排水处。

4) 取得市政园林局排水处城市排水许可证。

(4) 成果交接：城市排水许可证(原件)存公司档案中心。

4.9.2 建设工程永久设施报批的注意要点

房地产开发企业在进行建设工程永久设施的报批时，需要注意以下几个要点：

(1) 永久供水工程的报批。

1) 为控制成本，在总工室计算小区总水量之后，在申报永久性供水协议时，在满足小区总用水量的前提下，供水方案以供水管径最小、供水线路最短为原则。

2）对远离市区、周边无市政设施的项目，小区永久供水方案的报批应提早策划、报批，要充分考虑供水线路的优化与实施可能存在的问题，提前做好应对措施。

（2）小区永久用电工程的报批。

1）为降低成本，开发部应该会同总工室与当地供电局加强沟通，事前充分了解其政策规定，如每户用电量的计算标准，电房设置的原则，变压器配备的原则，按用电标准计算出来的小区总用电量是否计算同期率等。以求最终审批的供电方案最有利于公司降低成本。

2）要了解项目周边的供电规划，周边有无已建、在建和拟建的变电站，最近的接驳点在何处，在不同的线路方案中选择最短又可行的供电线路方案。

3）要充分考虑永久用电方案报批及施工的复杂性，提早谋划，越早取得供电协议越好，以便为工程施工预留足够的时间。

（3）小区通信工程的报批。

签订小区电信综合业务协议书，小区电信机房属于有偿提供电信部门使用，由销售部与电信局签订售房协议。

（4）小区永久性供气工程的报批。

在详规报批阶段就要了解项目周边有无市政煤气管道，小区是否要自建煤气瓶站。通过与供气公司的谈判降低成本。

附录 4.1 房屋建筑和市政基础设施工程施工图设计文件审查管理办法（2013 年版）

房屋建筑和市政基础设施工程施工图设计文件审查管理办法

（住房和城乡建设部令第 13 号，自 2013 年 8 月 1 日起施行）

第一条 为了加强对房屋建筑工程、市政基础设施工程施工图设计文件审查的管理，提高工程勘察设计质量，根据《建设工程质量管理条例》《建设工程勘察设计管理条例》等行政法规，制定本办法。

第二条 在中华人民共和国境内从事房屋建筑工程、市政基础设施工程施工图设计文件审查和实施监督管理的，应当遵守本办法。

第三条 国家实施施工图设计文件（含勘察文件，以下简称施工图）审查制度。

本办法所称施工图审查，是指施工图审查机构（以下简称审查机构）按照有关法律、法规，对施工图涉及公共利益、公众安全和工程建设强制性标准的内容进行的审查。施工图审查应当坚持先勘察、后设计的原则。

施工图未经审查合格的，不得使用。从事房屋建筑工程、市政基础设施工程施工、监理等活动，以及实施对房屋建筑和市政基础设施工程质量安全监督管理，应当以审查合格的施工图为依据。

第四条 国务院住房城乡建设主管部门负责对全国的施工图审查工作实施指导、监督。

县级以上地方人民政府住房城乡建设主管部门负责对本行政区域内的施工图审查工作实施监督管理。

第五条 省、自治区、直辖市人民政府住房城乡建设主管部门应当按照本办法规定的审查机构条件，结合本行政区域内的建设规模，确定相应数量的审查机构。具体办法由国务院住房城乡建设主管部门另行规定。

审查机构是专门从事施工图审查业务，不以营利为目的的独立法人。

省、自治区、直辖市人民政府住房城乡建设主管部门应当将审查机构名录报国务院住房城乡建设主管部门备案，并向社会公布。

第六条 审查机构按承接业务范围分两类，一类机构承接房屋建筑、市政基础设施工程施工图审查业务范围不受限制；二类机构可以承接中型及以下房屋建筑、市政基础设施工程的施工图审查。

房屋建筑、市政基础设施工程的规模划分，按照国务院住房城乡建设主管部门的有关规定执行。

第七条 一类审查机构应当具备下列条件：

（一）有健全的技术管理和质量保证体系。

（二）审查人员应当有良好的职业道德；有15年以上所需专业勘察、设计工作经历；主持过不少于5项大型房屋建筑工程、市政基础设施工程相应专业的设计或者甲级工程勘察项目相应专业的勘察；已实行执业注册制度的专业，审查人员应当具有一级注册建筑师、一级注册结构工程师或者勘察设计注册工程师资格，并在本审查机构注册；未实行执业注册制度的专业，审查人员应当具有高级工程师职称；近5年内未因违反工程建设法律法规和强制性标准受到行政处罚。

（三）在本审查机构专职工作的审查人员数量：从事房屋建筑工程施工图审查的，结构专业审查人员不少于7人，建筑专业不少于3人，电气、暖通、给水排水、勘察等专业审查人员各不少于2人；从事市政基础设施工程施工图审查的，所需专业的审查人员不少于7人，其他必须配套的专业审查人员各不少于2人；专门从事勘察文件审查的，勘察专业审查人员不少于7人。

承担超限高层建筑工程施工图审查的，还应当具有主持过超限高层建筑工程或者100m以上建筑工程结构专业设计的审查人员不少于3人。

（四）60岁以上审查人员不超过该专业审查人员规定数的1/2。

（五）注册资金不少于300万元。

第八条 二类审查机构应当具备下列条件：

（一）有健全的技术管理和质量保证体系。

（二）审查人员应当有良好的职业道德；有10年以上所需专业勘察、设计工作经历；主持过不少于5项中型以上房屋建筑工程、市政基础设施工程相应专业的设计或者乙级以上工程勘察项目相应专业的勘察；已实行执业注册制度的专业，审查人员应当具有一级注册建筑师、一级注册结构工程师或者勘察设计注册工程师资格，并在本审查机构注册；未实行执业注册制度的专业，审查人员应当具有高级工程师职称；近5年内未因违反工程建设法律法规和强制性标准受到行政处罚。

(三) 在本审查机构专职工作的审查人员数量：从事房屋建筑工程施工图审查的，结构专业审查人员不少于3人，建筑、电气、暖通、给水排水、勘察等专业审查人员各不少于2人；从事市政基础设施工程施工图审查的，所需专业的审查人员不少于4人，其他必须配套的专业审查人员各不少于2人；专门从事勘察文件审查的，勘察专业审查人员不少于4人。

(四) 60岁以上审查人员不超过该专业审查人员规定数的1/2。

(五) 注册资金不少于100万元。

第九条 建设单位应当将施工图送审查机构审查，但审查机构不得与所审查项目的建设单位、勘察设计企业有隶属关系或者其他利害关系。送审管理的具体办法由省、自治区、直辖市人民政府住房城乡建设主管部门按照"公开、公平、公正"的原则规定。

建设单位不得明示或者暗示审查机构违反法律法规和工程建设强制性标准进行施工图审查，不得压缩合理审查周期、压低合理审查费用。

第十条 建设单位应当向审查机构提供下列资料并对所提供资料的真实性负责：

(一) 作为勘察、设计依据的政府有关部门的批准文件及附件。

(二) 全套施工图。

(三) 其他应当提交的材料。

第十一条 审查机构应当对施工图审查下列内容：

(一) 是否符合工程建设强制性标准。

(二) 地基基础和主体结构的安全性。

(三) 是否符合民用建筑节能强制性标准，对执行绿色建筑标准的项目，还应当审查是否符合绿色建筑标准。

(四) 勘察设计企业和注册执业人员以及相关人员是否按规定在施工图上加盖相应的图章和签字。

(五) 法律、法规、规章规定必须审查的其他内容。

第十二条 施工图审查原则上不超过下列时限：

(一) 大型房屋建筑工程、市政基础设施工程为15个工作日，中型及以下房屋建筑工程、市政基础设施工程为10个工作日。

(二) 工程勘察文件，甲级项目为7个工作日，乙级及以下项目为5个工作日。

以上时限不包括施工图修改时间和审查机构的复审时间。

第十三条 审查机构对施工图进行审查后，应当根据下列情况分别做出处理：

(一) 审查合格的，审查机构应当向建设单位出具审查合格书，并在全套施工图上加盖审查专用章。审查合格书应当有各专业的审查人员签字，经法定代表人签发，并加盖审查机构公章。审查机构应当在出具审查合格书后5个工作日内，将审查情况报工程所在地县级以上地方人民政府住房城乡建设主管部门备案。

(二) 审查不合格的，审查机构应当将施工图退建设单位并出具审查意见告知书，说明不合格原因。同时，应当将审查意见告知书及审查中发现的建设单位、勘察设计企业和注册执业人员违反法律、法规和工程建设强制性标准的问题，报工程所在地县级以上地方人民政府住房城乡建设主管部门。

施工图退建设单位后，建设单位应当要求原勘察设计企业进行修改，并将修改后的施工图送原审查机构复审。

第十四条　任何单位或者个人不得擅自修改审查合格的施工图；确需修改的，凡涉及本办法第十一条规定内容的，建设单位应当将修改后的施工图送原审查机构审查。

第十五条　勘察设计企业应当依法进行建设工程勘察、设计，严格执行工程建设强制性标准，并对建设工程勘察、设计的质量负责。

审查机构对施工图审查工作负责，承担审查责任。施工图经审查合格后，仍有违反法律、法规和工程建设强制性标准的问题，给建设单位造成损失的，审查机构依法承担相应的赔偿责任。

第十六条　审查机构应当建立、健全内部管理制度。施工图审查应当有经各专业审查人员签字的审查记录。审查记录、审查合格书、审查意见告知书等有关资料应当归档保存。

第十七条　已实行执业注册制度的专业，审查人员应当按规定参加执业注册继续教育。

未实行执业注册制度的专业，审查人员应当参加省、自治区、直辖市人民政府住房城乡建设主管部门组织的有关法律、法规和技术标准的培训，每年培训时间不少于40学时。

第十八条　按规定应当进行审查的施工图，未经审查合格的，住房城乡建设主管部门不得颁发施工许可证。

第十九条　县级以上人民政府住房城乡建设主管部门应当加强对审查机构的监督检查，主要检查下列内容：

（一）是否符合规定的条件。

（二）是否超出范围从事施工图审查。

（三）是否使用不符合条件的审查人员。

（四）是否按规定的内容进行审查。

（五）是否按规定上报审查过程中发现的违法违规行为。

（六）是否按规定填写审查意见告知书。

（七）是否按规定在审查合格书和施工图上签字盖章。

（八）是否建立健全审查机构内部管理制度。

（九）审查人员是否按规定参加继续教育。

县级以上人民政府住房城乡建设主管部门实施监督检查时，有权要求被检查的审查机构提供有关施工图审查的文件和资料，并将监督检查结果向社会公布。

第二十条　审查机构应当向县级以上地方人民政府住房城乡建设主管部门报审查情况统计信息。

县级以上地方人民政府住房城乡建设主管部门应当定期对施工图审查情况进行统计，并将统计信息报上级住房城乡建设主管部门。

第二十一条　县级以上人民政府住房城乡建设主管部门应当及时受理对施工图审查工作中违法、违规行为的检举、控告和投诉。

第二十二条　县级以上人民政府住房城乡建设主管部门对审查机构报告的建设单位、勘察设计企业、注册执业人员的违法违规行为，应当依法进行查处。

第二十三条 审查机构列入名录后不再符合规定条件的,省、自治区、直辖市人民政府住房城乡建设主管部门应当责令其限期改正;逾期不改的,不再将其列入审查机构名录。

第二十四条 审查机构违反本办法规定,有下列行为之一的,由县级以上地方人民政府住房城乡建设主管部门责令改正,处 3 万元罚款,并记入信用档案;情节严重的,省、自治区、直辖市人民政府住房城乡建设主管部门不再将其列入审查机构名录:

(一) 超出范围从事施工图审查的。
(二) 使用不符合条件审查人员的。
(三) 未按规定的内容进行审查的。
(四) 未按规定上报审查过程中发现的违法违规行为的。
(五) 未按规定填写审查意见告知书的。
(六) 未按规定在审查合格书和施工图上签字盖章的。
(七) 已出具审查合格书的施工图,仍有违反法律、法规和工程建设强制性标准的。

第二十五条 审查机构出具虚假审查合格书的,审查合格书无效,县级以上地方人民政府住房城乡建设主管部门处 3 万元的罚款,省、自治区、直辖市人民政府住房城乡建设主管部门不再将其列入审查机构名录。

审查人员在虚假审查合格书上签字的,终身不得再担任审查人员;对于已实行执业注册制度的专业的审查人员,还应当依照《建设工程质量管理条例》第七十二条、《建设工程安全生产管理条例》第五十八条规定予以处罚。

第二十六条 建设单位违反本办法规定,有下列行为之一的,由县级以上地方人民政府住房城乡建设主管部门责令改正,处 3 万元的罚款;情节严重的,予以通报:

(一) 压缩合理审查周期的。
(二) 提供不真实送审资料的。
(三) 对审查机构提出不符合法律、法规和工程建设强制性标准要求的。

建设单位为房地产开发企业的,还应当依照房《地产开发企业资质管理规定》进行处理。

第二十七条 依照本办法规定,给予审查机构罚款处罚的,对机构的法定代表人和其他直接责任人员处机构罚款数额 5% 以上 10% 以下的罚款,并记入信用档案。

第二十八条 省、自治区、直辖市人民政府住房城乡建设主管部门未按照本办法规定确定审查机构的,国务院住房城乡建设主管部门责令改正。

第二十九条 国家机关工作人员在施工图审查监督管理工作中玩忽职守、滥用职权、徇私舞弊,构成犯罪的,依法追究刑事责任;尚不构成犯罪的,依法给予行政处分。

第三十条 省、自治区、直辖市人民政府住房城乡建设主管部门可以根据本办法,制定实施细则。

第三十一条 本办法自 2013 年 8 月 1 日起施行。原建设部 2004 年 8 月 23 日发布的《房屋建筑和市政基础设施工程施工图设计文件审查管理办法》(建设部令第 134 号)同时废止。

附录4.2　工程建设项目报建管理办法(1994年版)

工程建设项目报建管理办法

(建设部建字第482号,自1994年8月13日起施行)

第一条　为有效掌握建设规模,规范工程建设实施阶段程序管理,统一工程项目报建的有关规定,达到加强建筑市场管理的目的,根据国家有关法规,制定本办法。

第二条　工程建设项目是指各类房屋建筑、土木工程设备安装、管道线路敷设、装饰装修等固定资产投资的新建、扩建、改建以及技改等建设项目,通称为工程建设项目。凡在我国境内投资兴建的工程建设项目,都必须实行报建制度,接受当地建设行政主管部门或其授权机构的监督管理。

第三条　工程建设项目由建设单位或其代理机构在工程项目可行性研究报告或其他立项文件被批准后,须向当地建设行政主管部门或其授权机构进行报建,交验工程项目立项的批准文件,包括银行出具的资信证明以及批准的建设用地等其他有关文件。

第四条　工程建设项目的报建内容主要包括:

(一)工程名称。

(二)建设地点。

(三)投资规模。

(四)资金来源。

(五)当年投资额。

(六)工程规模。

(七)开工、竣工日期。

(八)发包方式。

(九)工程筹建情况。

第五条　报建程序:

(一)建设单位到建设行政主管部门或其授权机构领取工程建设项目报建表。

(二)按报建表的内容及要求认真填写。

(三)向建设行政主管部门或其授权机构报送工程建设项目报建表,并按要求进行招标准备。

第六条　工程建设项目的投资和建设规模有变化时,建设单位应及时到建设行政主管部门或其授权机构进行补充登记。筹建负责人变更时,应重新登记。

第七条　建设行政主管部门在下列几方面对工程建设项目报建实施管理:

(一)贯彻实施《建筑市场管理规定》和有关的方针政策。

(二)管理监督工程项目的报建登记。

(三)对报建的工程建设项目进行核实、分类、汇总。

(四)向上级主管机关提供综合的工程建设项目报建情况。

(五)查处隐瞒不报违章建设的行为。

第八条 工程建设项目报建实行分级管理，分管的权限由各地自行规定。

第九条 凡未报建的工程建设项目，不得办理招标手续和发放施工许可证，设计、施工单位不得承接该项工程的设计和施工任务。

第十条 本办法适用我国境内兴建的所有工程建设项目，以及外国独资、合资、合作的工程建设项目。

第十一条 各省、自治区、直辖市可根据本办法制定实施办法或细由。

第十二条 本办法由建设部负责解释。

第十三条 本办法自发布之日起施行。

附录4.3 房屋建筑和市政基础设施工程施工招标投标管理办法（2001年版）

房屋建筑和市政基础设施工程施工招标投标管理办法

（建设部令第89号，自2001年6月1日起施行）

第一章 总则

第一条 为了规范房屋建筑和市政基础设施工程施工招标投标活动，维护招标投标当事人的合法权益，依据《中华人民共和国建筑法》《中华人民共和国招标投标法》等法律、行政法规，制定本办法。

第二条 在中华人民共和国境内从事房屋建筑和市政基础设施工程施工招标投标活动，实施对房屋建筑和市政基础设施工程施工招标投标活动的监督管理，适用本办法。

本办法所称房屋建筑工程，是指各类房屋建筑及其附属设施和与其配套的线路、管道、设备安装工程及室内外装修工程。

本办法所称市政基础设施工程，是指城市道路、公共交通、供水、排水、燃气、热力、园林、环卫、污水处理、垃圾处理、防洪、地下公共设施及附属设施的土建、管道、设备安装工程。

第三条 房屋建筑和市政基础设施工程（以下简称工程）的施工单项合同估算价在200万元人民币以上，或者项目总投资在3000万元人民币以上的，必须进行招标。

省、自治区、直辖市人民政府建设行政主管部门报经同级人民政府批准，可以根据实际情况，规定本地区必须进行工程施工招标的具体范围和规模标准，但不得缩小本办法确定的必须进行施工招标的范围。

第四条 国务院建设行政主管部门负责全国工程施工招标投标活动的监督管理。

县级以上地方人民政府建设行政主管部门负责本行政区域内工程施工招标投标活动的监督管理。具体的监督管理工作，可以委托工程招标投标监督管理机构负责实施。

第五条 任何单位和个人不得违反法律、行政法规规定，限制或者排斥本地区、本系统以外的法人或者其他组织参加投标，不得以任何方式非法干涉施工招标投标活动。

第六条 施工招标投标活动及其当事人应当依法接受监督。

建设行政主管部门依法对施工招标投标活动实施监督，查处施工招标投标活动中的违法行为。

第二章 招标

第七条 工程施工招标由招标人依法组织实施。招标人不得以不合理条件限制或者排斥潜在投标人，不得对潜在投标人实行歧视待遇，不得对潜在投标人提出与招标工程实际要求不符的过高的资质等级要求和其他要求。

第八条 工程施工招标应当具备下列条件：

（一）按照国家有关规定需要履行项目审批手续的，已经履行审批手续。

（二）工程资金或者资金来源已经落实。

（三）有满足施工招标需要的设计文件及其他技术资料。

（四）法律、法规、规章规定的其他条件。

第九条 工程施工招标分为公开招标和邀请招标。

依法必须进行施工招标的工程，全部使用国有资金投资或者国有资金投资占控股或者主导地位的，应当公开招标，但经国家计委或者省、自治区、直辖市人民政府依法批准可以进行邀请招标的重点建设项目除外；其他工程可以实行邀请招标。

第十条 工程有下列情形之一的，经县级以上地方人民政府建设行政主管部门批准，可以不进行施工招标：

（一）停建或者缓建后恢复建设的单位工程，且承包人未发生变更的。

（二）施工企业自建自用的工程，且该施工企业资质等级符合工程要求的。

（三）在建工程追加的附属小型工程或者主体加层工程，且承包人未发生变更的。

（四）法律、法规、规章规定的其他情形。

第十一条 依法必须进行施工招标的工程，招标人自行办理施工招标事宜的，应当具有编制招标文件和组织评标的能力：

（一）有专门的施工招标组织机构。

（二）有与工程规模、复杂程度相适应并具有同类工程施工招标经验、熟悉有关工程施工招标法律法规的工程技术、概预算及工程管理的专业人员。

不具备上述条件的，招标人应当委托具有相应资格的工程招标代理机构代理施工招标。

第十二条 招标人自行办理施工招标事宜的，应当在发布招标公告或者发出投标邀请书的5日前，向工程所在地县级以上地方人民政府建设行政主管部门备案，并报送下列材料：

（一）按照国家有关规定办理审批手续的各项批准文件。

（二）本办法第十一条所列条件的证明材料，包括专业技术人员的名单、职称证书或者执业资格证书及其工作经历的证明材料。

（三）法律、法规、规章规定的其他材料。

招标人不具备自行办理施工招标事宜条件的，建设行政主管部门应当自收到备案材料之日起5日内责令招标人停止自行办理施工招标事宜。

第十三条 全部使用国有资金投资或者国有资金投资占控股或者主导地位，依法必须进行施工招标的工程项目，应当进入有形建筑市场进行招标投标活动。

政府有关管理机关可以在有形建筑市场集中办理有关手续，并依法实施监督。

第十四条 依法必须进行施工公开招标的工程项目，应当在国家或者地方指定的报刊、信息网络或者其他媒介上发布招标公告，并同时在中国工程建设和建筑业信息网上发布招标公告。

招标公告应当载明招标人的名称和地址，招标工程的性质、规模、地点以及获取招标文件的办法等事项。

第十五条　招标人采用邀请招标方式的，应当向3个以上符合资质条件的施工企业发出投标邀请书。

投标邀请书应当载明本办法第十四条第二款规定的事项。

第十六条　招标人可以根据招标工程的需要，对投标申请人进行资格预审，也可以委托工程招标代理机构对投标申请人进行资格预审。实行资格预审的招标工程，招标人应当在招标公告或者投标邀请书中载明资格预审的条件和获取资格预审文件的办法。

资格预审文件一般应当包括资格预审申请书格式、申请人须知，以及需要投标申请人提供的企业资质、业绩、技术装备、财务状况和拟派出的项目经理与主要技术人员的简历、业绩等证明材料。

第十七条　经资格预审后，招标人应当向资格预审合格的投标申请人发出资格预审合格通知书，告知获取招标文件的时间、地点和方法，并同时向资格预审不合格的投标申请人告知资格预审结果。

在资格预审合格的投标申请人过多时，可以由招标人从中选择不少于7家资格预审合格的投标申请人。

第十八条　招标人应当根据招标工程的特点和需要，自行或者委托工程招标代理机构编制招标文件。招标文件应当包括下列内容：

（一）投标须知，包括工程概况，招标范围，资格审查条件，工程资金来源或者落实情况（包括银行出具的资金证明），标段划分，工期要求，质量标准，现场踏勘和答疑安排，投标文件编制、提交、修改、撤回的要求，投标报价要求，投标有效期，开标的时间和地点，评标的方法和标准等。

（二）招标工程的技术要求和设计文件。

（三）采用工程量清单招标的，应当提供工程量清单。

（四）投标函的格式及附录。

（五）拟签订合同的主要条款。

（六）要求投标人提交的其他材料。

第十九条　依法必须进行施工招标的工程，招标人应当在招标文件发出的同时，将招标文件报工程所在地的县级以上地方人民政府建设行政主管部门备案。建设行政主管部门发现招标文件有违反法律、法规内容的，应当责令招标人改正。

第二十条　招标人对已发出的招标文件进行必要的澄清或者修改的，应当在招标文件要求提交投标文件截止时间至少15日前，以书面形式通知所有招标文件收受人，并同时报工程所在地的县级以上地方人民政府建设行政主管部门备案。该澄清或者修改的内容为招标文件的组成部分。

第二十一条　招标人设有标底的，应当依据国家规定的工程量计算规则及招标文件规定的计价方法和要求编制标底，并在开标前保密。一个招标工程只能编制一个标底。

第二十二条　招标人对于发出的招标文件可以酌收工本费。其中的设计文件，招标人可以酌收押金。对于开标后将设计文件退还的，招标人应当退还押金。

第三章　投标

第二十三条　施工招标的投标人是响应施工招标、参与投标竞争的施工企业。

投标人应当具备相应的施工企业资质，并在工程业绩、技术能力、项目经理资格条件、财务状况等方面满足招标文件提出的要求。

第二十四条　投标人对招标文件有疑问需要澄清的，应当以书面形式向招标人提出。

第二十五条　投标人应当按照招标文件的要求编制投标文件，对招标文件提出的实质性要求和条件做出响应。

招标文件允许投标人提供备选标的，投标人可以按照招标文件的要求提交替代方案，并做出相应报价做备选标。

第二十六条　投标文件应当包括下列内容：

（一）投标函。

（二）施工组织设计或者施工方案。

（三）投标报价。

（四）招标文件要求提供的其他材料。

第二十七条　招标人可以在招标文件中要求投标人提交投标担保。投标担保可以采用投标保函或者投标保证金的方式。投标保证金可以使用支票、银行汇票等，一般不得超过投标总价的2%，最高不得超过50万元。

投标人应当按照招标文件要求的方式和金额，将投标保函或者投标保证金随投标文件提交招标人。

第二十八条　投标人应当在招标文件要求提交投标文件的截止时间前，将投标文件密封送达投标地点。招标人收到投标文件后，应当向投标人出具标明签收人和签收时间的凭证，并妥善保存投标文件。在开标前，任何单位和个人均不得开启投标文件。在招标文件要求提交投标文件的截止时间后送达的投标文件，为无效的投标文件，招标人应当拒收。

提交投标文件的投标人少于3个的，招标人应当依法重新招标。

第二十九条　投标人在招标文件要求提交投标文件的截止时间前，可以补充、修改或者撤回已提交的投标文件。补充、修改的内容为投标文件的组成部分，并应当按照本办法第二十八条第一款的规定送达、签收和保管。在招标文件要求提交投标文件的截止时间后送达的补充或者修改的内容无效。

第三十条　两个以上施工企业可以组成一个联合体，签订共同投标协议，以一个投标人的身份共同投标。联合体各方均应当具备承担招标工程的相应资质条件。相同专业的施工企业组成的联合体，按照资质等级低的施工企业的业务许可范围承揽工程。

招标人不得强制投标人组成联合体共同投标，不得限制投标人之间的竞争。

第三十一条　投标人不得相互串通投标，不得排挤其他投标人的公平竞争，损害招标人或者其他投标人的合法权益。

投标人不得与招标人串通投标，损害国家利益、社会公共利益或者他人的合法权益。

禁止投标人以向招标人或者评标委员会成员行贿的手段谋取中标。

第三十二条 投标人不得以低于其企业成本的报价竞标,不得以他人名义投标或者以其他方式弄虚作假,骗取中标。

第四章 开标、评标和中标

第三十三条 开标应当在招标文件确定的提交投标文件截止时间的同一时间公开进行;开标地点应当为招标文件中预先确定的地点。

第三十四条 开标由招标人主持,邀请所有投标人参加。开标应当按照下列规定进行:

由投标人或者其推选的代表检查投标文件的密封情况,也可以由招标人委托的公证机构进行检查并公证。经确认无误后,由有关工作人员当众拆封,宣读投标人名称、投标价格和投标文件的其他主要内容。

招标人在招标文件要求提交投标文件的截止时间前收到的所有投标文件,开标时都应当当众予以拆封、宣读。

开标过程应当记录,并存档备查。

第三十五条 在开标时,投标文件出现下列情形之一的,应当作为无效投标文件,不得进入评标:

(一)投标文件未按照招标文件的要求予以密封的。

(二)投标文件中的投标函未加盖投标人的企业及企业法定代表人印章的,或者企业法定代表人委托代理人没有合法、有效的委托书(原件)及委托代理人印章的。

(三)投标文件的关键内容字迹模糊、无法辨认的。

(四)投标人未按照招标文件的要求提供投标保函或者投标保证金的。

(五)组成联合体投标的,投标文件未附联合体各方共同投标协议的。

第三十六条 评标由招标人依法组建的评标委员会负责。

依法必须进行施工招标的工程,其评标委员会由招标人的代表和有关技术、经济等方面的专家组成,成员人数为5人以上单数,其中招标人、招标代理机构以外的技术、经济等方面专家不得少于成员总数的2/3。评标委员会的专家成员,应当由招标人从建设行政主管部门及其他有关政府部门确定的专家名册或者工程招标代理机构的专家库内相关专业的专家名单中确定。确定专家成员一般应当采取随机抽取的方式。

与投标人有利害关系的人不得进入相关工程的评标委员会。评标委员会成员的名单在中标结果确定前应当保密。

第三十七条 建设行政主管部门的专家名册应当拥有一定数量规模并符合法定资格条件的专家。省、自治区、直辖市人民政府建设行政主管部门可以将专家数量少的地区的专家名册予以合并或者实行专家名册计算机联网。

建设行政主管部门应当对进入专家名册的专家组织有关法律和业务培训,对其评标能力、廉洁公正等进行综合评估,及时取消不称职或者违法违规人员的评标专家资格。被取消评标专家资格的人员,不得再参加任何评标活动。

第三十八条 评标委员会应当按照招标文件确定的评标标准和方法,对投标文件进行评审和比较,并对评标结果签字确认;设有标底的,应当参考标底。

第三十九条 评标委员会可以用书面形式要求投标人对投标文件中含义不明确的内容做必要的澄清或者说明。投标人应当采用书面形式进行澄清或者说明,其澄清或者说明不得超出投标文件的范围或者改变投标文件的实质性内容。

第四十条　评标委员会经评审，认为所有投标文件都不符合招标文件要求的，可以否决所有投标。

依法必须进行施工招标工程的所有投标被否决的，招标人应当依法重新招标。

第四十一条　评标可以采用综合评估法、经评审的最低投标价法或者法律法规允许的其他评标方法。

采用综合评估法的，应当对投标文件提出的工程质量、施工工期、投标价格、施工组织设计或者施工方案、投标人及项目经理业绩等，能否最大限度地满足招标文件中规定的各项要求和评价标准进行评审和比较。以评分方式进行评估的，对于各种评比奖项不得额外计分。

采用经评审的最低投标价法的，应当在投标文件能够满足招标文件实质性要求的投标人中，评审出投标价格最低的投标人，但投标价格低于其企业成本的除外。

第四十二条　评标委员会完成评标后，应当向招标人提出书面评标报告，阐明评标委员会对各投标文件的评审和比较意见，并按照招标文件中规定的评标方法，推荐不超过 3 名有排序的合格的中标候选人。招标人根据评标委员会提出的书面评标报告和推荐的中标候选人确定中标人。

使用国有资金投资或者国家融资的工程项目，招标人应当按照中标候选人的排序确定中标人。当确定中标的中标候选人放弃中标或者因不可抗力提出不能履行合同的，招标人可以依序确定其他中标候选人为中标人。

招标人也可以授权评标委员会直接确定中标人。

第四十三条　有下列情形之一的，评标委员会可以要求投标人做出书面说明并提供相关材料：

（一）设有标底的，投标报价低于标底合理幅度的。

（二）不设标底的，投标报价明显低于其他投标报价，有可能低于其企业成本的。

经评标委员会论证，认定该投标人的报价低于其企业成本的，不能推荐为中标候选人或者中标人。

第四十四条　招标人应当在投标有效期截止时限 30 日前确定中标人。投标有效期应当在招标文件中载明。

第四十五条　依法必须进行施工招标的工程，招标人应当自确定中标人之日起 15 日内，向工程所在地的县级以上地方人民政府建设行政主管部门提交施工招标投标情况的书面报告。书面报告应当包括下列内容：

（一）施工招标投标的基本情况，包括施工招标范围、施工招标方式、资格审查、开评标过程和确定中标人的方式及理由等。

（二）相关的文件资料，包括招标公告或者投标邀请书、投标报名表、资格预审文件、招标文件、评标委员会的评标报告（设有标底的，应当附标底）、中标人的投标文件。委托工程招标代理的，还应当附工程施工招标代理委托合同。

前款第二项中已按照本办法的规定办理了备案的文件资料，不再重复提交。

第四十六条　建设行政主管部门自收到书面报告之日起 5 日内未通知招标人在招标投标

活动中有违法行为的，招标人可以向中标人发出中标通知书，并将中标结果通知所有未中标的投标人。

第四十七条　招标人和中标人应当自中标通知书发出之日起 30 日内，按照招标文件和中标人的投标文件订立书面合同；招标人和中标人不得再行订立背离合同实质性内容的其他协议。订立书面合同后 7 日内，中标人应当将合同送工程所在地的县级以上地方人民政府建设行政主管部门备案。

中标人不与招标人订立合同的，投标保证金不予退还并取消其中标资格，给招标人造成的损失超过投标保证金数额的，应当对超过部分予以赔偿；没有提交投标保证金的，应当对招标人的损失承担赔偿责任。

招标人无正当理由不与中标人签订合同，给中标人造成损失的，招标人应当给予赔偿。

第四十八条　招标文件要求中标人提交履约担保的，中标人应当提交。招标人应当同时向中标人提供工程款支付担保。

第五章　罚则

第四十九条　有违反《招标投标法》行为的，县级以上地方人民政府建设行政主管部门应当按照《招标投标法》的规定予以处罚。

第五十条　招标投标活动中有《招标投标法》规定中标无效情形的，由县级以上地方人民政府建设行政主管部门宣布中标无效，责令重新组织招标，并依法追究有关责任人责任。

第五十一条　应当招标未招标的，应当公开招标未公开招标的，县级以上地方人民政府建设行政主管部门应当责令改正，拒不改正的，不得颁发施工许可证。

第五十二条　招标人不具备自行办理施工招标事宜条件而自行招标的，县级以上地方人民政府建设行政主管部门应当责令改正，处 1 万元以下的罚款。

第五十三条　评标委员会的组成不符合法律、法规规定的，县级以上地方人民政府建设行政主管部门应当责令招标人重新组织评标委员会。招标人拒不改正的，不得颁发施工许可证。

第五十四条　招标人未向建设行政主管部门提交施工招标投标情况书面报告的，县级以上地方人民政府建设行政主管部门应当责令改正；在未提交施工招标投标情况书面报告前，建设行政主管部门不予颁发施工许可证。

第六章　附则

第五十五条　工程施工专业分包、劳务分包采用招标方式的，参照本办法执行。

第五十六条　招标文件或者投标文件使用两种以上语言文字的，必须有一种是中文；如对不同文本的解释发生异议的，以中文文本为准。用文字表示的金额与数字表示的金额不一致的，以文字表示的金额为准。

第五十七条　涉及国家安全、国家秘密、抢险救灾或者属于利用扶贫资金实行以工代赈、需要使用农民工等特殊情况，不适宜进行施工招标的工程，按照国家有关规定可以不进行施工招标。

第五十八条　使用国际组织或者外国政府贷款、援助资金的工程进行施工招标，贷款方、资金提供方对招标投标的具体条件和程序有不同规定的，可以适用其规定，但违背中华人民共和国的社会公共利益的除外。

第五十九条 本办法由国务院建设行政主管部门负责解释。

第六十条 本办法自发布之日起施行。1992年12月30日建设部颁布的《工程建设施工招标投标管理办法》(建设部令第23号)同时废止。

附录4.4 建设工程质量管理条例(2000年版)

建设工程质量管理条例

(国务院令第279号,自2000年1月30日起施行)

第一章 总则

第一条 为了加强对建设工程质量的管理,保证建设工程质量,保护人民生命和财产安全,根据《中华人民共和国建筑法》,制定本条例。

第二条 凡在中华人民共和国境内从事建设工程的新建、扩建、改建等有关活动及实施对建设工程质量监督管理的,必须遵守本条例。

本条例所称建设工程,是指土木工程、建筑工程、线路管道和设备安装工程及装修工程。

第三条 建设单位、勘查单位、设计单位、施工单位、工程监理单位依法对建设工程质量负责。

第四条 县级以上人民政府建设行政主管部门和其他有关部门应当加强对建设工程质量的监督管理。

第五条 从事建设工程活动,必须严格执行基本建设程序,坚持先勘查、后设计、再施工的原则。

县级以上人民政府及其有关部门不得超越权限审批建设项目或者擅自简化基本建设程序。

第六条 国家鼓励采用先进的科学技术和管理方法,提高建设工程质量。

第二章 建设单位的质量责任和义务

第七条 建设单位应当将工程发包给具有相应资质等级的单位。

建设单位不得将建设工程肢解发包。

第八条 建设单位应当依法对工程建设项目的勘查、设计、施工、监理以及与工程建设有关的重要设备、材料等的采购进行招标。

第九条 建设单位必须向有关的勘查、设计、施工、工程监理等单位提供与建设工程有关的原始资料。

原始资料必须真实、准确、齐全。

第十条 建设工程发包单位不得迫使承包方以低于成本的价格竞标,不得任意压缩合理工期。

建设单位不得明示或者暗示设计单位或者施工单位违反工程建设强制性标准,降低建设工程质量。

第十一条 建设单位应当将施工图设计文件报县级以上人民政府建设行政主管部门或者

其他有关部门审查。施工图设计文件审查的具体办法，由国务院建设行政主管部门会同国务院其他有关部门制定。

施工图设计文件未经审查批准的，不得使用。

第十二条　实行监理的建设工程，建设单位应当委托具有相应资质等级的工程监理单位进行监理，也可以委托具有工程监理相应资质等级并与被监理工程的施工承包单位没有隶属关系或者其他利害关系的该工程的设计单位进行监理。

下列建设工程必须实行监理：

（一）国家重点建设工程。

（二）大中型公用事业工程。

（三）成片开发建设的住宅小区工程。

（四）利用外国政府或者国际组织贷款、援助资金的工程。

（五）国家规定必须实行监理的其他工程。

第十三条　建设单位在领取施工许可证或者开工报告前，应当按照国家有关规定办理工程质量监督手续。

第十四条　按照合同约定，由建设单位采购建筑材料、建筑构配件和设备的，建设单位应当保证建筑材料、建筑构配件和设备符合设计文件和合同要求。

建设单位不得明示或者暗示施工单位使用不合格的建筑材料、建筑构配件和设备。

第十五条　涉及建筑主体和承重结构变动的装修工程，建设单位应当在施工前委托原设计单位或者具有相应资质等级的设计单位提出设计方案；没有设计方案的，不得施工。

房屋建筑使用者在装修过程中，不得擅自变动房屋建筑主体和承重结构。

第十六条　建设单位收到建设工程竣工报告后，应当组织设计、施工、工程监理等有关单位进行竣工验收。

建设工程竣工验收应当具备下列条件：

（一）完成建设工程设计和合同约定的各项内容。

（二）有完整的技术档案和施工管理资料。

（三）有工程使用的主要建筑材料、建筑构配件和设备的进场试验报告。

（四）有勘查、设计、施工、工程监理等单位分别签署的质量合格文件。

（五）有施工单位签署的工程保修书。

建设工程经验收合格的，方可交付使用。

第十七条　建设单位应当严格按照国家有关档案管理的规定，及时收集、整理建设项目各环节的文件资料，建立、健全建设项目档案，并在建设工程竣工验收后，及时向建设行政主管部门或者其他有关部门移交建设项目档案。

第三章　勘查、设计单位的质量责任和义务

第十八条　从事建设工程勘查、设计的单位应当依法取得相应等级的资质证书，并在其资质等级许可的范围内承揽工程。

禁止勘查、设计单位超越其资质等级许可的范围或者以其他勘查、设计单位的名义承揽工程。禁止勘查、设计单位允许其他单位或者个人以本单位的名义承揽工程。

勘查、设计单位不得转包或者违法分包所承揽的工程。

第十九条　勘查、设计单位必须按照工程建设强制性标准进行勘查、设计，并对其勘查、设计的质量负责。

注册建筑师、注册结构工程师等注册执业人员应当在设计文件上签字，对设计文件负责。

第二十条　勘查单位提供的地质、测量、水文等勘查成果必须真实、准确。

第二十一条　设计单位应当根据勘查成果文件进行建设工程设计。

设计文件应当符合国家规定的设计深度要求，注明工程合理使用年限。

第二十二条　设计单位在设计文件中选用的建筑材料、建筑构配件和设备，应当注明规格、型号、性能等技术指标，其质量要求必须符合国家规定的标准。

除有特殊要求的建筑材料、专用设备、工艺生产线等外，设计单位不得指定生产厂、供应商。

第二十三条　设计单位应当就审查合格的施工图设计文件向施工单位做出详细说明。

第二十四条　设计单位应当参与建设工程质量事故分析，并对因设计造成的质量事故，提出相应的技术处理方案。

第四章　施工单位的质量责任和义务

第二十五条　施工单位应当依法取得相应等级的资质证书，并在其资质等级许可的范围内承揽工程。

禁止施工单位超越本单位资质等级许可的业务范围或者以其他施工单位的名义承揽工程。禁止施工单位允许其他单位或者个人以本单位的名义承揽工程。

施工单位不得转包或者违法分包工程。

第二十六条　施工单位对建设工程的施工质量负责。

施工单位应当建立质量责任制，确定工程项目的项目经理、技术负责人和施工管理负责人。

建设工程实行总承包的，总承包单位应当对全部建设工程质量负责；建设工程勘查、设计、施工、设备采购的一项或者多项实行总承包的，总承包单位应当对其承包的建设工程或者采购的设备的质量负责。

第二十七条　总承包单位依法将建设工程分包给其他单位的，分包单位应当按照分包合同的约定对其分包工程的质量向总承包单位负责，总承包单位与分包单位对分包工程的质量承担连带责任。

第二十八条　施工单位必须按照工程设计图样和施工技术标准施工，不得擅自修改工程设计，不得偷工减料。

施工单位在施工过程中发现设计文件和图样有差错的，应当及时提出意见和建议。

第二十九条　施工单位必须按照工程设计要求、施工技术标准和合同约定，对建筑材料、建筑构配件、设备和商品混凝土进行检验，检验应当有书面记录和专人签字；未经检验或者检验不合格的，不得使用。

第三十条　施工单位必须建立、健全施工质量的检验制度，严格工序管理，做好隐蔽工程的质量检查和记录。隐蔽工程在隐蔽前，施工单位应当通知建设单位和建设工程质量监督机构。

第三十一条　施工人员对涉及结构安全的试块、试件以及有关材料，应当在建设单位或者工程监理单位监督下现场取样，并送具有相应资质等级的质量检测单位进行检测。

第三十二条　施工单位对施工中出现质量问题的建设工程或者竣工验收不合格的建设工程，应当负责返修。

第三十三条　施工单位应当建立、健全教育培训制度，加强对职工的教育培训；未经教育培训或者考核不合格的人员，不得上岗作业。

第五章　工程监理单位的质量责任和义务

第三十四条　工程监理单位应当依法取得相应等级的资质证书，并在其资质等级许可的范围内承担工程监理业务。

禁止工程监理单位超越本单位资质等级许可的范围或者以其他工程监理单位的名义承担工程监理业务。禁止工程监理单位允许其他单位或者个人以本单位的名义承担工程监理业务。

工程监理单位不得转让工程监理业务。

第三十五条　工程监理单位与被监理工程的施工承包单位以及建筑材料、建筑构配件和设备供应单位有隶属关系或者其他利害关系的，不得承担该项建设工程的监理业务。

第三十六条　工程监理单位应当依照法律、法规以及有关技术标准、设计文件和建设工程承包合同，代表建设单位对施工质量实施监理，并对施工质量承担监理责任。

第三十七条　工程监理单位应当选派具备相应资格的总监理工程师和监理工程师进驻施工现场。

未经监理工程师签字，建筑材料、建筑构配件和设备不得在工程上使用或者安装，施工单位不得进行下一道工序的施工。未经总监理工程师签字，建设单位不拨付工程款，不进行竣工验收。

第三十八条　监理工程师应当按照工程监理规范的要求，采取旁站、巡视和平行检验等形式，对建设工程实施监理。

第六章　建设工程质量保修

第三十九条　建设工程实行质量保修制度。

建设工程承包单位在向建设单位提交工程竣工验收报告时，应当向建设单位出具质量保修书。质量保修书中应当明确建设工程的保修范围、保修期限和保修责任等。

第四十条　在正常使用条件下，建设工程的最低保修期限为：

（一）基础设施工程、房屋建筑的地基基础工程和主体结构工程，为设计文件规定的该工程的合理使用年限。

（二）屋面防水工程、有防水要求的卫生间、房间和外墙面的防渗漏，为 5 年。

（三）供热与供冷系统，为 2 个采暖期、供冷期。

（四）电气管线、给排水管道、设备安装和装修工程，为 2 年。

其他项目的保修期限由发包方与承包方约定。

建设工程的保修期，自竣工验收合格之日起计算。

第四十一条　建设工程在保修范围和保修期限内发生质量问题的，施工单位应当履行保修义务，并对造成的损失承担赔偿责任。

第四十二条 建设工程在超过合理使用年限后需要继续使用的，产权所有人应当委托具有相应资质等级的勘查、设计单位鉴定，并根据鉴定结果采取加固、维修等措施，重新界定使用期。

第七章 监督管理

第四十三条 国家实行建设工程质量监督管理制度。

国务院建设行政主管部门对全国的建设工程质量实施统一监督管理。国务院铁路、交通、水利等有关部门按照国务院规定的职责分工，负责对全国的有关专业建设工程质量的监督管理。

县级以上地方人民政府建设行政主管部门对本行政区域内的建设工程质量实施监督管理。县级以上地方人民政府交通、水利等有关部门在各自的职责范围内，负责对本行政区域内的专业建设工程质量的监督管理。

第四十四条 国务院建设行政主管部门和国务院铁路、交通、水利等有关部门应当加强对有关建设工程质量的法律、法规和强制性标准执行情况的监督检查。

第四十五条 国务院发展计划部门按照国务院规定的职责，组织稽查特派员，对国家出资的重大建设项目实施监督检查。

国务院经济贸易主管部门按照国务院规定的职责，对国家重大技术改造项目实施监督检查。

第四十六条 建设工程质量监督管理，可以由建设行政主管部门或者其他有关部门委托的建设工程质量监督机构具体实施。

从事房屋建筑工程和市政基础设施工程质量监督的机构，必须按照国家有关规定经国务院建设行政主管部门或者省、自治区、直辖市人民政府建设行政主管部门考核；从事专业建设工程质量监督的机构，必须按照国家有关规定经国务院有关部门或者省、自治区、直辖市人民政府有关部门考核。经考核合格后，方可实施质量监督。

第四十七条 县级以上地方人民政府建设行政主管部门和其他有关部门应当加强对有关建设工程质量的法律、法规和强制性标准执行情况的监督检查。

第四十八条 县级以上人民政府建设行政主管部门和其他有关部门履行监督检查职责时，有权采取下列措施：

（一）要求被检查的单位提供有关工程质量的文件和资料。

（二）进入被检查单位的施工现场进行检查。

（三）发现有影响工程质量的问题时，责令改正。

第四十九条 建设单位应当自建设工程竣工验收合格之日起15日内，将建设工程竣工验收报告和规划、公安消防、环保等部门出具的认可文件或者准许使用文件报建设行政主管部门或者其他有关部门备案。

建设行政主管部门或者其他有关部门发现建设单位在竣工验收过程中有违反国家有关建设工程质量管理规定行为的，责令停止使用，重新组织竣工验收。

第五十条 有关单位和个人对县级以上人民政府建设行政主管部门和其他有关部门进行的监督检查应当支持与配合，不得拒绝或者阻碍建设工程质量监督检查人员依法执行职务。

第五十一条　供水、供电、供气、公安消防等部门或者单位不得明示或者暗示建设单位、施工单位购买其指定的生产供应单位的建筑材料、建筑构配件和设备。

第五十二条　建设工程发生质量事故，有关单位应当在24h内向当地建设行政主管部门和其他有关部门报告。对重大质量事故，事故发生地的建设行政主管部门和其他有关部门应当按照事故类别和等级向当地人民政府和上级建设行政主管部门和其他有关部门报告。

特别重大质量事故的调查程序按照国务院有关规定办理。

第五十三条　任何单位和个人对建设工程的质量事故、质量缺陷都有权检举、控告、投诉。

第八章　罚则

第五十四条　违反本条例规定，建设单位将建设工程发包给不具有相应资质等级的勘查、设计、施工单位或者委托给不具有相应资质等级的工程监理单位的，责令改正，处50万元以上100万元以下的罚款。

第五十五条　违反本条例规定，建设单位将建设工程肢解发包的，责令改正，处工程合同价款0.5%以上1%以下的罚款；对全部或者部分使用国有资金的项目，并可以暂停项目执行或者暂停资金拨付。

第五十六条　违反本条例规定，建设单位有下列行为之一的，责令改正，处20万元以上50万元以下的罚款：

（一）迫使承包方以低于成本的价格竞标的。

（二）任意压缩合理工期的。

（三）明示或者暗示设计单位或者施工单位违反工程建设强制性标准，降低工程质量的。

（四）施工图设计文件未经审查或者审查不合格，擅自施工的。

（五）建设项目必须实行工程监理而未实行工程监理的。

（六）未按照国家规定办理工程质量监督手续的。

（七）明示或者暗示施工单位使用不合格的建筑材料、建筑构配件和设备的。

（八）未按照国家规定将竣工验收报告、有关认可文件或者准许使用文件报送备案的。

第五十七条　违反本条例规定，建设单位未取得施工许可证或者开工报告未经批准，擅自施工的，责令停止施工，限期改正，处工程合同价款1%以上2%以下的罚款。

第五十八条　违反本条例规定，建设单位有下列行为之一的，责令改正，处工程合同价款2%以上4%以下的罚款；造成损失的，依法承担赔偿责任：

（一）未组织竣工验收，擅自交付使用的。

（二）验收不合格，擅自交付使用的。

（三）对不合格的建设工程按照合格工程验收的。

第五十九条　违反本条例规定，建设工程竣工验收后，建设单位未向建设行政主管部门或者其他有关部门移交建设项目档案的，责令改正，处1万元以上10万元以下的罚款。

第六十条　违反本条例规定，勘查、设计、施工、工程监理单位超越本单位资质等级承揽工程的，责令停止违法行为，对勘查、设计单位或者工程监理单位处合同约定的勘查费、

设计费或者监理酬金1倍以上2倍以下的罚款；对施工单位处工程合同价款2%以上4%以下的罚款，可以责令停业整顿，降低资质等级；情节严重的，吊销资质证书；有违法所得的，予以没收。

未取得资质证书承揽工程的，予以取缔，依照前款规定处以罚款；有违法所得的，予以没收。

以欺骗手段取得资质证书承揽工程的，吊销资质证书，依照本条第一款规定处以罚款；有违法所得的，予以没收。

第六十一条 违反本条例规定，勘查、设计、施工、工程监理单位允许其他单位或者个人以本单位名义承揽工程的，责令改正，没收违法所得，对勘查、设计单位和工程监理单位处合同约定的勘查费、设计费和监理酬金1倍以上2倍以下的罚款；对施工单位处工程合同价款2%以上4%以下的罚款；可以责令停业整顿，降低资质等级；情节严重的，吊销资质证书。

第六十二条 违反本条例规定，承包单位将承包的工程转包或者违法分包的，责令改正，没收违法所得，对勘查、设计单位处合同约定的勘查费、设计费25%以上50%以下的罚款；对施工单位处工程合同价款0.5%以上1%以下的罚款；可以责令停业整顿，降低资质等级；情节严重的，吊销资质证书。

工程监理单位转让工程监理业务的，责令改正，没收违法所得，处合同约定的监理酬金25%以上50%以下的罚款；可以责令停业整顿，降低资质等级；情节严重的，吊销资质证书。

第六十三条 违反本条例规定，有下列行为之一的，责令改正，处10万元以上30万元以下的罚款：

（一）勘查单位未按照工程建设强制性标准进行勘查的。

（二）设计单位未根据勘查成果文件进行工程设计的。

（三）设计单位指定建筑材料、建筑构配件的生产厂、供应商的。

（四）设计单位未按照工程建设强制性标准进行设计的。

有前款所列行为，造成工程质量事故的，责令停业整顿，降低资质等级；情节严重的，吊销资质证书；造成损失的，依法承担赔偿责任。

第六十四条 违反本条例规定，施工单位在施工中偷工减料的，使用不合格的建筑材料、建筑构配件和设备的，或者有不按照工程设计图纸或者施工技术标准施工的其他行为的，责令改正，处工程合同价款2%以上4%以下的罚款；造成建设工程质量不符合规定的质量标准的，负责返工、修理，并赔偿因此造成的损失；情节严重的，责令停业整顿，降低资质等级或者吊销资质证书。

第六十五条 违反本条例规定，施工单位未对建筑材料、建筑构配件、设备和商品混凝土进行检验，或者未对涉及结构安全的试块、试件以及有关材料取样检测的，责令改正，处10万元以上20万元以下的罚款；情节严重的，责令停业整顿，降低资质等级或者吊销资质证书；造成损失的，依法承担赔偿责任。

第六十六条 违反本条例规定，施工单位不履行保修义务或者拖延履行保修义务的，责令改正，处10万元以上20万元以下的罚款，并对在保修期内因质量缺陷造成的损失承担赔偿责任。

第六十七条　工程监理单位有下列行为之一的，责令改正，处50万元以上100万元以下的罚款，降低资质等级或者吊销资质证书；有违法所得的，予以没收；造成损失的，承担连带赔偿责任：

（一）与建设单位或者施工单位串通，弄虚作假、降低工程质量的。

（二）将不合格的建设工程、建筑材料、建筑构配件和设备按照合格签字的。

第六十八条　违反本条例规定，工程监理单位与被监理工程的施工承包单位以及建筑材料、建筑构配件和设备供应单位有隶属关系或者其他利害关系承担该项建设工程的监理业务的，责令改正，处5万元以上10万元以下的罚款，降低资质等级或者吊销资质证书；有违法所得的，予以没收。

第六十九条　违反本条例规定，涉及建筑主体或者承重结构变动的装修工程，没有设计方案擅自施工的，责令改正，处50万元以上100万元以下的罚款；房屋建筑使用者在装修过程中擅自变动房屋建筑主体和承重结构的，责令改正，处5万元以上10万元以下的罚款。

有前款所列行为，造成损失的，依法承担赔偿责任。

第七十条　发生重大工程质量事故隐瞒不报、谎报或者拖延报告期限的，对直接负责的主管人员和其他责任人员依法给予行政处分。

第七十一条　违反本条例规定，供水、供电、供气、公安消防等部门或者单位明示或者暗示建设单位或者施工单位购买其指定的生产供应单位的建筑材料、建筑构配件和设备的，责令改正。

第七十二条　违反本条例规定，注册建筑师、注册结构工程师、监理工程师等注册执业人员因过错造成质量事故的，责令停止执业1年；造成重大质量事故的，吊销执业资格证书，5年以内不予注册；情节特别恶劣的，终身不予注册。

第七十三条　依照本条例规定，给予单位罚款处罚的，对单位直接负责的主管人员和其他直接责任人员处单位罚款数额百分之五以上百分之十以下的罚款。

第七十四条　建设单位、设计单位、施工单位、工程监理单位违反国家规定，降低工程质量标准，造成重大安全事故，构成犯罪的，对直接责任人员依法追究刑事责任。

第七十五条　本条例规定的责令停业整顿，降低资质等级和吊销资质证书的行政处罚，由颁发资质证书的机关决定；其他行政处罚，由建设行政主管部门或者其他有关部门依照法定职权决定。

依照本条例规定被吊销资质证书的，由工商行政管理部门吊销其营业执照。

第七十六条　国家机关工作人员在建设工程质量监督管理工作中玩忽职守、滥用职权、徇私舞弊，构成犯罪的，依法追究刑事责任；尚不构成犯罪的，依法给予行政处分。

第七十七条　建设、勘查、设计、施工、工程监理单位的工作人员因调动工作、退休等原因离开该单位后，被发现在该单位工作期间违反国家有关建设工程质量管理规定，造成重大工程质量事故的，仍应当依法追究法律责任。

第九章　附则

第七十八条　本条例所称肢解发包，是指建设单位将应当由一个承包单位完成的建设工程分解成若干部分发包给不同的承包单位的行为。

本条例所称违法分包，是指下列行为：

（一）总承包单位将建设工程分包给不具备相应资质条件的单位的。

（二）建设工程总承包合同中未有约定，又未经建设单位认可，承包单位将其承包的部分建设工程交由其他单位完成的。

（三）施工总承包单位将建设工程主体结构的施工分包给其他单位的。

（四）分包单位将其承包的建设工程再分包的。

本条例所称转包，是指承包单位承包建设工程后，不履行合同约定的责任和义务，将其承包的全部建设工程转给他人或者将其承包的全部建设工程肢解以后以分包的名义分别转给其他单位承包的行为。

第七十九条　本条例规定的罚款和没收的违法所得，必须全部上缴国库。

第八十条　抢险救灾及其他临时性房屋建筑和农民自建低层住宅的建设活动，不适用本条例。

第八十一条　军事建设工程的管理，按照中央军事委员会的有关规定执行。

第八十二条　本条例自发布之日起施行。

附：刑法有关条款

第一百三十七条　建设单位、设计单位、施工单位、工程监理单位违反国家规定，降低工程质量标准，造成重大安全事故的，对直接责任人员处五年以下有期徒刑或者拘役，并处罚金；后果特别严重的，处五年以上十年以下有期徒刑，并处罚金。

附录4.5　建设工程安全生产管理条例（2004年版）

建设工程安全生产管理条例

（国务院令第393号，自2004年2月1日起施行）

第一章　总则

第一条　为了加强建设工程安全生产监督管理，保障人民群众生命和财产安全，根据《中华人民共和国建筑法》《中华人民共和国安全生产法》，制定本条例。

第二条　在中华人民共和国境内从事建设工程的新建、扩建、改建和拆除等有关活动及实施对建设工程安全生产的监督管理，必须遵守本条例。

本条例所称建设工程，是指土木工程、建筑工程、线路管道和设备安装工程及装修工程。

第三条　建设工程安全生产管理，坚持安全第一、预防为主的方针。

第四条　建设单位、勘查单位、设计单位、施工单位、工程监理单位及其他与建设工程安全生产有关的单位，必须遵守安全生产法律、法规的规定，保证建设工程安全生产，依法承担建设工程安全生产责任。

第五条　国家鼓励建设工程安全生产的科学技术研究和先进技术的推广应用，推进建设工程安全生产的科学管理。

第二章 建设单位的安全责任

第六条 建设单位应当向施工单位提供施工现场及毗邻区域内供水、排水、供电、供气、供热、通信、广播电视等地下管线资料,气象和水文观测资料,相邻建筑物和构筑物、地下工程的有关资料,并保证资料的真实、准确、完整。

建设单位因建设工程需要,向有关部门或者单位查询前款规定的资料时,有关部门或者单位应当及时提供。

第七条 建设单位不得对勘查、设计、施工、工程监理等单位提出不符合建设工程安全生产法律、法规和强制性标准规定的要求,不得压缩合同约定的工期。

第八条 建设单位在编制工程概算时,应当确定建设工程安全作业环境及安全施工措施所需费用。

第九条 建设单位不得明示或者暗示施工单位购买、租赁、使用不符合安全施工要求的安全防护用具、机械设备、施工机具及配件、消防设施和器材。

第十条 建设单位在申请领取施工许可证时,应当提供建设工程有关安全施工措施的资料。

依法批准开工报告的建设工程,建设单位应当自开工报告批准之日起 15 日内,将保证安全施工的措施报送建设工程所在地的县级以上地方人民政府建设行政主管部门或者其他有关部门备案。

第十一条 建设单位应当将拆除工程发包给具有相应资质等级的施工单位。

建设单位应当在拆除工程施工 15 日前,将下列资料报送建设工程所在地的县级以上地方人民政府建设行政主管部门或者其他有关部门备案:

(一)施工单位资质等级证明。
(二)拟拆除建筑物、构筑物及可能危及毗邻建筑的说明。
(三)拆除施工组织方案。
(四)堆放、清除废弃物的措施。

实施爆破作业的,应当遵守国家有关民用爆炸物品管理的规定。

第三章 勘查、设计、工程监理及其他有关单位的安全责任

第十二条 勘查单位应当按照法律、法规和工程建设强制性标准进行勘查,提供的勘查文件应当真实、准确,满足建设工程安全生产的需要。

勘查单位在勘查作业时,应当严格执行操作规程,采取措施保证各类管线、设施和周边建筑物、构筑物的安全。

第十三条 设计单位应当按照法律、法规和工程建设强制性标准进行设计,防止因设计不合理导致生产安全事故的发生。

设计单位应当考虑施工安全操作和防护的需要,对涉及施工安全的重点部位和环节在设计文件中注明,并对防范生产安全事故提出指导意见。

采用新结构、新材料、新工艺的建设工程和特殊结构的建设工程,设计单位应当在设计中提出保障施工作业人员安全和预防生产安全事故的措施建议。

设计单位和注册建筑师等注册执业人员应当对其设计负责。

第十四条　工程监理单位应当审查施工组织设计中的安全技术措施或者专项施工方案是否符合工程建设强制性标准。

工程监理单位在实施监理过程中，发现存在安全事故隐患的，应当要求施工单位整改；情况严重的，应当要求施工单位暂时停止施工，并及时报告建设单位。施工单位拒不整改或者不停止施工的，工程监理单位应当及时向有关主管部门报告。

工程监理单位和监理工程师应当按照法律、法规和工程建设强制性标准实施监理，并对建设工程安全生产承担监理责任。

第十五条　为建设工程提供机械设备和配件的单位，应当按照安全施工的要求配备齐全有效的保险、限位等安全设施和装置。

第十六条　出租的机械设备和施工机具及配件，应当具有生产（制造）许可证、产品合格证。

出租单位应当对出租的机械设备和施工机具及配件的安全性能进行检测，在签订租赁协议时，应当出具检测合格证明。

禁止出租检测不合格的机械设备和施工机具及配件。

第十七条　在施工现场安装、拆卸施工起重机械和整体提升脚手架、模板等自升式架设设施，必须由具有相应资质的单位承担。

安装、拆卸施工起重机械和整体提升脚手架、模板等自升式架设设施，应当编制拆装方案、制定安全施工措施，并由专业技术人员现场监督。

施工起重机械和整体提升脚手架、模板等自升式架设设施安装完毕后，安装单位应当自检，出具自检合格证明，并向施工单位进行安全使用说明，办理验收手续并签字。

第十八条　施工起重机械和整体提升脚手架、模板等自升式架设设施的使用达到国家规定的检验检测期限的，必须经具有专业资质的检验检测机构检测。经检测不合格的，不得继续使用。

第十九条　检验检测机构对检测合格的施工起重机械和整体提升脚手架、模板等自升式架设设施，应当出具安全合格证明文件，并对检测结果负责。

第四章　施工单位的安全责任

第二十条　施工单位从事建设工程的新建、扩建、改建和拆除等活动，应当具备国家规定的注册资本、专业技术人员、技术装备和安全生产等条件，依法取得相应等级的资质证书，并在其资质等级许可的范围内承揽工程。

第二十一条　施工单位主要负责人依法对本单位的安全生产工作全面负责。施工单位应当建立健全安全生产责任制度和安全生产教育培训制度，制定安全生产规章制度和操作规程，保证本单位安全生产条件所需资金的投入，对所承担的建设工程进行定期和专项安全检查，并做好安全检查记录。

施工单位的项目负责人应当由取得相应执业资格的人员担任，对建设工程项目的安全施工负责，落实安全生产责任制度、安全生产规章制度和操作规程，确保安全生产费用的有效使用，并根据工程的特点组织制定安全施工措施，消除安全事故隐患，及时、如实报告生产安全事故。

第二十二条　施工单位对列入建设工程概算的安全作业环境及安全施工措施所需费用，

应当用于施工安全防护用具及设施的采购和更新、安全施工措施的落实、安全生产条件的改善,不得挪作他用。

第二十三条 施工单位应当设立安全生产管理机构,配备专职安全生产管理人员。

专职安全生产管理人员负责对安全生产进行现场监督检查。发现安全事故隐患,应当及时向项目负责人和安全生产管理机构报告;对违章指挥、违章操作的,应当立即制止。

专职安全生产管理人员的配备办法由国务院建设行政主管部门会同国务院其他有关部门制定。

第二十四条 建设工程实行施工总承包的,由总承包单位对施工现场的安全生产负总责。

总承包单位应当自行完成建设工程主体结构的施工。

总承包单位依法将建设工程分包给其他单位的,分包合同中应当明确各自的安全生产方面的权利、义务。总承包单位和分包单位对分包工程的安全生产承担连带责任。

分包单位应当服从总承包单位的安全生产管理,分包单位不服从管理导致生产安全事故的,由分包单位承担主要责任。

第二十五条 垂直运输机械作业人员、安装拆卸工、爆破作业人员、起重信号工、登高架设作业人员等特种作业人员,必须按照国家有关规定经过专门的安全作业培训,并取得特种作业操作资格证书后,方可上岗作业。

第二十六条 施工单位应当在施工组织设计中编制安全技术措施和施工现场临时用电方案,对下列达到一定规模的危险性较大的分部分项工程编制专项施工方案,并附具安全验算结果,经施工单位技术负责人、总监理工程师签字后实施,由专职安全生产管理人员进行现场监督:

(一)基坑支护与降水工程。

(二)土方开挖工程。

(三)模板工程。

(四)起重吊装工程。

(五)脚手架工程。

(六)拆除、爆破工程。

(七)国务院建设行政主管部门或者其他有关部门规定的其他危险性较大的工程。

对前款所列工程中涉及深基坑、地下暗挖工程、高大模板工程的专项施工方案,施工单位还应当组织专家进行论证、审查。

本条第一款规定的达到一定规模的危险性较大工程的标准,由国务院建设行政主管部门会同国务院其他有关部门制定。

第二十七条 建设工程施工前,施工单位负责项目管理的技术人员应当对有关安全施工的技术要求向施工作业班组、作业人员做出详细说明,并由双方签字确认。

第二十八条 施工单位应当在施工现场入口处、施工起重机械、临时用电设施、脚手架、出入通道口、楼梯口、电梯井口、孔洞口、桥梁口、隧道口、基坑边沿、爆破物及有害危险气体和液体存放处等危险部位,设置明显的安全警示标志。安全警示标志必须符合国家标准。

施工单位应当根据不同施工阶段和周围环境及季节、气候的变化，在施工现场采取相应的安全施工措施。施工现场暂时停止施工的，施工单位应当做好现场防护，所需费用由责任方承担，或者按照合同约定执行。

第二十九条　施工单位应当将施工现场的办公、生活区与作业区分开设置，并保持安全距离；办公、生活区的选址应当符合安全性要求。职工的膳食、饮水、休息场所等应当符合卫生标准。施工单位不得在尚未竣工的建筑物内设置员工集体宿舍。

施工现场临时搭建的建筑物应当符合安全使用要求。施工现场使用的装配式活动房屋应当具有产品合格证。

第三十条　施工单位对因建设工程施工可能造成损害的毗邻建筑物、构筑物和地下管线等，应当采取专项防护措施。

施工单位应当遵守有关环境保护法律、法规的规定，在施工现场采取措施，防止或者减少粉尘、废气、废水、固体废物、噪声、振动和施工照明对人和环境的危害和污染。

在城市市区内的建设工程，施工单位应当对施工现场实行封闭围挡。

第三十一条　施工单位应当在施工现场建立消防安全责任制度，确定消防安全责任人，制定用火、用电、使用易燃易爆材料等各项消防安全管理制度和操作规程，设置消防通道、消防水源，配备消防设施和灭火器材，并在施工现场入口处设置明显标志。

第三十二条　施工单位应当向作业人员提供安全防护用具和安全防护服装，并书面告知危险岗位的操作规程和违章操作的危害。

作业人员有权对施工现场的作业条件、作业程序和作业方式中存在的安全问题提出批评、检举和控告，有权拒绝违章指挥和强令冒险作业。

在施工中发生危及人身安全的紧急情况时，作业人员有权立即停止作业或者在采取必要的应急措施后撤离危险区域。

第三十三条　作业人员应当遵守安全施工的强制性标准、规章制度和操作规程，正确使用安全防护用具、机械设备等。

第三十四条　施工单位采购、租赁的安全防护用具、机械设备、施工机具及配件，应当具有生产(制造)许可证、产品合格证，并在进入施工现场前进行查验。

施工现场的安全防护用具、机械设备、施工机具及配件必须由专人管理，定期进行检查、维修和保养，建立相应的资料档案，并按照国家有关规定及时报废。

第三十五条　施工单位在使用施工起重机械和整体提升脚手架、模板等自升式架设设施前，应当组织有关单位进行验收，也可以委托具有相应资质的检验检测机构进行验收；使用承租的机械设备和施工机具及配件的，由施工总承包单位、分包单位、出租单位和安装单位共同进行验收。验收合格的方可使用。

《特种设备安全监察条例》规定的施工起重机械，在验收前应当经有相应资质的检验检测机构监督检验合格。

施工单位应当自施工起重机械和整体提升脚手架、模板等自升式架设设施验收合格之日起30日内，向建设行政主管部门或者其他有关部门登记。登记标志应当置于或者附着于该设备的显著位置。

第三十六条　施工单位的主要负责人、项目负责人、专职安全生产管理人员应当经建设行政主管部门或者其他有关部门考核合格后方可任职。

施工单位应当对管理人员和作业人员每年至少进行一次安全生产教育培训，其教育培训情况记入个人工作档案。安全生产教育培训考核不合格的人员，不得上岗。

第三十七条 作业人员进入新的岗位或者新的施工现场前，应当接受安全生产教育培训。未经教育培训或者教育培训考核不合格的人员，不得上岗作业。

施工单位在采用新技术、新工艺、新设备、新材料时，应当对作业人员进行相应的安全生产教育培训。

第三十八条 施工单位应当为施工现场从事危险作业的人员办理意外伤害保险。

意外伤害保险费由施工单位支付。实行施工总承包的，由总承包单位支付意外伤害保险费。意外伤害保险期限自建设工程开工之日起至竣工验收合格止。

第五章 监督管理

第三十九条 国务院负责安全生产监督管理的部门依照《中华人民共和国安全生产法》的规定，对全国建设工程安全生产工作实施综合监督管理。

县级以上地方人民政府负责安全生产监督管理的部门依照《中华人民共和国安全生产法》的规定，对本行政区域内建设工程安全生产工作实施综合监督管理。

第四十条 国务院建设行政主管部门对全国的建设工程安全生产实施监督管理。国务院铁路、交通、水利等有关部门按照国务院规定的职责分工，负责有关专业建设工程安全生产的监督管理。

县级以上地方人民政府建设行政主管部门对本行政区域内的建设工程安全生产实施监督管理。县级以上地方人民政府交通、水利等有关部门在各自的职责范围内，负责本行政区域内的专业建设工程安全生产的监督管理。

第四十一条 建设行政主管部门和其他有关部门应当将本条例第十条、第十一条规定的有关资料的主要内容抄送同级负责安全生产监督管理的部门。

第四十二条 建设行政主管部门在审核发放施工许可证时，应当对建设工程是否有安全施工措施进行审查，对没有安全施工措施的，不得颁发施工许可证。

建设行政主管部门或者其他有关部门对建设工程是否有安全施工措施进行审查时，不得收取费用。

第四十三条 县级以上人民政府负有建设工程安全生产监督管理职责的部门在各自的职责范围内履行安全监督检查职责时，有权采取下列措施：

（一）要求被检查单位提供有关建设工程安全生产的文件和资料。

（二）进入被检查单位施工现场进行检查。

（三）纠正施工中违反安全生产要求的行为。

（四）对检查中发现的安全事故隐患，责令立即排除；重大安全事故隐患排除前或者排除过程中无法保证安全的，责令从危险区域内撤出作业人员或者暂时停止施工。

第四十四条 建设行政主管部门或者其他有关部门可以将施工现场的监督检查委托给建设工程安全监督机构具体实施。

第四十五条 国家对严重危及施工安全的工艺、设备、材料实行淘汰制度。具体目录由国务院建设行政主管部门会同国务院其他有关部门制定并公布。

第四十六条　县级以上人民政府建设行政主管部门和其他有关部门应当及时受理对建设工程生产安全事故及安全事故隐患的检举、控告和投诉。

第六章　生产安全事故的应急救援和调查处理

第四十七条　县级以上地方人民政府建设行政主管部门应当根据本级人民政府的要求，制定本行政区域内建设工程特大生产安全事故应急救援预案。

第四十八条　施工单位应当制定本单位生产安全事故应急救援预案，建立应急救援组织或者配备应急救援人员，配备必要的应急救援器材、设备，并定期组织演练。

第四十九条　施工单位应当根据建设工程施工的特点、范围，对施工现场易发生重大事故的部位、环节进行监控，制定施工现场生产安全事故应急救援预案。实行施工总承包的，由总承包单位统一组织编制建设工程生产安全事故应急救援预案，工程总承包单位和分包单位按照应急救援预案，各自建立应急救援组织或者配备应急救援人员，配备救援器材、设备，并定期组织演练。

第五十条　施工单位发生生产安全事故，应当按照国家有关伤亡事故报告和调查处理的规定，及时、如实地向负责安全生产监督管理的部门、建设行政主管部门或者其他有关部门报告；特种设备发生事故的，还应当同时向特种设备安全监督管理部门报告。接到报告的部门应当按照国家有关规定，如实上报。

实行施工总承包的建设工程，由总承包单位负责上报事故。

第五十一条　发生生产安全事故后，施工单位应当采取措施防止事故扩大，保护事故现场。需要移动现场物品时，应当做出标记和书面记录，妥善保管有关证物。

第五十二条　建设工程生产安全事故的调查、对事故责任单位和责任人的处罚与处理，按照有关法律、法规的规定执行。

第七章　法律责任

第五十三条　违反本条例的规定，县级以上人民政府建设行政主管部门或者其他有关行政管理部门的工作人员，有下列行为之一的，给予降级或者撤职的行政处分；构成犯罪的，依照刑法有关规定追究刑事责任：

（一）对不具备安全生产条件的施工单位颁发资质证书的。

（二）对没有安全施工措施的建设工程颁发施工许可证的。

（三）发现违法行为不予查处的。

（四）不依法履行监督管理职责的其他行为。

第五十四条　违反本条例的规定，建设单位未提供建设工程安全生产作业环境及安全施工措施所需费用的，责令限期改正；逾期未改正的，责令该建设工程停止施工。

建设单位未将保证安全施工的措施或者拆除工程的有关资料报送有关部门备案的，责令限期改正，给予警告。

第五十五条　违反本条例的规定，建设单位有下列行为之一的，责令限期改正，处20万元以上50万元以下的罚款；造成重大安全事故，构成犯罪的，对直接责任人员，依照刑法有关规定追究刑事责任；造成损失的，依法承担赔偿责任：

（一）对勘查、设计、施工、工程监理等单位提出不符合安全生产法律、法规和强制性标准规定的要求的。

（二）要求施工单位压缩合同约定的工期的。

（三）将拆除工程发包给不具有相应资质等级的施工单位的。

第五十六条 违反本条例的规定，勘查单位、设计单位有下列行为之一的，责令限期改正，处10万元以上30万元以下的罚款；情节严重的，责令停业整顿，降低资质等级，直至吊销资质证书；造成重大安全事故，构成犯罪的，对直接责任人员，依照刑法有关规定追究刑事责任；造成损失的，依法承担赔偿责任：

（一）未按照法律、法规和工程建设强制性标准进行勘查、设计的。

（二）采用新结构、新材料、新工艺的建设工程和特殊结构的建设工程，设计单位未在设计中提出保障施工作业人员安全和预防生产安全事故的措施建议的。

第五十七条 违反本条例的规定，工程监理单位有下列行为之一的，责令限期改正；逾期未改正的，责令停业整顿，并处10万元以上30万元以下的罚款；情节严重的，降低资质等级，直至吊销资质证书；造成重大安全事故，构成犯罪的，对直接责任人员，依照刑法有关规定追究刑事责任；造成损失的，依法承担赔偿责任：

（一）未对施工组织设计中的安全技术措施或者专项施工方案进行审查的。

（二）发现安全事故隐患未及时要求施工单位整改或者暂时停止施工的。

（三）施工单位拒不整改或者不停止施工，未及时向有关主管部门报告的。

（四）未依照法律、法规和工程建设强制性标准实施监理的。

第五十八条 注册执业人员未执行法律、法规和工程建设强制性标准的，责令停止执业3个月以上1年以下；情节严重的，吊销执业资格证书，5年内不予注册；造成重大安全事故的，终身不予注册；构成犯罪的，依照刑法有关规定追究刑事责任。

第五十九条 违反本条例的规定，为建设工程提供机械设备和配件的单位，未按照安全施工的要求配备齐全有效的保险、限位等安全设施和装置的，责令限期改正，处合同价款1倍以上3倍以下的罚款；造成损失的，依法承担赔偿责任。

第六十条 违反本条例的规定，出租单位出租未经安全性能检测或者经检测不合格的机械设备和施工机具及配件的，责令停业整顿，并处5万元以上10万元以下的罚款；造成损失的，依法承担赔偿责任。

第六十一条 违反本条例的规定，施工起重机械和整体提升脚手架、模板等自升式架设设施安装、拆卸单位有下列行为之一的，责令限期改正，处5万元以上10万元以下的罚款；情节严重的，责令停业整顿，降低资质等级，直至吊销资质证书；造成损失的，依法承担赔偿责任：

（一）未编制拆装方案、制定安全施工措施的。

（二）未由专业技术人员现场监督的。

（三）未出具自检合格证明或者出具虚假证明的。

（四）未向施工单位进行安全使用说明，办理移交手续的。

施工起重机械和整体提升脚手架、模板等自升式架设设施安装、拆卸单位有前款规定的第（一）项、第（三）项行为，经有关部门或者单位职工提出后，对事故隐患仍不采取措施，因而发生重大伤亡事故或者造成其他严重后果，构成犯罪的，对直接责任人员，依照刑法有关规定追究刑事责任。

第六十二条　违反本条例的规定，施工单位有下列行为之一的，责令限期改正；逾期未改正的，责令停业整顿，依照《中华人民共和国安全生产法》的有关规定处以罚款；造成重大安全事故，构成犯罪的，对直接责任人员，依照刑法有关规定追究刑事责任：

（一）未设立安全生产管理机构、配备专职安全生产管理人员或者分部分项工程施工时无专职安全生产管理人员现场监督的。

（二）施工单位的主要负责人、项目负责人、专职安全生产管理人员、作业人员或者特种作业人员，未经安全教育培训或者经考核不合格即从事相关工作的。

（三）未在施工现场的危险部位设置明显的安全警示标志，或者未按照国家有关规定在施工现场设置消防通道、消防水源、配备消防设施和灭火器材的。

（四）未向作业人员提供安全防护用具和安全防护服装的。

（五）未按照规定在施工起重机械和整体提升脚手架、模板等自升式架设设施验收合格后登记的。

（六）使用国家明令淘汰、禁止使用的危及施工安全的工艺、设备、材料的。

第六十三条　违反本条例的规定，施工单位挪用列入建设工程概算的安全生产作业环境及安全施工措施所需费用的，责令限期改正，处挪用费用20%以上50%以下的罚款；造成损失的，依法承担赔偿责任。

第六十四条　违反本条例的规定，施工单位有下列行为之一的，责令限期改正；逾期未改正的，责令停业整顿，并处5万元以上10万元以下的罚款；造成重大安全事故，构成犯罪的，对直接责任人员，依照刑法有关规定追究刑事责任：

（一）施工前未对有关安全施工的技术要求做出详细说明的。

（二）未根据不同施工阶段和周围环境及季节、气候的变化，在施工现场采取相应的安全施工措施，或者在城市市区内的建设工程的施工现场未实行封闭围挡的。

（三）在尚未竣工的建筑物内设置员工集体宿舍的。

（四）施工现场临时搭建的建筑物不符合安全使用要求的。

（五）未对因建设工程施工可能造成损害的毗邻建筑物、构筑物和地下管线等采取专项防护措施的。

施工单位有前款规定第（四）项、第（五）项行为，造成损失的，依法承担赔偿责任。

第六十五条　违反本条例的规定，施工单位有下列行为之一的，责令限期改正；逾期未改正的，责令停业整顿，并处10万元以上30万元以下的罚款；情节严重的，降低资质等级，直至吊销资质证书；造成重大安全事故，构成犯罪的，对直接责任人员，依照刑法有关规定追究刑事责任；造成损失的，依法承担赔偿责任：

（一）安全防护用具、机械设备、施工机具及配件在进入施工现场前未经查验或者查验不合格即投入使用的。

（二）使用未经验收或者验收不合格的施工起重机械和整体提升脚手架、模板等自升式架设设施的。

（三）委托不具有相应资质的单位承担施工现场安装、拆卸施工起重机械和整体提升脚手架、模板等自升式架设设施的。

（四）在施工组织设计中未编制安全技术措施、施工现场临时用电方案或者专项施工方案的。

第六十六条 违反本条例的规定，施工单位的主要负责人、项目负责人未履行安全生产管理职责的，责令限期改正；逾期未改正的，责令施工单位停业整顿；造成重大安全事故、重大伤亡事故或者其他严重后果，构成犯罪的，依照刑法有关规定追究刑事责任。

作业人员不服管理、违反规章制度和操作规程冒险作业造成重大伤亡事故或者其他严重后果，构成犯罪的，依照刑法有关规定追究刑事责任。

施工单位的主要负责人、项目负责人有前款违法行为，尚不够刑事处罚的，处2万元以上20万元以下的罚款或者按照管理权限给予撤职处分；自刑罚执行完毕或者受处分之日起，5年内不得担任任何施工单位的主要负责人、项目负责人。

第六十七条 施工单位取得资质证书后，降低安全生产条件的，责令限期改正；经整改仍未达到与其资质等级相适应的安全生产条件的，责令停业整顿，降低其资质等级直至吊销资质证书。

第六十八条 本条例规定的行政处罚，由建设行政主管部门或者其他有关部门依照法定职权决定。

违反消防安全管理规定的行为，由公安消防机构依法处罚。

有关法律、行政法规对建设工程安全生产违法行为的行政处罚决定机关另有规定的，从其规定。

第八章 附则

第六十九条 抢险救灾和农民自建低层住宅的安全生产管理，不适用本条例。

第七十条 军事建设工程的安全生产管理，按照中央军事委员会的有关规定执行。

第七十一条 本条例自2004年2月1日起施行。

附录4.6 建筑工程施工许可管理办法（2014年版）

建筑工程施工许可管理办法

（住房和城乡建设部令第18号，自2014年10月25日起施行）

第一条 为了加强对建筑活动的监督管理，维护建筑市场秩序，保证建筑工程的质量和安全，根据《中华人民共和国建筑法》，制定本办法。

第二条 在中华人民共和国境内从事各类房屋建筑及其附属设施的建造、装修装饰和与其配套的线路、管道、设备的安装，以及城镇市政基础设施工程的施工，建设单位在开工前应当依照本办法的规定，向工程所在地的县级以上地方人民政府住房城乡建设主管部门（以下简称发证机关）申请领取施工许可证。

工程投资额在30万元以下或者建筑面积在300m^2以下的建筑工程，可以不申请办理施工许可证。省、自治区、直辖市人民政府住房城乡建设主管部门可以根据当地的实际情况，对限额进行调整，并报国务院住房城乡建设主管部门备案。

按照国务院规定的权限和程序批准开工报告的建筑工程，不再领取施工许可证。

第三条 本办法规定应当申请领取施工许可证的建筑工程未取得施工许可证的，一律不得开工。

任何单位和个人不得将应当申请领取施工许可证的工程项目分解为若干限额以下的工程项目，规避申请领取施工许可证。

第四条　建设单位申请领取施工许可证，应当具备下列条件，并提交相应的证明文件：

（一）依法应当办理用地批准手续的，已经办理该建筑工程用地批准手续。

（二）在城市、镇规划区的建筑工程，已经取得建设工程规划许可证。

（三）施工场地已经基本具备施工条件，需要征收房屋的，其进度符合施工要求。

（四）已经确定施工企业。按照规定应当招标的工程没有招标，应当公开招标的工程没有公开招标，或者肢解发包工程，以及将工程发包给不具备相应资质条件的企业的，所确定的施工企业无效。

（五）有满足施工需要的技术资料，施工图设计文件已按规定审查合格。

（六）有保证工程质量和安全的具体措施。施工企业编制的施工组织设计中有根据建筑工程特点制定的相应质量、安全技术措施。建立工程质量安全责任制并落实到人。专业性较强的工程项目编制了专项质量、安全施工组织设计，并按照规定办理了工程质量、安全监督手续。

（七）按照规定应当委托监理的工程已委托监理。

（八）建设资金已经落实。建设工期不足一年的，到位资金原则上不得少于工程合同价的50%，建设工期超过一年的，到位资金原则上不得少于工程合同价的30%。建设单位应当提供本单位截至申请之日无拖欠工程款情形的承诺书或者能够表明其无拖欠工程款情形的其他材料，以及银行出具的到位资金证明，有条件的可以实行银行付款保函或者其他第三方担保。

（九）法律、行政法规规定的其他条件。

县级以上地方人民政府住房城乡建设主管部门不得违反法律法规规定，增设办理施工许可证的其他条件。

第五条　申请办理施工许可证，应当按照下列程序进行：

（一）建设单位向发证机关领取建筑工程施工许可证申请表。

（二）建设单位持加盖单位及法定代表人印鉴的建筑工程施工许可证申请表，并附本办法第四条规定的证明文件，向发证机关提出申请。

（三）发证机关在收到建设单位报送的建筑工程施工许可证申请表和所附证明文件后，对于符合条件的，应当自收到申请之日起15日内颁发施工许可证；对于证明文件不齐全或者失效的，应当当场或者5日内一次性告知建设单位需要补正的全部内容，审批时间可以自证明文件补正齐全后作相应顺延；对于不符合条件的，应当自收到申请之日起15日内书面通知建设单位，并说明理由。

建筑工程在施工过程中，建设单位或者施工单位发生变更的，应当重新申请领取施工许可证。

第六条　建设单位申请领取施工许可证的工程名称、地点、规模，应当符合依法签订的施工承包合同。

施工许可证应当放置在施工现场备查，并按规定在施工现场公开。

第七条　施工许可证不得伪造和涂改。

第八条　建设单位应当自领取施工许可证之日起 3 个月内开工。因故不能按期开工的，应当在期满前向发证机关申请延期，并说明理由；延期以两次为限，每次不超过 3 个月。既不开工又不申请延期或者超过延期次数、时限的，施工许可证自行废止。

第九条　在建的建筑工程因故中止施工的，建设单位应当自中止施工之日起一个月内向发证机关报告，报告内容包括中止施工的时间、原因、在施部位、维修管理措施等，并按照规定做好建筑工程的维护管理工作。

建筑工程恢复施工时，应当向发证机关报告；中止施工满一年的工程恢复施工前，建设单位应当报发证机关核验施工许可证。

第十条　发证机关应当将办理施工许可证的依据、条件、程序、期限以及需要提交的全部材料和申请表示范文本等，在办公场所和有关网站予以公示。

发证机关做出的施工许可决定，应当予以公开，公众有权查阅。

第十一条　发证机关应当建立颁发施工许可证后的监督检查制度，对取得施工许可证后条件发生变化、延期开工、中止施工等行为进行监督检查，发现违法违规行为及时处理。

第十二条　对于未取得施工许可证或者为规避办理施工许可证将工程项目分解后擅自施工的，由有管辖权的发证机关责令停止施工，限期改正，对建设单位处工程合同价款 1% 以上 2% 以下罚款；对施工单位处 3 万元以下罚款。

第十三条　建设单位采用欺骗、贿赂等不正当手段取得施工许可证的，由原发证机关撤销施工许可证，责令停止施工，并处 1 万元以上 3 万元以下罚款；构成犯罪的，依法追究刑事责任。

第十四条　建设单位隐瞒有关情况或者提供虚假材料申请施工许可证的，发证机关不予受理或者不予许可，并处 1 万元以上 3 万元以下罚款；构成犯罪的，依法追究刑事责任。

建设单位伪造或者涂改施工许可证的，由发证机关责令停止施工，并处 1 万元以上 3 万元以下罚款；构成犯罪的，依法追究刑事责任。

第十五条　依照本办法规定，给予单位罚款处罚的，对单位直接负责的主管人员和其他直接责任人员处单位罚款数额 5% 以上 10% 以下罚款。

单位及相关责任人受到处罚的，作为不良行为记录予以通报。

第十六条　发证机关及其工作人员，违反本办法，有下列情形之一的，由其上级行政机关或者监察机关责令改正；情节严重的，对直接负责的主管人员和其他直接责任人员，依法给予行政处分：

（一）对不符合条件的申请人准予施工许可的。

（二）对符合条件的申请人不予施工许可或者未在法定期限内做出准予许可决定的。

（三）对符合条件的申请不予受理的。

（四）利用职务上的便利，收受他人财物或者谋取其他利益的。

（五）不依法履行监督职责或者监督不力，造成严重后果的。

第十七条　建筑工程施工许可证由国务院住房城乡建设主管部门制定格式，由各省、自治区、直辖市人民政府住房城乡建设主管部门统一印制。

施工许可证分为正本和副本，正本和副本具有同等法律效力。复印的施工许可证无效。

第十八条　本办法关于施工许可管理的规定适用于其他专业建筑工程。有关法律、行政法规有明确规定的，从其规定。

《建筑法》第八十三条第三款规定的建筑活动，不适用本办法。

军事房屋建筑工程施工许可的管理，按国务院、中央军事委员会制定的办法执行。

第十九条　省、自治区、直辖市人民政府住房城乡建设主管部门可以根据本办法制定实施细则。

第二十条　本办法自 2014 年 10 月 25 日起施行。1999 年 10 月 15 日建设部令第 71 号发布、2001 年 7 月 4 日建设部令第 91 号修正的《建筑工程施工许可管理办法》同时废止。

第5章

商品房预售许可阶段与建设工程竣工验收阶段报批报建指南

在商品房预售许可阶段，房地产开发企业报批报建的主要任务是取得商品房预售许可证，在取得该证之前，需要先完成房屋面积预测，在取得商品房预售许可证之后，则可以进行商品房预售广告备案和商品房预售款使用申请等事项的办理。

在建设工程竣工验收阶段，房地产开发企业报批报建的主要任务是完成建设工程竣工专项验收、竣工验收备案和竣工档案归档。在完成工程竣工验收之后，则需要办理房屋面积实测，新型墙体材料专项基金和建设工程工资保障金的核退，之后便可以办理房地产权证的初始登记，完成交楼与进行物业管理。

5.1 房屋面积预测的办理

房屋面积预测是指在商品房期房（有预售许可证的合法销售项目）销售中，根据国家规定，由房地产主管机构认定具有测绘资质的房屋测量机构，主要依据施工图样、实地考察和国家测量规范对尚未竣工的房屋面积进行预先测量计算。房屋预测面积是房地产开发企业合法销售的面积依据。

5.1.1 房屋面积预测手续的办理

房屋面积预测由房地产开发企业提出申请，房管局和房屋测绘机构负责办理。其申请材料一般包括建设工程规划许可证、建设工程放线测量记录册、施工图样等，由房屋测绘机构进行测量计算后出具房屋测绘报告书。

例：青岛市房屋面积预测手续的办理

（1）审查部门：房地产交易中心测绘处。
（2）协办部门：房产测绘公司。
（3）工作周期：7个工作日。
（4）所需文件/流程：
1）测绘申请。
2）开发单位营业执照。
3）建设工程规划许可证2份。
4）门牌证明。
5）整套请照图。
6）国有土地使用证2份（如没有新地号，请先到各区土地分局办理）。
7）开发公司与物业办协议（需公证处公证）。
8）人防工程说明。
9）共用部分分摊说明（图样圈界）。
10）电子档案（设计院）。
11）土地出让合同复印件。
备注：需测绘科出具，成果办审核，测绘处见证。测绘费住宅1.36元/m^2。

5.1.2 房屋面积预测手续办理的注意要点

预测销售面积的准确性影响销售额，而且和以后实测面积的偏差大小，影响退补款率的高低。因此，在办理房屋面积预测时，需要注意以下几个要点：

（1）委托测绘所计算的图样应该是在三层会验后确定的最新施工图，包括建筑图、能显示剪力墙和柱子变化的结构图、平立剖面图，阳台窗台风道等大样图，研发中心需提供电子图及蓝图一套。

（2）要确认目前施工图将来的变更不会影响到房屋套内面积，同时要仔细对比报建图与施工图，如有不同，要确认图样变更部分能够通过规划验收，否则要求研发中心进行整改。

（3）必须熟悉房产测绘规范及最新规定，争取有利于公司的计算方法。

（4）取得初测结果后开发中心提交预决算部审核，并将审核后的数据交资金中心确认是否符合抵押要求。

5.2 商品房预售许可证的办理

商品房预售也称楼花买卖，是指房地产开发企业与购房者约定，由购房者交付定金或预付款，而在未来一定日期拥有现房的房产交易行为。房地产开发企业进行商品房预售，需要向房管局(或建设局)申请预售许可，取得商品房预售许可证，该证是房管局（或建设局）允许房地产开发企业在房屋未建好之前销售商品房的批准文件，由房管局(或建设局)统一印制、办理登记审批和核发证书。商品房预售许可证示例见图5-1。

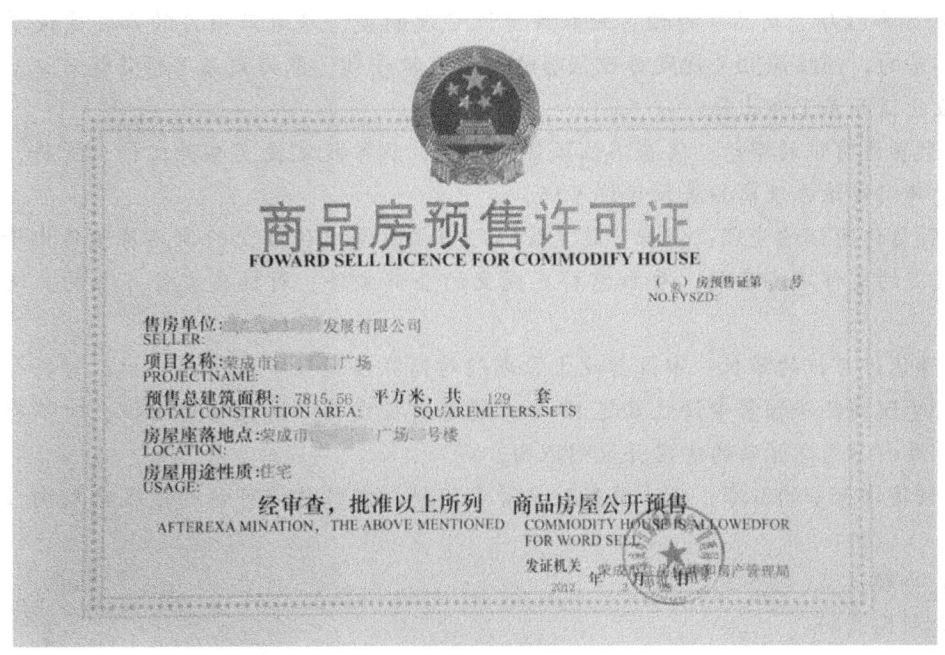

图5-1　商品房预售许可证示例

5.2.1 商品房预售许可证办理的条件

根据《中华人民共和国城市房地产管理法》，房地产开发企业申请办理商品房预售许可证，需要满足以下几个条件：

（1）已交付全部土地使用权出让金，取得国有土地使用证。

（2）持有建设工程规划许可证。

（3）按提供预售的商品房计算，投入开发建设的资金达到工程建设总投资的25%以上，并已经确定施工进度和竣工交付日期。

（4）向县级以上人民政府房产管理部门办理预售登记，取得商品房预售许可证明。

（5）商品房预售人应当按照国家有关规定将预售合同报县级以上人民政府房产管理部门和土地管理部门登记备案。

5.2.2　商品房预售许可证申请手续的办理

在工程未竣工之前，房地产开发企业需要预售商品房的，须按照《城市商品房预售管理办法》等相关规定，持商品房预售许可申请表、营业执照和资质证书、国有土地使用证、建设工程规划许可证、建筑工程施工许可证、投入开发建设的资金占工程建设总投资的比例符合规定条件的证明、工程施工合同及关于施工进度的说明、商品房预售方案（预售方案应当说明预售商品房的位置、面积、竣工交付日期等内容，并应当附预售商品房分层平面图）等材料到当地房管局（或建设局）申请办理商品房预售许可证，由房管局（或建设局）审核，符合条件的，可以取得商品房预售许可证。

例1：郑州市商品房预售许可证办理手续

（1）办事程序。商品房的预售采取许可证管理制度，房地产项目的开发建设单位需要预售商品房的，须按照相关规定办理预售许可证审批手续，取得商品房预售许可证后方可将开发建设的商品房上市出售。

1）预售许可证的申请：售房单位预售商品房，须按规定提交相关文件、资料，向审批行政主管部门申请办理商品房预售许可证。

2）预售许可证的受理：审批行政主管部门审核售房单位提交的商品房预售申请，对售房单位提交的文件不齐备的，告知需补充提交的全部文件；对提交文件齐备的，及时予以办理。

3）预售许可证的审批：审批行政主管部门对商品房预售申请予以审批，对符合相关规定的，自受理商品房预售申请之日起10个工作日内核发商品房预售许可证；对不符合预售条件的，做出不同意预售的决定并说明理由。

4）预售许可证的公布：市、县行政主管部门将核发预售许可证的情况定期向社会予以公布。

（2）办理流程（图5-2）。

（3）所需资料。

1）基本资料：

① 营业执照。

② 资质证书。

③ 国有土地使用证。

④ 建设工程规划许可证。

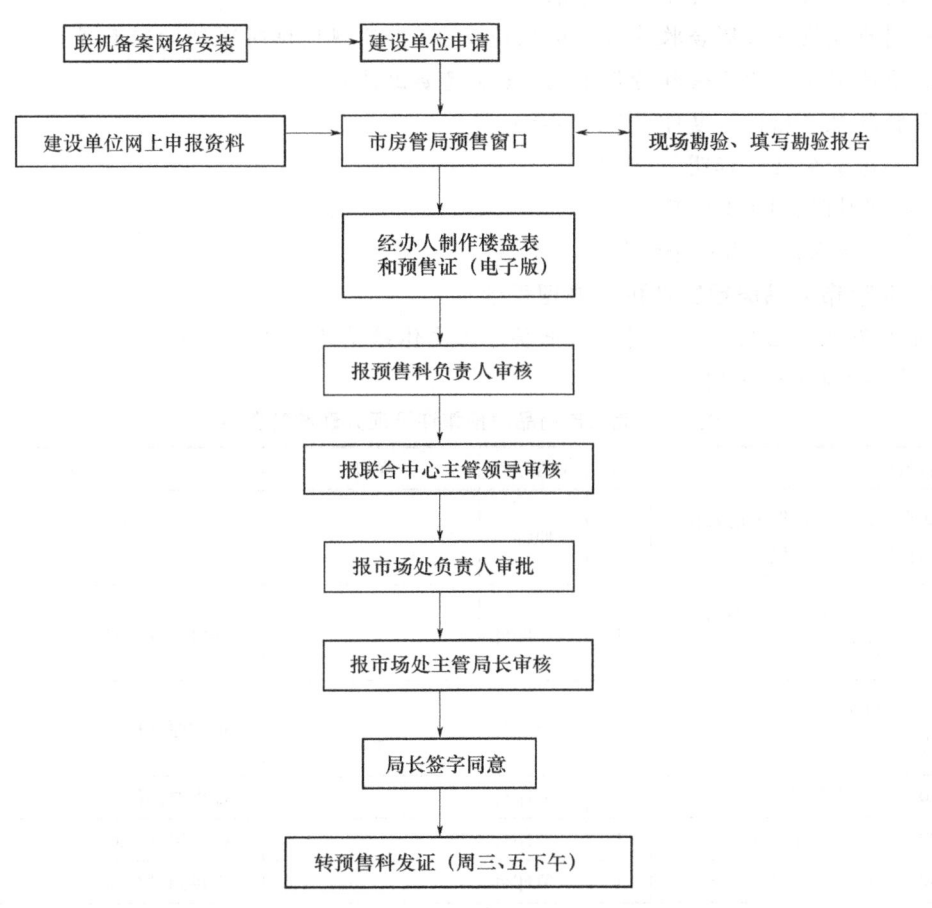

图 5-2 郑州市商品房预售许可证办理流程

⑤ 建筑红线图。
⑥ 建筑工程施工许可证。
⑦ 建筑施工合同。
⑧ 委托书。
⑨ 物业招标证明。
⑩ 商品房预售方案。
⑪ 商品房预售楼盘表。
⑫ 套型比例批复。
⑬ 图样。
⑭ 物价审批书。

2）特殊材料：
① 预售审批书。
② 广告营销方案。
③ 工程进度说明。
④ 郑州市房屋面积预测报告书。

⑤ 河南省建筑节能设计审查备案表。
⑥ 郑州市建设项目联合收费专用缴款通知书(办理规划证时缴纳的配套费)。
⑦ 关于已缴纳墙改基金和劳保金的函(市建委出具)。
⑧ 放验线报告原件、复印件(规划局)。
⑨ 商品房资金监管证明。

(4) 办理时限:10工作日。

(5) 办理地点:郑州市房管局。

例2:北京市商品房预售许可证办理手续

(1) 介入条件:七层以下已封顶,七层以上主体结构已完成三分之二。

(2) 准备资料(表5-1)。

表5-1 北京市商品房预售许可证办理准备资料

序号	资料名称	份数	是否原件	条件	备注
1	北京市商品房预售申请表和商品房预售许可证委托书	2	原件		
2	企业开发资质等级证书和营业执照(有效期内)	1	复印件		提供原件核对
3	土地出(转)让合同、转让登记表	1	复印件		提供原件核对
4	国有土地使用证	1	复印件		提供原件核对
5	建设工程规划许可证	1	复印件		提供原件核对
6	建筑工程施工许可证	1	复印件		提供原件核对
7	招投标管理部门出具的工程施工合同备案表及经施工单位确认的施工进度计划	1	复印件		提供原件核对
8	出让管理部门出具的已缴纳清全部出让金证明(地价款缴纳情况核实函)	1	复印件		
9	由开户银行出具按照申请预售商品房计算,投入开发建设资金达到投资总额25%以上的证明文件	1	原件		
10	抵押权人同意抵押物销售证明文件	1	原件		
11	预售方案及楼盘明细表	3	原件		须经有资质的中标测绘机构预测和测绘所审定楼盘明细表
12	测绘成果汇交回执单	1	原件		

(续)

序号	资料名称	份数	是否原件	条件	备注
13	申请预售许可证楼栋出让及规划情况说明表	2	原件		
14	规划部门出具的建筑物名称核准证	1	复印件		市地名办出具的
15	项目建设方案及备案登记表	1	原件		
16	北京市城镇建设用地批准书	1	复印件	经济适用房项目	提供原件核对
17	市物价局、市建委关于经济适用房销售价格的批准文件	1	原件	经济适用房项目	
18	项目开发手册	1	原件		
19	预/现售房屋用途汇总表	1	原件		
20	物业核查单	1	原件		
21	项目销售方案	1	原件		
22	销售机构和销售人员情况表	2	原件		

例3：东莞市商品房预售许可证办理与变更延期手续

（1）东莞市商品房预售许可证办理手续（表5-2）。

表5-2 东莞市商品房预售许可证办理

颁发的证件及有效期	颁发的证件：广东省东莞市商品房预售许可证
	证件有效期：有效期限为两年。预售商品房若在有效期内未能销售完毕，房地产开发单位须在有效期届满30日前，携广东省东莞市商品房预售许可证原件到市建设局办事大厅申办延期手续
审批类型及法律效力	行政许可。在东莞行政区域内的房地产开发项目必须申请领取广东省东莞市商品房预售许可证，方可进行预售
设定依据	（1）《中华人民共和国城市房地产管理法》第四十四条 （2）《城市房地产开发经营管理条例》第二十三、二十四、二十五条 （3）《城市商品房预售管理办法》(2001年8月15日修正)第三条 （4）《广东省商品房预售管理条例》(广东省人大常委会公告第15号)第四条 （5）《城市房屋白蚁防治管理规定》第十三条

（续）

审批条件	房地产开发项目，凡具备下列条件的，房地产开发企业在预售前应当向市建设局申请领取商品房预售许可证： （1）已取得房地产开发资质证书、营业执照（《广东省商品房预售管理条例》广东省人大常委会公告第15号第六条） （2）已交付全部土地使用权出让金，取得土地使用权证书（《广东省商品房预售管理条例》广东省人大常委会公告第15号第六条） （3）持有建设工程规划许可证和建筑工程施工许可证（《广东省商品房预售管理条例》广东省人大常委会公告第15号第六条） （4）已确定施工进度和竣工交付使用时间（《广东省商品房预售管理条例》广东省人大常委会公告第15号第六条） （5）工程进度达到如下要求：七层以下（含七层）的商品房项目，已完成结构工程并封顶；七层以上项目已完成2/3结构工程（《关于调整我省商品房预售项目工程形象进度条件的通知》粤建房字〔2001〕2号） （6）已在项目所在地商业银行开设商品房预售款专用账户（《广东省商品房预售管理条例》广东省人大常委会公告第15号第六条） （7）预售商品房项目及其土地使用权未设定他项权（《广东省商品房预售管理条例》广东省人大常委会公告第15号第六条） （8）房屋白蚁预防合同（《城市房屋白蚁防治管理规定》第十三条）
申请资料	（1）东莞市商品房预售申报表（一式三份，可在网上下载）。为确保申报数据的准确性，要求开发商在申报预售证前，先请有资质的专业测绘公司对建筑物进行预测，依据预测成果进行填写，并提供面积测绘成果报告书核对 （2）房地产开发资质证书和营业执照复印件 （3）国有土地使用权证复印件（提供原件核对） （4）建设工程规划许可证副本及其附件的复印件 （5）建筑工程施工许可证复印件 （6）商品房预售款专用账户监管协议 （7）商品房预售方案（预售方案应当说明预售商品房的位置、面积、竣工交付日期、结构类型、户型、装修标准、公共和公用建筑面积的分摊办法、物业管理事项等内容，提交预售商品房的价格清单和付款办法、施工进度方案、投资计划和资金来源等材料，并附经规划部门审核的预售商品房分层平面图） （8）经市规划局审定的项目总体规划平面图（复印件）及项目现状总平面图 （9）房屋买卖合同示范文本复印件（提供原件核对） （10）经市房管局备案的房屋白蚁预防合同复印件（提供原件核对）
审批受理机构	市建设局

(续)

审批程序	（1）市建设局办事大厅窗口收验材料 对材料不齐全或者不符合法定形式的行政许可申请，即时做出建设行政许可补正材料通知书发送申请人，一次性告知申请人需澄清、补充的有关情况或文件，或对相关内容进行调整。对属于本局职权范围，材料（或补正材料）齐全、符合法定形式的行政许可申请，当场制作建设行政许可受理通知书，发送申请人 （2）受理后，在已定时间内派2名工作人员进行实地核查 （3）自收到申请资料之日15个工作日内，对申请材料进行审查，符合条件的由市建设局签发加盖东莞市建设局印章的广东省东莞市商品房预售许可证 对不符合法定条件、标准的或者申请人隐瞒有关情况或者提供虚假材料申请行政许可的，制作不予建设行政许可决定书，说明理由 注：申请人对许可事项的办理意见有异议的，可依法向市人民政府（或省建设厅）申请行政复议或者向人民法院提起行政诉讼
审批时限	资料齐全自收到之日15个工作日
审批收费	无

（2）东莞市商品房预售许可证变更、延期手续（表5-3）

表5-3 东莞市商品房预售许可证变更、延期手续

颁发的证件及有效期	颁发的证件：广东省东莞市商品房预售许可证 证件有效期：有效期限为两年。预售商品房若在有效期内未能销售完毕，房地产开发单位须在有效期届满30日前，携广东省东莞市商品房预售许可证原件到市建设局办事大厅申办延期手续
审批类型及法律效力	日常管理。预售人自签订项目转让合同之日起，应当停止预售商品房；受让方未换领商品房预售许可证的，不得预售商品房
设定依据	《广东省商品房预售管理条例》第十三条："受让方与预售人签订项目转让合同之日起30内，受让方应当持下列文件到原发证机关变更商品房预售许可证" （1）商品房项目的转让合同 （2）原商品房预售许可证 （3）土地管理和城市规划等部门同意变更的有关证件 （4）受让方的房地产开发资质证书 （5）在项目所在地商业银行开设的预售房款专用账户 （6）法律、法规规定的其他条件的证明材料 对符合条件的项目，主管部门应当自受理申请之日起15日内变更商品房预售许可证 预售人自签订项目转让合同之日起，应当停止预售商品房；受让方未换领商品房预售许可证的，不得预售商品房

（续）

申请资料	（1）因商品房项目转让，须变更商品房预售许可证的： 1）商品房项目的转让合同复印件（提供原件核对） 2）原商品房预售许可证原件 3）受让方的房地产开发资质证书 4）受让方开设商品房预售款专用账户证明 5）土地管理和城市规划等部门同意变更的有关证明 （2）其他须变更商品房预售许可证的： 1）变更东莞市商品房预售许可证申请报告 2）商品房预售许可证原件 3）变更内容的相关证明材料 （3）商品房预售许可证到期需延期的： 1）东莞市商品房预售许可证延期申请报告 2）商品房预售许可证原件 3）东莞市商品房预售许可证延期申报表（一式两份）
审批受理机构	市建设局
审批程序	（1）市建设局办事大厅窗口收验材料 对材料不齐全或者不符合法定形式的行政许可申请，即时做出建设行政许可补正材料通知书发送申请人，一次性告知申请人需澄清、补充的有关情况或文件，或对相关内容进行调整。对属于本局职权范围，材料（或补正材料）齐全、符合法定形式的行政许可申请，当场制作建设行政许可受理通知书，发送申请人 （2）自收到申请资料之日15个工作日内，对申请材料进行审查，符合条件的由市建设局换发新的加盖东莞市建设局印章的广东省东莞市商品房预售许可证 对不符合法定条件、标准的或者申请人隐瞒有关情况或者提供虚假材料申请行政许可的，制作不予建设行政许可决定书，说明理由 注：申请人对许可事项的办理意见有异议，可依法向市人民政府（或省建设厅）申请行政复议或者向人民法院提起行政诉讼
审批时限	资料齐全自收到之日15个工作日
审批收费	无

5.2.3 商品房预售许可证办理的注意要点

房地产开发企业是否能顺利及时地办理商品房预售许可证直接影响公司的销售计划，因此，在申请办理商品房预售许可证时，需要注意以下几个要点：

（1）办理商品房预售许可证前须认真填写项目概况，住宅的预测面积、结构、户型、厨卫、阳台的个数和层高等必须认真填写并经至少两人复核后方能提交上网。

（2）如果申报预售的面积累计超过土地出让合同可售面积，须提前调整土地出让合同面积，并在办理商品房预售许可证前完成国有土地出让合同变更协议的签订及土地出让金的缴交。

（3）当预测总面积超过报建面积，须由销售部确定不可售房屋。

（4）申报商品房预售许可证前须落实监控账户及工程形象进度（七层以下封顶，七层以上达到框架结构的2/3）。

(5) 办理商品房预售许可证所需准备的资料较多，因此必须按当地的要求，提前做好报案的资料准备工作，如提前开设好预售款监控账户，签订预售款监控协议书以及完成物业管理招标，取得中标备案书等，而且要资料核对无误。

(6) 销售面积预测的工作量较大，应提前介入。建筑面积务必要注意尽量减少与实际施工及后期实测的面积误差，避免在后期的确权、办理房产证时造成公司利益的损失、减少业主的投诉。因此，提供预测的施工图一定要注意是不是三层会验后的最新施工图，包括建筑图、能显示剪力墙和柱子变化的结构图。平立剖面图、阳台窗台风道等大样图与现场施工的图样是否一致，现场施工有无变动。取得预测面积的结果开发部要提交预决算部审核。

(7) 如国土证已抵押贷款，在办商品房预售许可证之前应提前与资金计划部沟通，把握好涂销抵押的时机。

(8) 如工程形象进度未达到或相差不大的情况，可根据当地法规要求争取变通的办法过关。

5.3 商品房预售广告备案

房地产开发企业发布预售广告时，必须取得商品房预售许可证，并在商品房预售广告中载明商品房预售许可证明的文号，在广告发布之前，将广告式样报房管局（或建设局）和工商局备案，由房管局（或建设局）对符合条件的在商品房预售广告备案表和预售广告式样上加盖备案章。

例：东莞市商品房预售广告备案手续

东莞市商品房预售广告备案手续见表5-4。

表5-4　东莞市商品房预售广告备案手续

颁发的证件及有效期	颁发的证件：由市建设局在商品房预售广告备案表及预售商品房广告式样上加盖市建设局的备案章
	证件有效期：无
审批类型及法律效力	日常管理。主管部门和工商行政管理部门发现该广告内容与项目不符时，应当责令其停止发布。预售人发布虚假广告和印发虚假宣传资料，欺骗和误导预购人，使预购人的合法权益受到损害的，预售人应当承担民事责任。广告经营者、发布者明知或者应知广告虚假仍设计、制作、发布的，应当依法承担连带责任
设定依据	《广东省商品房预售管理条例》第十九条、第二十条、第二十一条、第四十条 第十九条　预售人发布预售广告时，应当已取得商品房预售许可证。预售广告的内容必须真实、准确，不得有误导、欺骗公众和不符合预售的商品房项目的内容，并载明商品房预售许可证的编号和发证机关 第二十条　预售人发布的预售商品房广告和印发的宣传资料所明示的事项，预购人有权要求在商品房预购销合同中约定 第二十一条　预售人发布预售商品房广告时，应当提前5日将拟发布的广告式样报核发商品房预售许可证的主管部门和工商行政管理部门备案，主管部门和工商行政管理部门发现该广告内容与项目不符时，应当责令其停止发布

（续）

审批条件	东莞市行政区域内，以电视台、电台、报纸、户外广告牌、宣传单张、车身广告等方式发布的商品房预售广告，商品房预售人应当提前5日将拟发布的广告式样报市建设局备案（已办理确权登记的商品房销售广告不在此备案范围） 预售人发布商品房预售广告时，必须取得商品房预售许可证；在预售广告中必须载明商品房预售许可证的编号和发证机关 预售广告的内容必须真实、准确，不得含有风水、占卜等封建迷信内容，不得出现融资、升值、投资回报、办理户口、就业、升学等有关承诺的内容 预售广告中涉及面积的，应当表明是建筑面积或者使用面积；使用建筑设计效果图或者模型照片的，应当在广告中注明
申请资料	（1）商品房预售广告备案表（一式两份） （2）广告经营单位的营业执照复印件 （3）商品房预售许可证复印件 （4）商品房预售广告式样（文字或图片类广告使用复印件一式两份，影音类广告使用复制副本一式一份）
审批受理机构	市建设局
审批程序	（1）市建设局办事大厅三号窗口收验材料 （2）对资料不齐全项目，即时做出补正材料通知书，一次性告知申请人需澄清、补充的有关情况或文件，或对相关内容进行调整 （3）自收到备案申请之日5个工作日内，对符合条件的由市建设局在商品房预售广告备案表及预售商品房广告式样上加盖市建设局的备案章 对不同意备案的项目，在5个工作日内出具不予备案通知书，并说明理由 注：申请人对项目备案的办理意见有异议的，可依法向市人民政府（或省建设厅）申请行政复议或者向人民法院提起行政诉讼
审批时限	资料齐全自收到之日5个工作日
审批收费	无

5.4　商品房预售款使用的申请

商品房预售款是指预售人（即房地产开发企业）将其开发建设的商品房在竣工备案前预售给购房人，由购房人按合同约定支付的预购房款。房地产开发企业在项目竣工备案、办理房地产初始登记前，可以向房管局提出申请，将预售款用于支付本项目的工程、建筑材料、配套设施设备、税费和工程建设费用等。

房地产开发企业申请使用商品房预售款需要准备的材料一般包括商品房预售款使用申请表、预售款使用计划、预售款使用证明文件（如购买材料的购销合同、税费缴款单或贷款合同等）。

商品房预售款使用申请的办理流程见图5-3。

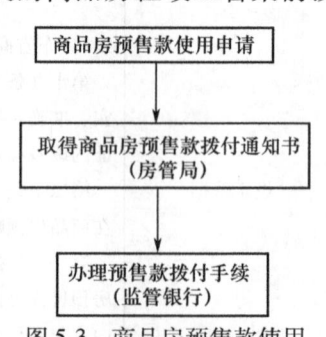

图5-3　商品房预售款使用申请的办理流程

例：东莞市商品房预售款使用申请办理手续

东莞市商品房预售款使用申请办理手续见表5-5。

表5-5 东莞市商品房预售款使用申请办理手续

颁发的证件及有效期	颁发的证件：由市建设局在预售款使用申请表上签注意见 证件有效期：无
审批类型及法律效力	日常管理。预售人使用商品房预售款时，银行应当按房地产交易登记机构核准同意支付的数额拨付
设定依据	《广东省商品房预售管理条例》第三十条、第三十一条、第三十二条、第三十三条 第三十条　预售人在商品房项目所在地的银行设立商品房预售款专用账户内的款项，在项目竣工之前，只能用于购买项目建设必需的建筑材料、设备和支付项目建设的施工进度款及法定税费，不得挪作他用 预售人有多个商品房预售项目的，应当分别设立商品房预售款专用账户 第三十一条　预购人应当按合同约定的付款时间，将商品房预售款直接存入商品房预售款专用账户，凭银行出具的存款凭证，向预售人换领交款收据 预售人代预购人办理商品房房地产权证的，预购人可以留15%的商品房价款，其中10%的商品房价款在预售的商品房竣工验收之后、交付使用之前支付，5%的商品房价款在预售人交付商品房房地产权证时支付 预购人自己办理商品房房地产权证的，预购人可以留10%的商品房价款，在预售人取得商品房项目产权确认证明书并将商品房交付使用之日起10日内支付 第三十二条　预售的商品房所在地的市、县房地产交易登记机构负责监督管理商品房预售款收存和使用 第三十三条　预售人申请商品房预购销合同登记时，应当同时附送银行出具给预购人的首期商品房预售款存入专用账户的凭证 预售人使用商品房预售款时，银行应当按房地产交易登记机构核准同意支付的数额拨付 房地产交易登记机构应当自收到预售人使用商品房预售款申请之日起5日内作出答复；对符合本条例第三十条第一款规定的，应当同意其使用；对不同意使用的，应当以书面方式说明理由
申请资料	（1）预售楼款使用申请表一式三份 （2）近期的银行对账单原件 （3）支票(填写好收款单位，不填写日期) （4）款项使用明细情况说明(一笔款项要支付给两个以上单位的,应将收款单位名称、金额、用途等内容写出附件说明) （5）款项使用证明文件(如施工合同复印件或税费缴款单等)
审批受理机构	市建设局
审批程序	（1）市建设局办事大厅三号窗口收验材料 对资料不齐全项目，即时做出补正材料通知书，一次性告知申请人需澄清、补充的有关情况或文件，或对相关内容进行调整 （2）自收到预付款申请之日起3个工作日，对符合条件的由市建设局在预售款使用申请表上签注意见，并在支票上盖上原预留的印鉴 对不同意的项目，在3个工作日内在预售款使用申请表上签注不同意见，并说明理由
审批时限	资料齐全自收到之日3个工作日
审批收费	无

5.5 建设工程竣工专项验收的办理

5.5.1 建设工程竣工专项验收手续的办理

建设工程竣工专项验收是指在建设工程竣工之后，建设单位到规划局、人防办、环保局、卫生局、消防局、建设局等部门申请规划、人防、环保、卫生、消防、节能等专项验收。在验收合格后，取得各部门出具的验收文件或准许使用文件，再组织工程竣工验收并编制建设工程竣工验收报告。经验收合格的房地产项目，方可交付使用。

建设工程竣工专项验收的一般流程见图 5-4。

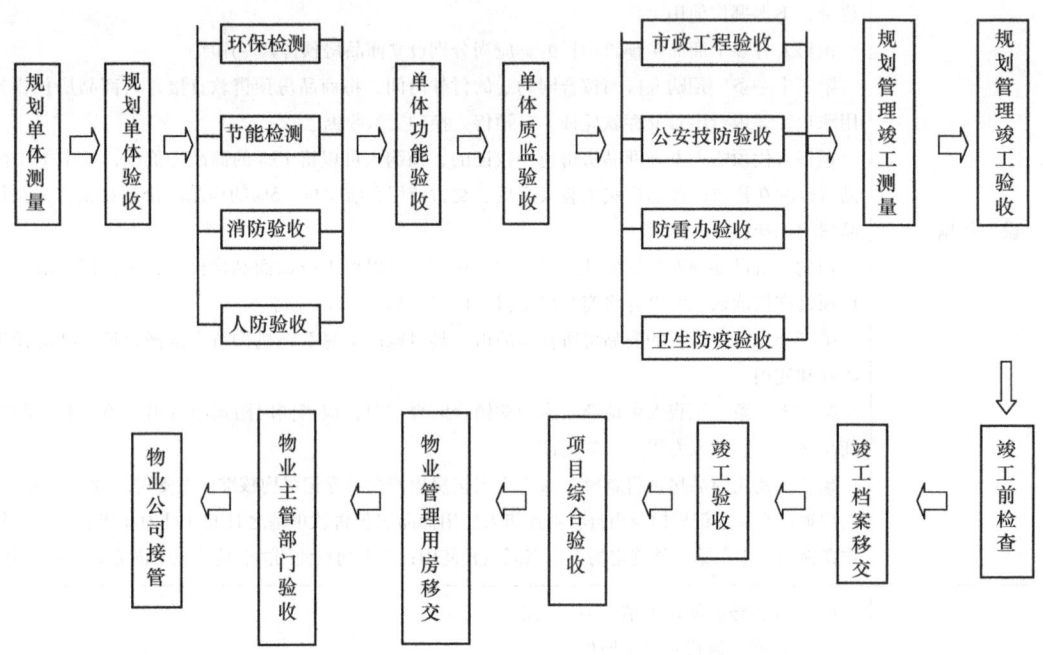

图 5-4　建设工程竣工专项验收的一般流程

例 1：广州市人防、环保、卫生专项验收手续

（1）人防工程验收。

1）介入条件：主体工程竣工后，完成工程部人防工程竣工图盖章(一式两份)。

2）准备资料：申请函、人防总规批复、防空地下室施工图审查意见书(原件)、人防工程竣工图(一式两份)，人防工程技术档案表(一式三份)。

3）工作程序：

① 报入市人防办申办验收。

② 约请市人防办工程科人员进行现场初验。

③ 取得经办人初验结果。

④ 将初验结果转达工程部，对人防工程进行必要的整改。

⑤ 完成工程整改并约请市人防办工程科人员进行正式现场验收。

⑥ 办理签订警报通信房移交协议书及"通信房"的移交手续。

⑦ 取得工程建设处经办人验收意见。

⑧ 取得工程建设处处长验收意见。

⑨ 取得人防办主任验收意见。

⑩ 取得市人防办防空地下室验收合格意见书。

4) 报验流程(图 5-5)。

(2) 环保设施验收。

1) 介入条件：工程全面竣工，并取得工程部竣工图样(一套)。有发电机的，则要办理建设项目污染源排污口登记，委托市环境监测中心对发电机进行现场监测并取得"达标"报告。（建议纳入发电机安装单位办理还可省钱省时）

2) 准备资料：市环保局审批的报告书(表)及有关批文，污染源排污口申报表，发电机所在楼层位置及声、气、污并标注平面图(一式四份)。

3) 工作程序。

① 办理发电机监测阶段：

A. 报入市环境监理所办理排污口登记审批手续。

B. 约请征监科人员勘查现场。

C. 订制标志牌及标志分布图并缴纳工本费。

D. 凭缴费发票开具登记回执。

E. 取得标志牌及标志分布图。

F. 取得排污口登记回执，委托市环境监测中心站办理发电机监测手续。

G. 监测中心完成验收监测方案的编制并报入市环保局进行审批。

H. 取得市环保局验收监测方案的审批结果。

I. 进行发电机现场监测。

J. 完成样品分析和监测报告的编写。

K. 取得监测中心站收费基金缴款通知书。

L. 缴纳监测费用。

M. 取得发电机监测报告，并填写建设项目环境保护"三同时"竣工验收登记表，发电机监测完毕。

② 申报环保验收阶段：

A. 准备完毕环保验收资料：建筑报建图复印件、申请报告、验收申请表、环评报告书、建设许可证、发电机安装竣工图(一份)、发电机监测报告。

B. 报入市环保局申办环保设施验收方案。

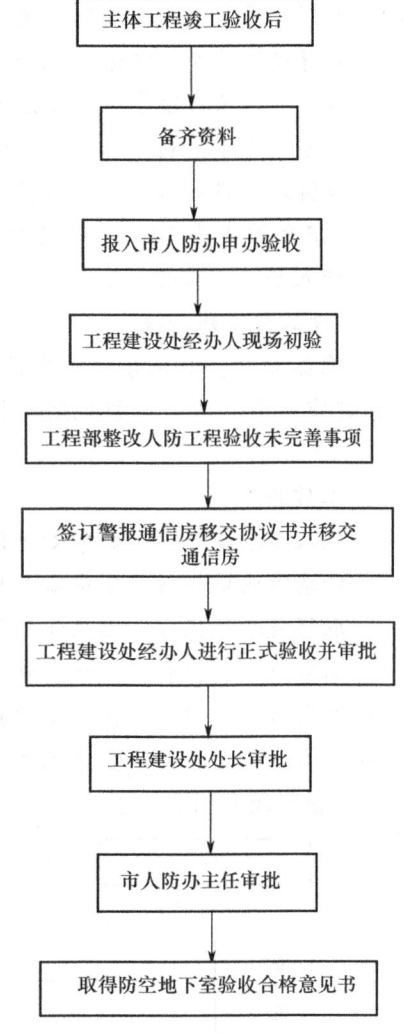

图 5-5 广州市人防、环保、卫生专项验收手续

C. 约请市环保局建管处人员进行现场验收。
D. 取得建管处经办人环保设施验收审查意见。
E. 取得建管处处长环保设施验收审批意见。
F. 取得市环保局领导环保设施验收审批意见。
G. 经办人在申报表上填写验收合格证明并办理出文手续。
H. 取得环保设施竣工验收合格证明。

(3) 卫生学建筑工程评价(验收)。

1) 介入条件：工程全面竣工，取得工程部提供的室内环境及建筑装修材料检验资料，并完成建设工程规划验收。

2) 准备资料：卫生学评价申报表(一份)、申请函、本项目卫生学的审查意见、建设工程报建审核书、建设工程规划验收合格证、竣工图资料(平立剖面图、通风空调、给水排水)。

3) 工作程序：
① 报入市疾病预防控制中心单体卫生学验收审查。
② 约请市疾病预防控制中心工程监测科人员勘查现场。
③ 取得监测科经办人卫生学验收审查意见。
④ 取得监测科科长卫生学验收审批意见。
⑤ 取得市疾控中心主任卫生学验收审批意见。
⑥ 中心办公室打印审查意见并办理出文手续，取得卫生学验收意见。

(4) 报验流程(图5-6)。

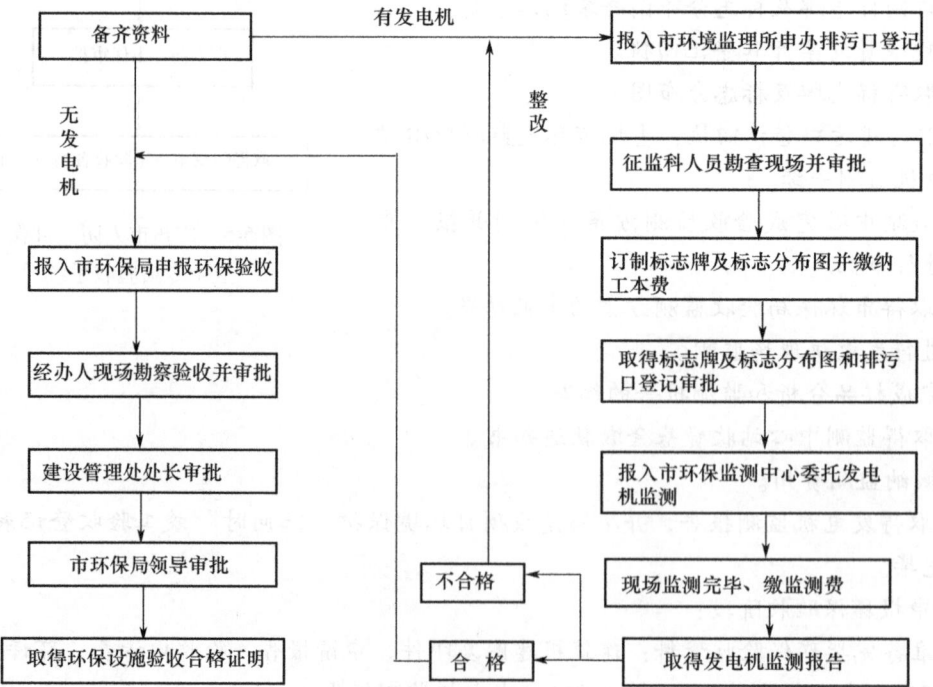

图5-6 广州市人防、环保、卫生专项验收报验流程

例 2：重庆市建筑节能、规划、消防、环保专项验收手续

（1）建筑节能专项验收及备案。

1）分户验收。

住宅工程质量分户检验（以下简称分户检验），是指住宅工程在按照国家规范要求内容进行工程竣工验收前，建设单位组织工程监理和施工单位对每一户及公共部分的走廊、楼梯间、电梯间等具有独立使用功能的房间的几何尺寸、观感质量、使用功能和使用安全等内容进行的专门检验。分户检验不合格的，建设单位不得组织工程竣工验收。

① 分户检验应当在确保工程地基基础和主体结构安全的基础上，对以下项目内容进行分户检验：

A. 房间及公共部分空间尺寸。

B. 建筑结构外观及尺寸。

C. 门窗安装工程质量。

D. 墙面、地面和顶棚面层质量。

E. 防水工程质量。

F. 给水、排水系统安装工程质量。

G. 电气工程安装工程质量。

H. 其他规定、标准中要求分户检查的内容。

② 分户检验应当按照以下要求进行：

A. 建设单位组织监理、施工单位确定分户检验小组人员。分户检验小组组长为建设单位项目负责人，副组长为施工单位项目经理和监理单位项目总监，检查人员由各单位相关工作人员组成。已选定物业公司的，物业公司应当参加分户检验工作。

B. 分户检验小组应根据房屋情况确定检查部位和数量，并在施工图样上注明。

C. 分户检验小组按照国家有关规范和市建设工程质量监督总站确定的分户检验具体项目及实施细则，对上述要求的分户检验内容进行逐户检查。

D. 分户检验小组填写检查记录，发现工程几何尺寸、观感质量、使用功能和使用安全不符合规范或设计文件要求的，书面责成施工单位整改并对整改情况进行复查，整改与复查情况应记入检验记录。

E. 分户检验小组发现设计质量问题的，应书面通知设计单位提出方案并整改，整改与处理情况应记入检验记录。

F. 分户检验合格后，必须按户出具由建设、施工、监理单位项目负责人签字和单位盖章确认的住宅工程质量分户检验表。住宅工程竣工验收前，建设单位应将分户检验的情况汇总后报负责该工程的质量监督机构备案。住宅工程交付使用时，建设单位应当将住宅工程质量分户检验表交给住户。

2）建筑节能专项验收及备案。

建设单位在组织建设项目竣工验收时，应当同时验收建设项目的建筑节能设施，并在工程竣工验收报告中注明建筑节能的实施内容，同时将建筑节能审查和实施结果文件按重庆市民用建筑节能竣工验收备案表格式填写，报建设行政主管部门备案。对未达到建筑节能标准的建设项目，建设单位必须改正后重新组织竣工验收。

3) 建筑能效测评。

建筑工程项目竣工且建筑节能分部工程验收合格后，建设单位应当填写重庆市建筑能效测评与标识申请表，向建设行政主管部门申请建筑能效测评，提供以下资料，并对其真实性负责。

① 初步设计审批意见。

② 施工图审查机构审查通过的施工图设计文件（包括建筑、暖通、电气、给水排水专业设计图及节能设计模型，节能计算报告书，空调热负荷及逐项、逐时冷负荷计算书）；施工图建筑节能专项审查意见及设计单位的回复资料；施工图建筑节能工程设计变更文件（包括变更图说、建筑节能设计模型、节能计算报告书和相应的审查文件）。

③ 重庆市民用建筑节能设计审查备案登记表。

④ 涉及建筑节能分部工程的竣工图、施工变更、施工质量检查记录、验收报告等相关资料。

⑤ 与建筑节能相关的设备、材料、产品（部品）合格证、进场复验报告和法定检测机构出具的节能性能检测报告。

⑥ 已由法定检测机构进行了工程围护结构热工性能检测的，应提供检测报告。

⑦ 采用建筑节能新技术、新设备、新材料的情况报告及按照有关规定应进行评审、鉴定及核准、备案和技术性能认定的有关文件。

建筑工程项目未经建筑能效测评，或者建筑能效测评不合格的，不得组织竣工验收，不得交付使用，不得办理竣工验收备案手续。

建筑能效标识等级分为Ⅰ级、Ⅱ级、Ⅲ级。节能率≥70%，标识为Ⅰ级；65%≤节能率<70%，标识为Ⅱ级；节能率≥50%，标识为Ⅲ级。

(2) 规划验收：

1) 重庆市建筑工程规划验收合格证申请表（原件1份）。

2) 建筑工程竣工图（原件1份，1∶100建施平面图、立面图、剖面图）。

3) 具有房产测绘资质单位编制的建筑工程竣工规划实测面积报告及建筑工程实测图（原件2份附电子文档、实测图要求反映各层平面的功能分区及尺寸、面积，比例尺为1∶100~1∶300）。

4) 经重庆测绘产品质量监督站验收合格的建设工程竣工实测地形图（原件1份附电子文档，建筑及市政工程比例尺1∶500）。

5) 管线工程提交经重庆市测绘产品质量监督站验收合格的管线竣工图（原件2套及电子文档，依实际选择相应的国家系列比例尺）。

(3) 消防验收：

1) 建筑工程消防验收申报表（原件1份）。

2) 建筑工程消防安全质量验收报告表（1份）。

3) 建筑工程消防设计审查资料[包括相关部门批准文件、消防方案和初步设计审查意见书（复印件各2份）]、施工图消防备案告知书、消防设计变更情况、消防设计专家论证会议纪要及有关说明等。

4) 经审图机构审查同意的施工图（总平面图、标准层及非标准层平面图、立面图、剖面图、消火栓及喷淋系统图、火灾自动报警系统图、防排烟系统图,并盖审图机构、建设、设计、施工单位公章)及隐蔽工程监理记录数据(原件)。

5) 建筑工程施工许可证(复印件1份)。

6) 消防产品选用清单并盖建设单位公章,消防产品质量合格证明文件、产品检验报告复印件(建筑内部装修材料见证取样、抽样检验及其他燃烧性能证明材料,阻燃制品的燃烧性能证明材料,卖方提供)。

7) 消防工程施工企业资质证书(复印件1份,加盖施工单位公章)。

(4) 环保验收。

1) 预验收(试生产):

① 重庆市建设项目环保试生产、预验收报审表。

② 按"三同时"申报的环保工程竣工监测报告。

2) 竣工验收:

① 重庆市建设项目环境保护验收申请表(原件1份)。

② 建设单位委托有资质的环境监测站或环境监测机构编制的环境保护验收监测报告(一式五份并附电子版)。

例3:成都市建设工程规划竣工验收

(1) 办理单位:成都市规划管理局。

(2) 办理窗口:市政务服务中心市规划局窗口。

(3) 承诺时限:5个工作日。

(4) 收费标准及收费依据:按成都市人民政府《关于成都市建设项目部分行政事业性收费一站式收取管理暂行办法》的通知代收。

(5) 法定依据:

1)《中华人民共和国城市规划法》第四章第三十七条、三十八条。

2)《四川省<城市规划法>实施办法》第三章第三十一条、三十二条。

3)《成都市城市建设规划管理条例》第十八条。

4)《成都市非政府投资项目实行登记备案制暂行办法》和投资项目办事流程。

(6) 办理程序:

第一步:申请人持申请材料向市政务中心规划局窗口提出申请。

第二步:窗口工作人员按标准查验申请材料,对材料齐全、规范、有效的予以受理,填写并发出市规划局建设项目报建回执,并予当日将有关材料转项目管理处室经办人员。对申请材料不齐或不符合法定形式的,当场一次性告知申请人。

第三步:在承诺期限内,经核准符合规划审批要求的,向建设单位发放建设工程规划验收合格证。经核准不符合规划审批要求的,向建设单位发放规划验收意见书。建设单位按规划验收意见书实施整改后重新申请建设工程规划验收合格证。

(7) 申请材料:

1) 规划验收申请表1份(窗口索取或网上下载)及附件。

2) 建设工程规划要求执行情况自查报告。

3) 勘测部门实测房屋竣工测量图2份。

4) 房屋产权部门实测竣工建筑面积图、表。
5) 建设工程规划许可证及附图。
6) 市城建档案馆竣工资料进馆意见书(限建筑面积2000m² 以上建筑)。
(8) 申办建设工程规划验收注意事项:
1) 已取得建设工程规划许可证并完成规划验收意见书所要求的所有内容的。
2) 应持相关部门费用核定单报建。
3) 已完成规划许可证要求的所有配套项目。
4) 违法建设已进入违法建设查处程序进行处理。
(9) 取得的文件: 建设工程规划验收合格证1份或规划验收意见书。

5.5.2 建设工程竣工专项验收办理的注意要点

房地产开发企业在办理工程竣工各专项验收时, 需要注意以下几个要点:
(1) 规划验收。
为顺利完成规划验收, 开发部须跟踪协调工程部按公司要求的工程竣工标准完成竣工验收, 并了解当地的政策规定。例如政策允许竣工面积比报建面积超出比例, 房地产开发企业应对可能影响规划验收的因素提前采取应对措施, 使各期工程的规划验收能尽早顺利完成。
(2) 质量验收。
各期工程的质量监督意见书一般由工程部负责向当地的质检站申办。开发部门应做好沟通协调工作。
(3) 人防竣工验收备案。
工程竣工后, 应跟踪工程部尽快提交竣工资料, 并对初验未达要求的工程尽快完成整改。
(4) 消防验收。
1) 消防验收通常由消防工程施工单位负责办理并取得消防验收合格证。开发部门应做好沟通协调工作。
2) 随着政策的越来越严格、规范, 须先对所有的消防设施、设备逐一进行检测, 检测不合格的要完成整改, 合格后方可办理消防验收合格证。
(5) 环保验收。
1) 做好项目污染源排污口登记, 对污染源进行检测并达标。
2) 对发电机房进行现场检测并取得达标报告。
3) 环境保护设施经负荷试车检测合格, 其防治污染能力适应主体工程的需要。

5.6 建设工程竣工验收备案和竣工档案归档

5.6.1 建设工程竣工验收备案手续的办理

建设工程竣工验收备案是指建设单位在建设竣工验收后, 将建设工程竣工验收报告和规划、公安消防、环保等部门出具的认可文件或准许使用文件报建设主管部门审核的行为。根据《房屋建筑和市政基础设施工程竣工验收备案管理办法》，房地产开发企业在工程竣工验收合格之日起15日内，需要持工程竣工验收备案表、工程竣工验收报告、规划、环保、消防等部门出具的验收合格证明文件等材料报建设局审核，材料齐全且通过审核的，可以取得建设工程竣工验收备案证明。

例1：东莞市建设工程竣工验收备案手续

东莞市建设工程竣工验收备案手续见表5-6。

表5-6 东莞市建设工程竣工验收备案手续

颁发的证件及有效期	颁发的证件：房屋建筑工程和市政基础设施工程竣工验收备案证
	证件有效期：无
设定依据	（1）《建设工程质量管理条例》第四十九条　建设单位应当自建设工程竣工验收合格之日起15日内，将建设工程竣工验收报告和规划、公安消防、环保等部门出具的认可文件或者准许使用文件报建设行政主管部门或者其他有关部门备案 建设行政主管部门或者其他有关部门发现建设单位在竣工验收过程中有违反国家有关建设工程质量管理规定行为的，责令停止使用，重新组织竣工验收 （2）《房屋建筑工程和市政基础设施工程竣工验收备案管理暂行办法》（建设部令第78号，2000年4月7日施行）第五条、第六条、第七条 第五条　建设单位办理工程竣工验收备案应当提交下列文件： （一）工程竣工验收备案表 （二）工程竣工验收报告。竣工验收报告应当包括工程报建日期，施工许可证号，施工图设计文件审查意见，勘查、设计、施工、工程监理等单位分别签署的质量合格文件及验收人员签署的竣工验收原始文件，市政基础设施的有关质量检测和功能性试验资料以及备案机关认为需要提供的有关资料 （三）法律、行政法规规定应当由规划、公安消防、环保等部门出具的认可文件或者准许使用文件 （四）施工单位签署的工程质量保修书 （五）法规、规章规定必须提供的其他文件 商品住宅还应当提交住宅质量保证书和住宅使用说明书 第六条　备案机关收到建设单位报送的竣工验收备案文件，验证文件齐全后，应当在工程竣工验收备案表上签署文件收讫 工程竣工验收备案表一式两份，一份由建设单位保存，一份留备案机关存档 第七条　工程质量监督机构应当在工程竣工验收之日起5日内，向备案机关提交工程质量监督报告 （3）《房屋建筑工程和市政基础设施工程竣工验收备案管理暂行办法》建办建〔2000〕18号"为规范工程竣工验收备案管理工作，建设部制定了房屋建筑工程和市政基础设施工程竣工验收备案表格式，现将表格印发给你们，请各地按此格式统一印制。"
审批条件	建设单位在工程竣工验收合格之日起15日内应向市建设局办理备案。对超过15日未办理的，可延至6个月内办理备案。超过6个月仍未办理的，市建设局将对工程现场进行复查，经复查无改变结构及使用功能的，方可办理备案

(续)

申请资料	(1)《东莞市房屋建筑工程和市政基础设施工程竣工验收备案表》(一式两份) (2) 工程竣工验收备案文件(一式一份)整理要求如下： 　1) 工程竣工验收报告原件。主要内容应包括：工程概况，工程报建日期，施工许可证号，施工图设计文件审查意见，建设单位执行基本建设程序情况，对工程勘查、设计、施工、监理等方面的评价，工程竣工验收时间、程序、内容和组织形式，工程竣工验收意见等内容 　2) 工程施工许可证复印件 　3) 单位工程质量综合验收文件原件(市政基础设施工程为工程竣工验收鉴定书和单位工程质量竣工验收记录；房屋建筑工程为单位(子单位)工程质量竣工验收记录) 　4) 市政基础设施的有关质量检测和功能性试验资料及其他相关资料(仅限市政基础设施工程) 　5) 备案机关认为需要提供的有关资料： 　① 工程规划许可证复印件； 　② 工程合同价款拨付情况说明(建建〔2000〕142号第五条第七款)原件：写明建设单位是否已经按合同约定拨付工程款，并注明工程合同总价、已付款数额、已付款占合同总价百分比。要求加盖双方单位公章 　6) 规划、公安消防、环保等部门出具的认可文件或者准许使用文件(中华人民共和国建设部令第78号令第五条)：指建设工程规划验收合格通知书、建筑工程消防验收意见书(仅限建筑工程)、环保认可或准许使用文件(由建设单位按环保部门有关规定办理相关手续，提供相关文件) 　7) 施工单位签署的工程质量保修书(中华人民共和国建设部令第78号令第五条)：参照房屋建筑工程质量保修办法(建设部令第80号令发布)、建设部国家工商行政管理局关于印发《房屋建筑工程质量保修书》示范文本的通知(建建〔2000〕第185号) 　8) 商品住宅的《住宅质量保证书》《住宅使用说明书》(中华人民共和国建设部令第78号令第五条、建设部〔1998〕102号文)，仅限商品住宅工程 (3) 工程竣工验收合格之日起5个工作日内，市建设工程质量监督站将工程质量监督报告报市建设局 注：1) 备案表及备案文件内容严禁涂改，如有变更，须加盖建设单位公章 　2) 所提供的备案文件如为复印件，应加盖复印单位公章，并注明原件存放处，经办人签名、日期
审批受理机构	市建设局
审批程序	(1) 市建设局办事大厅窗口收验材料 对资料不齐全项目，即时做出补正材料通知书，一次性告知申请单位需澄清、补充的有关情况或文件，或对相关内容进行调整 (2) 自收到之日起，对符合条件的在15个工作日内由市建设局签发房屋建筑工程和市政基础设施工程竣工验收备案证 对不同意备案的项目，在15个工作日内出具不予备案通知书，并说明理由 注：申请单位对项目备案的办理意见有异议的，可依法向市人民政府(或省建设厅)申请行政复议或者向人民法院提起行政诉讼
审批时限	自收到齐全资料之日起15个工作日内
审批收费	无

附：建设工程竣工验收备案审批流程(图 5-7)。
(法定办结时限 5 个工作日、承诺办结时限 3 个工作日)

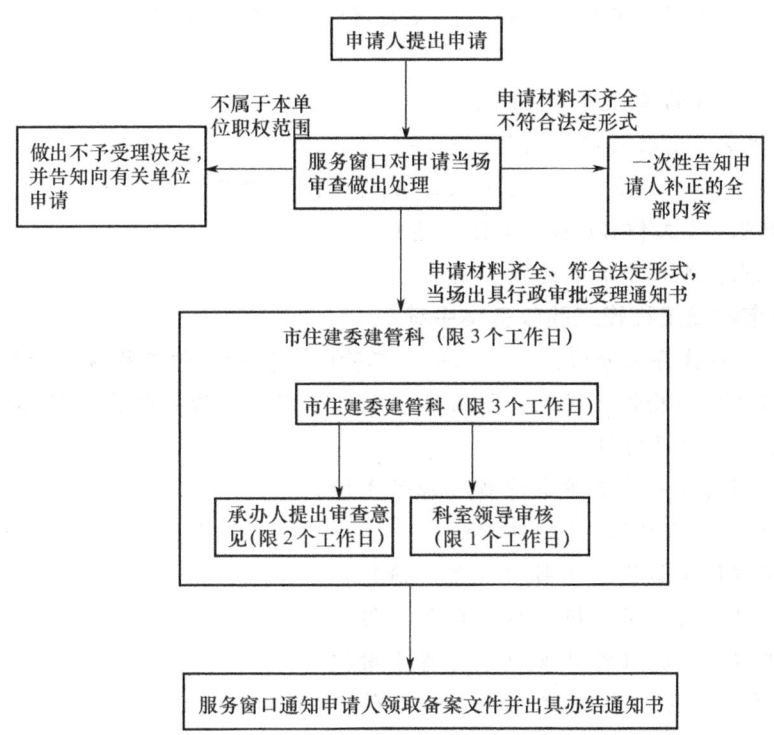

图 5-7 东莞市建设工程竣工验收备案审批流程

例 2：郑州市建设工程竣工验收备案手续

(1) 办事程序。

建设单位收到建设工程竣工报告后，应当组织设计、施工、工程监理等有关单位进行竣工验收。建设工程竣工验收应当具备下列条件：

1) 完成建设工程设计和合同约定的各项内容。
2) 有完整的技术档案和施工管理资料。
3) 有工程使用的主要建筑材料、建筑构配件和设备的进场试验报告。
4) 有勘查、设计、施工、工程监理等单位分别签署的质量合格文件。
5) 有施工单位签署的工程保修书。

建设工程经验收合格的，方可交付使用。

建设单位应当严格按照国家有关档案管理的规定，及时收集、整理建设项目各环节的文件资料，建立、健全建设项目档案，并在建设工程竣工验收后，及时向建设行政主管部门或者其他有关部门移交建设项目档案。

(2) 所需材料：

1) 工程竣工验收备案表。
2) 工程竣工验收报告。竣工验收报告应当包括工程报建日期，施工许可证号，施工图设计文件审查意见，勘察、设计、施工、工程监理等单位分别签署的质量合格文件及验收人员签署的竣工验收原始文件，市政基础设施的有关质量检测和功能性试验资料以及备案机关认为需要提供的有关资料。

3) 法律、行政法规规定应当由规划、公安消防、环保等部门出具的认可文件或者准许使用文件。

4) 施工单位签署的工程质量保修书。

5) 法规、规章规定必须提供的其他文件。

6) 商品住宅还应当提交《住宅质量保证书》和《住宅使用说明书》。

(3) 办理时限：3 工作日(不含工作时间)。

(4) 办理地点：郑州市城乡建设委员会。

例3：重庆市建设工程竣工验收备案手续

建设工程竣工验收备案分为：区管工程竣工验收备案和市管工程竣工验收备案。

(1) 区管工程竣工验收备案无并联项目，应自工程竣工验收合格之日起15日内向建设主管部门申报备案，申报材料：

1) 《建设工程竣工验收备案申请书》(原件1份)。

2) 建筑工程施工许可证(复印件1份)。

3) 《建设工程竣工验收意见书》(原件1份)。

4) 《施工设计图文件审查报告》(复印件1份)。

5) 《建设工程档案验收意见书》(复印件1份)。

6) 施工单位出具的《工程竣工报告书》(原件1份)。

7) 监理单位出具的工程质量评价报告(原件1份)。

8) 勘察单位出具的《勘察文件质量检查报告》(原件1份)。

9) 设计单位出具的《设计文件质量检查报告》(原件1份)。

10) 施工单位出具的《工程质量保修书》(复印件1份)。

11) 施工单位提供的建设单位已按合同支付工程款的证明(原件2份)。

12) 经房地产开发行政主管部门核定的《重庆市房地产开发建设项目手册》(原件1份)。

13) 商品房工程应提供《新建商品房使用说明书和质量保修书》(复印件1份)。

14) 房地产开发项目提供水、电、气、通信、闭路部门验收意见(原件)。

15) 提交项目竣工图片(电子文档)。

16) 重庆市民用建筑节能竣工验收备案表(原件1份)。

17) 法律法规规定必须提供的其他文件，规划、消防、环保、市政、交通、人防、防雷、绿化等主管部门出具的验收认可文件或准许使用文件(复印件1份)。

注：办理竣工验收备案时应经质量监督部门验收合格并形成《建设工程质量监督报告》。

(2) 市管工程竣工验收备案有并联项目，应自工程竣工验收合格之日起15日内向建设主管部门申报备案，竣工验收备案并联规划、消防、环保验收审批，其他各单(专)项验收不得影响建设工程竣工验收，应在建设工程竣工验收前结合工程实际情况和行政职能部门的规定及时完成，若有矛盾，咨询相关部门后及时组织并完成。

1) 主办部门申报材料：

① 《建设工程竣工验收备案申请书》（原件 1 份）。
② 建筑工程施工许可证（复印件 1 份）。
③ 《建设工程竣工验收意见书》（原件 1 份）。
④ 《施工设计图文件审查报告》（复印件 1 份）。
⑤ 《建设工程档案验收意见书》（复印件 1 份）。
⑥ 施工单位出具的《工程竣工报告书》（原件 1 份）。
⑦ 监理单位出具的《工程质量评价报告》（原件 1 份）。
⑧ 勘察单位出具的《勘察文件质量检查报告》（原件 1 份）。
⑨ 设计单位出具的《设计文件质量检查报告》（原件 1 份）。
⑩ 施工单位出具的《工程质量保修书》（复印件 1 份）。
⑪ 施工单位提供的 建设单位已按合同支付工程款的证明（原件 2 份）。
⑫ 经房地产开发行政主管部门核定的《重庆市房地产开发建设项目手册》（原件 1 份）。
⑬ 商品房工程应提供《新建商品房使用说明书和质量保修书》（复印件 1 份）。
⑭ 房地产开发项目提供水、电、气、通信、闭路部门验收意见（原件）。
⑮ 提交项目竣工图片（电子文档）。
⑯ 重庆市民用建筑节能竣工验收备案表（原件 1 份）。
⑰ 法律法规规定必须提供的其他文件，市政、交通、人防、防雷、绿化等主管部门出具的验收认可文件或准许使用文件。

注：办理竣工验收备案时应经质量监督部门验收合格并形成《建设工程质量监督报告》。

2) 协办部门申报资料。
① 规划部门：
A. 建设工程规划验收申请表（原件 1 份）。
B. 建设工程竣工图（原件 1 份，1：100 建施平、立、剖图）。
C. 具有房产测绘资质单位编制的建筑工程竣工规划实测面积报告及建筑工程实测图（原件 2 份，实测图要求反映各层平面的功能分区及尺寸、面积，比例尺为 1：200-1：500）。
D. 经重庆测绘产品质量监督站验收合格的建设工程竣工实测地形图（原件 1 份，比例尺 1：500）。

② 消防部门：
A. 建筑工程消防验收申请表（原件 1 份）。
B. 初步设计审核意见书（复印件 1 份）。
C. 施工图审图机构出具的施工图审查合格报告。
D. 建筑工程消防安全质量验收报告表（附建设单位出具的《建设工程竣工验收消防质量合格承诺书》、设计单位出具的《建设工程施工图消防设计质量合格承诺书》、施工单位出具的《建设工程消防施工质量合格承诺书》、监理单位出具的《建设工程消防质量监理合格承诺书》）。
E. 消防工程施工企业资质等级证书，应注名"此件与原件核对无误"，并加盖施工单位公章。
F. 消防产品选用清单，并提供产品合格证明。

G. 施工图审图机构审查合格的施工图(总平面图、标准层及非标准层平面图、立面图、剖面图、消火栓及喷淋系统图、火灾自动报警系统图、防排烟系统图,并盖审图机构、建设、设计、施工单位公章)。

③ 环保部门。

A. 环保竣工验收。

a. 建设项目竣工环境保护验收申请表(根据建设项目的具体情况分为4种形式):建设项目竣工环境保护验收申请表(适用于以生态影响为主、编制环境影响报告表的建设项目);建设项目竣工环境保护验收申请报告(适用于以生态影响为主、编制环境影响报告书的建设项目);建设项目竣工环境保护验收申请登记卡(适用于以生态影响为主、填写环境影响登记表的建设项目);建设项目竣工环境保护验收和污染物排放申请表(适用于以污染物排放为主的建设项目)。

b. 有资质的监测机构或环评机构编制的建设项目竣工环境保护验收监测或调查资料。

编制环境影响报告表的建设项目:环境保护验收监测表或调查表。

编制环境影响报告书的建设项目:环境保护验收监测报告或调查报告。

填写环境影响登记表的建设项目:环境保护验收登记卡。

B. 环保预验收(试生产):

a. 重庆市建设项目环保试生产、预验收报审表。

b. 按"三同时"申报的环保工程竣工监测报告。

注:申请人提交上述材料时,应按部门分类成套提供。申请人不再单独向协办部门申请规划、消防、环保验收。主办部门不得要求申请人自行到协办部门办理审批手续。协办部门不得在主办部门之外另行单独接件。

5.6.2 建设工程竣工档案归档手续的办理

房地产开发企业在工程竣工验收备案之后,需要将竣工资料进行整理、分卷,并将其移交至当地档案馆保存备案。

例:某市竣工档案归档移交手续的办理

竣工档案分四卷:

第一卷:

(1) 城市建设档案移交书。

(2) 可行性研究报告及附件。

(3) 建设用地规划许可证、国有土土使用证。

(4) 有关行政主管部门批准文件(工商登记)。

(5) 岩石工程地质勘查报告。

(6) 招投标文件。

(7) 勘察设计承包合同。

(8) 施工承包合同。

(9) 监理委托合同。

(10) 建设工程规划许可证及附件。

(11) 建筑工程施工许可证申请表。
(12) 建设工程施工许可证正、副本。
(13) 规划放线、验线表。

第二卷：
(1) 工程监理文件。
(2) 图样会审记录、施工组织设计（技术安全、质量交底记录）。
(3) 基槽记录和地基处理记录。
(4) 桩基施工记录、试桩记录、桩基检测记录。
(5) 工程图样改变记录。
(6) 施工材料预制构件试验汇总表、出厂证明文件。
(7) 施工材料预制构件复试试验报告。
(8) 混凝土（试块）抗压强度实验报告。
(9) 商品混凝土出厂合格证、复试报告。
(10) 隐蔽工程检查记录。
(11) 沉降记录、单位工程垂直观测记录。
(12) 建设工程施工安全许可证、工程质量事故处理记录。
(13) 建设工程消防审核意见书。

第三卷：
(1) 竣工验收申请报告。
(2) 建设工程消防验收意见书。
(3) 防雷、环保验收报告。
(4) 建设工程规划验收合格证、收费表。
(5) 竣工验收备案表。
(6) 工程质量保修书。
(7) 竣工验收申请表。
(8) 工程竣工验收报告。
(9) 工程质量监督报告。
(10) 工程决算文件、定案书。
(11) 建筑正、侧面照片（8寸过塑）。

第四卷：
(1) 报建审批红线图。
(2) 规划连审图、平面布置图。
(3) 厂区给水排水管网图。
(4) 建筑竣工图。
(5) 结构竣工图。
(6) 电气专业竣工图。
(7) 给水排水竣工图。

房屋建筑工程和市政基础设施工程竣工验收备案表范本见表5-7。

表 5-7 房屋建筑工程和市政基础设施工程竣工验收备案表范本

建设单位名称			
备案日期			
工程名称			
工程地点			
建筑面积/m²			
结构类型			
工程用途			
开工日期			
竣工验收日期			
施工许可证号			
施工图审查意见（如已办理就写已备案，未办理写无）			
勘察单位名称		资质等级	
设计单位名称		资质等级	
施工单位名称		资质等级	
监理单位名称		资质等级	
工程质量监督机构名称			
竣工验收意见	勘察单位意见		单位(项目)负责人： （公章） 年 月 日
	设计单位意见		单位(项目)负责人： （公章） 年 月 日
	施工单位意见		单位(项目)负责人： （公章） 年 月 日
	监理单位意见		总监理工程师： （公章） 年 月 日
	建设单位意见		单位(项目)负责人： （公章） 年 月 日

(续)

工程竣工验收备案文件目录	（1）工程竣工验收报告 （2）建筑工程施工许可证 （3）施工图设计文件审查意见 （4）单位工程质量综合验收文件 （5）市政基础设施的有关质量检测和功能性试验资料 （6）规划、公安消防、环保等部门出具的认可文件或者准许使用文件 （7）施工单位签署的工程质量保修书 （8）商品《住宅的住宅质量保证书》和《住宅使用说明书》 （9）法规、规章规定必须提供的其他文件
备案意见	该工程的竣工验收备案文件已于　年　月　日收讫，文件齐全。 （公章） 　　　　　　　　　　　　　　　　　　　　　　　年　月　日
备案机构负责人	备案经手人

5.7　门牌号码的申报

门牌号码的申报由房地产开发企业向当地公安局提出申请，并提交建设用地规划许可证、建设工程规划许可证、地名及路名批复文件等材料，由公安局领导审核通过后，取得门牌批复。门牌号码申报是办理房屋面积实测和房地产权初始登记的前提条件，因此，在取得建设工程规划许可证之后，可以尽快申报门牌号码。

例：广州市门牌号码申报手续的办理

（1）办理时间：50个工作日。
（2）介入条件：
1）取得市地名办关于路名的批文。
2）取得建设工程规划许可证。
（3）准备资料：
1）申请门牌呈批表。
2）书面申请。
3）建设用地规划许可证及附图。
4）建设用地批准书及附图。
5）建设工程规划许可证及报建审核书。
6）地名批复及路名批复。
（4）工作程序：
1）报入区公安分局户籍科。
2）取得专区民警调查意见。
3）取得派出所所长意见。
4）取得户籍科审批意见。
5）取得分局主管局长意见。

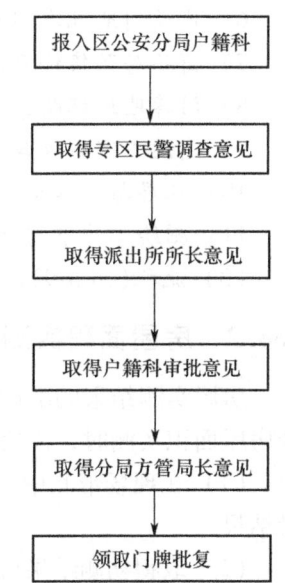

图5-8　广州市门牌号码申报办理流程

6）领取门牌批复。

(5) 流程(图5-8)。

5.8 房屋面积实测的办理

房屋面积实测是指在商品房竣工验收后，工程规划相关部门审核合格，房地产开发企业依据国家规定委托具有测绘资质的房屋测绘机构参考图样、预测数据及国家测绘规范的规定对房屋的面积进行实地勘测、绘图和计算。房屋面积实测是房地产开发企业办理产权证、结算物业费及相关费用的最终依据。

5.8.1 房屋面积实测手续的办理

房地产开发企业在工程据竣工验收后，可以办理房屋面积实测，需要准备的材料一般包括国有土地使用证、建设工程规划许可证、商品房预售许可证、建设工程验线测量记录册、建设工程验收合格证等，由房屋测绘机构现场勘测计算后得出房屋实测面积。

例：广州市房屋面积实测手续的办理

(1) 介入条件：工程竣工后。

(2) 准备资料：

1）单位法人代表证明书及委托书原件。

2）报建审核意见书、建筑功能指标明细表复印件。

3）建设工程规划许可证及其1∶500总平面图及报建图复印件。

4）广州市建设工程验线测量记录册。

5）国有土地使用证。

6）建设用地批准书及附图。

7）商品房预售许可证。

8）门牌地址证明，门牌、单元房号的编排示意图。

9）建设工程验收合格证及附图。

10）本层与非本层公用设施使用情况的说明。

11）测绘工作中需要的其他相关说明、文件。

(3) 流程(图5-9)。

5.8.2 房屋面积实测手续办理的注意要点

房屋实测结果的准确性直接影响紧后的确权办证工作及对业主的售后工作。因此，在办理房屋面积实测时，需要注意以下几个要点：

(1) 在现场带测中，要对经办积极引导，提高测绘效率，并得到有利于公司的现场测量结果。

(2) 取得初测结果后，需仔细进行检查核对：与预售套内面积进行对比，如有偏差，须分析差异原因；检查实用率，并核对建筑物各成分的分摊情况；核对地址门牌、层数、地号。

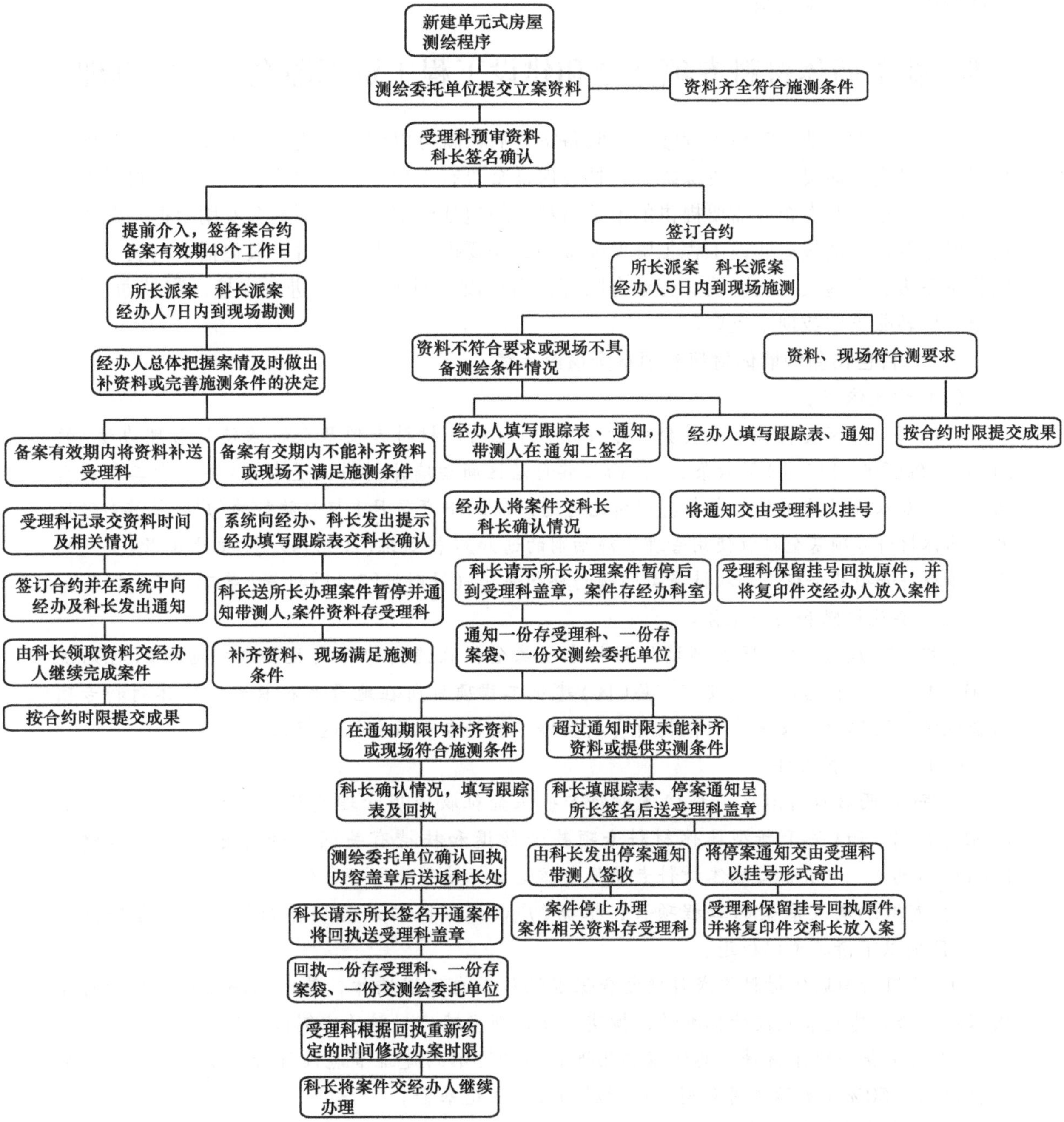

图 5-9 广州市房屋面积实测办理流程

(3) 须熟悉房产测绘规范及最新规定，有利于公司的计算方法要据理力争。

(4) 当遇到销售套内面积与实测套内面积存在的偏差造成退款情况，须及时协调经办对面积进行一定范围调整。

5.9 新型墙体材料专项基金和建设工程工资保障金核退的办理

房地产开发企业在建设工程竣工验收备案之后，就可以到当地建设局申请核退新型墙体材料专项基金、建设工程工资保障金、档案保证金等有关押金。申请核退新型墙体材料专项基金时，房地产开发企业需要提供的申请材料一般包括申请表、专项基金专用票据、购买材料的发票等，申请核退建设工程工资保障金的，需要提交的申请材料一般包括申请表、竣工验收备案表、无拖欠工资证明、劳动合同等，由建设局对上述材料进行审核，审核通过的，可以领取转账支票或现金支票。

例1：百色市新型墙体材料专项基金核退手续

(1) 设定依据。

财政部、国家发展改革委员会关于印发《新型墙体材料专项基金征收使用管理办法》的通知（财综〔2007〕77号）第六条、《广西壮族自治区新型墙体材料促进条例》第二十二条和自治区十一届人民政府第9次常务会议讨论通过，自2008年7月1日起施行的《广西壮族自治区新型墙体材料专项基金征收使用管理实施细则的通知》（桂财综〔2008〕49号）第十条及《关于新型墙体材料专项基金核退和扶持有关问题的补充通知》（桂财综〔2011〕41号）第二、三、四条。

(2) 实施权限和实施主体。

根据《广西壮族自治区新型墙体材料专项基金征收使用管理实施细则的通知》（桂财综〔2008〕49号），自治区、地级市、县(区)建筑工程项目所在地负有征收新型墙体材料专项基金权限的墙体材料改革管理机构负责新型墙体材料专项基金核退审批。

(3) 行政审批条件。

根据《广西壮族自治区新型墙体材料专项基金征收使用管理实施细则的通知》（桂财综〔2008〕49号）和《关于新型墙体材料专项基金核退和扶持有关问题的补充通知》（桂财综〔2011〕41号），申请新型墙体材料专项基金核退审批应符合以下条件。

1) 对缴纳墙改基金的工程项目，根据《广西保温隔热新型墙体材料及其复合墙体目录》，区别以下情况予以核退：

① 使用新型墙体材料构成外墙复合保温墙体或自保温墙体，其保温隔热性能指标符合国家和自治区建筑节能设计标准的，按实际使用新型墙体材料的比例核退基金。

② 使用新型墙体材料，其保温隔热性能指标达不到建筑节能设计标准要求的，按基金征收标准的50%和实际使用新型墙体材料的比例核退基金。

③ 设市城市规划区内框架(框剪)结构的建筑工程使用孔洞率<35%的烧结页岩、煤矸石多孔砖，其保温隔热性能指标符合国家和自治区建筑节能设计标准，根据实际使用多孔砖的比例按50%核退墙改基金；孔洞率≥35%的，根据实际使用多孔砖的比例按100%核退墙改基金；其保温隔热性能指标达不到建筑节能设计标准要求的，按上述标准减半核退。

④ 民用建筑工程项目外墙使用不在《广西保温隔热新型墙体材料及其复合墙体目录》范

围内，但使用经认定新型墙体材料的，根据实际使用新型墙体材料的比例按基金征收标准的50%核退墙改基金。

⑤ 对砖混结构建筑使用黏土类新型墙体材料的，其保温隔热性能指标符合国家和自治区建筑节能设计标准的，按基金征收标准的50%和实际使用新型墙体材料的比例核退基金；保温隔热性能指标达不到建筑节能设计标准的，按基金征收标准的25%和实际使用新型墙体材料的比例核退基金。

⑥ 工业建筑工程项目使用经认定的非黏土新型墙体材料，均以实际使用新型墙体材料的比例按征收标准核退墙改基金。

2）建设工程有下列情况之一的，该部分墙改基金不予核退：
① 框架结构建筑的填充墙、隔断墙、围护墙使用黏土制品的。
② 框架（框剪）结构的建筑工程项目，只要使用黏土墙体材料（含配砖）的。
③ 民用与工业建筑工程项目只要使用烧结类实心砖（包含圈梁、窗底等部位配砖）的。
④ 使用无认定证或者认定证无效的墙体材料企业产品的。
⑤ 逾期不向当地墙体材料改革管理机构申报而无法查验核实新型墙体材料使用情况的。

（4）实施的对象和范围。

根据《广西壮族自治区新型墙体材料促进条例》和《广西壮族自治区新型墙体材料专项基金征收使用管理实施细则的通知》（桂财综〔2008〕49号）规定，在广西区域内申请新型墙体材料专项基金核退审批的为缴纳墙改基金的建设单位或个人。

（5）申请材料。

《广西壮族自治区新型墙体材料专项基金征收使用管理实施细则的通知》（桂财综〔2008〕49号）规定，申请新型墙体材料专项基金核退审批，建设单位或个人应在主体工程完工后（内墙和自保温外墙或外墙保温系统墙体完工抹灰前）30个工作日内，及时向原征收墙改基金的墙改办公室提出验退申请，填写广西壮族自治区新型墙体材料专项基金退缴申请表，并附以下材料：

1）申请书（法人代表及受委托人身份证复印件）。
2）墙改基金收缴专用凭证。
3）购进新型墙体材料发票及保温材料发票（自保温墙体材料除外）。
4）经自治区质量技术监督局认证、认可、授权的检测机构出具的不超过6个月的自保温或复合保温墙体材料热工性能检验报告。
5）广西壮族自治区新型墙体材料认定证（副本）复印件，并加盖企业公章。
6）建筑工程招投标预算书或工程结算书确定的新型墙体材料用量。

（6）办结时限。
1）法定办结时限：10个工作日。
2）承诺办结时限：10个工作日。

（7）收费项目、标准及依据：不收费。

（8）新型墙体材料专项基金核退审批流程（图5-10）。
（法定办结时限10个工作日、承诺办结时限10个工作日）

例2：江门市建设工程工资保障金核退手续

江门市建设工程工资保障金核退手续见表5-8。

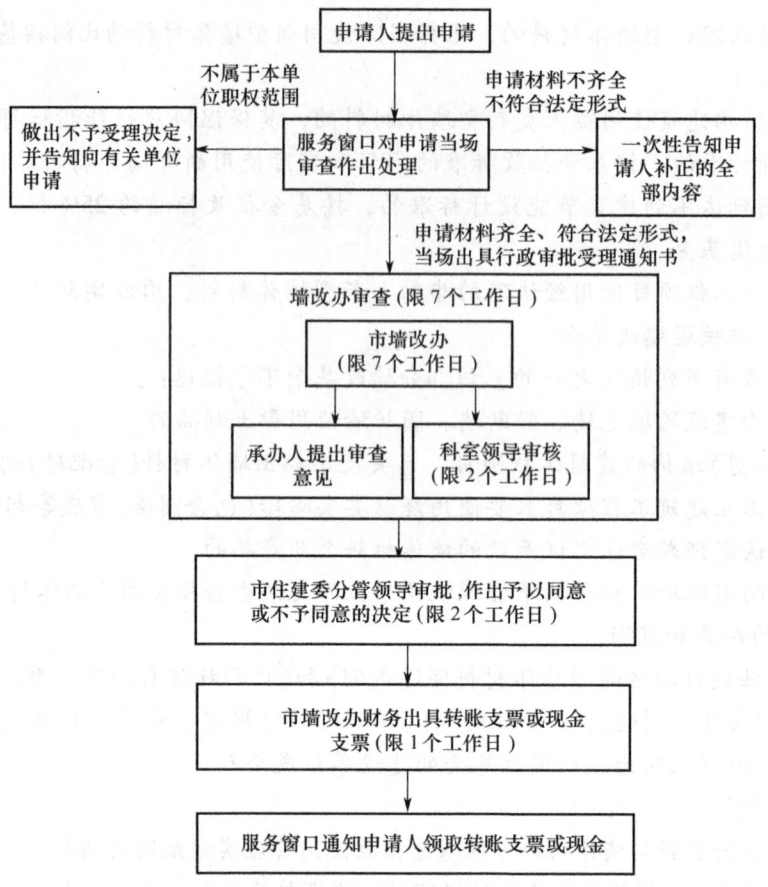

图 5-10 百色市新型墙体材料专项基金核退流程

表 5-8 江门市建设工程工资保障金核退手续

事项	审批部门	协办部门	办理时限/天
申请返还建设工程工资保障金	（1）建设局 （2）劳动和社会保障局	（1）施工单位、监理单位 （2）财务中心 （3）工程项目部	30

办理申请返还建设工程工资保障金需准备文件：
（1）返还建设工程工资保障金申请表。
（2）建设工程验收竣工备案表。
（3）施工单位出具无拖欠工资证明。
（4）建筑企业用工备案表、花名册、工人每月工资签收表原件。
（5）建筑业劳动合同(全体员工)。
（6）施工单位必须按规定缴纳使用流动人员调配费。

5.10 房地产权的初始登记

房地产开发企业在工程竣工验收之后交付购房者之前，需要向当地房管局申请房地产权初始登记。在办理房地产权初始登记时，需要填写申请表，并提供身份证明、建设用地使用权证明、建设工程符合规划证明、竣工证明、房屋测绘报告等材料，由房管局进行审核，符合条件的，房管局予以登记，并向房地产开发企业颁发房地产权证（图5-11）。

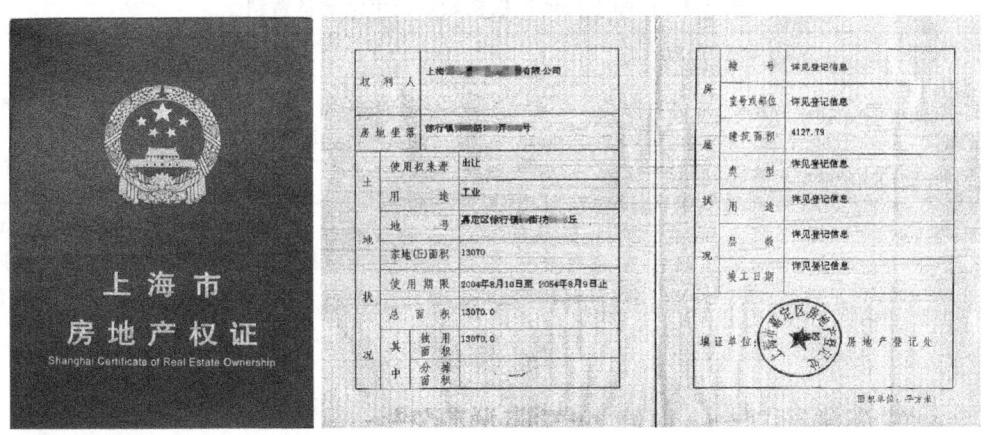

图5-11　房地产权证示例

例1：东莞市房地产权初始登记手续

房地产权登记，由申请人（或代理人）持以下有关证件，到房屋所在地的房地产管理所登记，经市房产管理局审查批准后，由当地房地产管理所发给房地产权证。

（1）单位房屋产权登记需提交的资料：

1）法人代表（或代理人）身份证明。

2）单位营业执照（复印件）。

3）建筑工程施工许可证。

4）建设工程规划许可证。

5）建设用地规划许可证。

6）东莞市房屋建筑工程和市政基础设施工程竣工验收备案证书（或建筑工程验收证书）。

7）建设工程规划合格证。

8）整体规划平面图和单体工程平面图。

9）国有土地使用证。

（2）办理房产证需提供的资料：

1）房屋交易签证证明书。

2）购房合同或契约。

3）购房发票。

4）完纳税费发票。

5）身份证（复印件）。

6）产权人委托代理书（适用于产权人不能亲自办理，委托书要经有关部门见证）。

7）被委托代理人身份证（复印件）。

8）其他有关证件。

例2：广州市房地产权初始登记手续

（1）介入条件：完成实测。

（2）准备资料（表5-9）。

表5-9 广州市房地产权初始登记手续准备资料

序号	资料名称	份数	是否原件	条件	备注
1	房地产登记申请书	1	原件		设定抵押的须提供他项权利登记申请书
2	房屋面积测绘成果报告书	1	原件		
3	用地来源文件	1	原件		包括建设用地规划许可证、建设用地批准书、红线图、国有土地使用证 属有偿取得的土地须提供土地使用权出让合同及发票 未交齐土地出让金的须提供欠土地出让金项目申请确权的报告
4	房屋报建文件	1	原件		包括建设工程规划许可证、报建审核意见书、报建图或竣工图样、建设工程规划验收合格证 有违章建筑的须提供处理违章通知书及罚款收据合作开发的项目提供合建合作合同
5	商品房预售许可证	1	复印件		提供原件核对 2003年6月13日前领取商品房预售许可证的须提供楼盘单元明细表
6	身份证明	1	复印件		提供原件核对 法人和其他组织的身份证明包括：工商登记营业执照或组织机构代码证 委托办理的须提供法定代表人证明书、委托书原件及法定代表人和代理人的身份证明
7	公安部门门牌证明	1	原件		
8	拆迁前原房屋的房地产证	1	原件	合作开发或自己开发自有房地产	
9	移交房屋证明	1	原件	土地出让合同条款里规定要移交有关房屋（市政用房、小区或楼宇配套用房）的及直管房拆迁的	市政用房的移交须提供市建委、市道路扩建办出具的证明文件教育配套用房的移交须提供教育局、国资部门出具的证明文件 其他小区或楼宇配套用房的移交及直管公房的移交须提供市国土资源和房屋管理局产权地籍处出具的证明文件
10	在建工程抵押登记证明书	1	原件	已设定在建工程抵押的	实测面积与抵押登记证明书记载的面积不相符的须提供银行与开发企业确定抵押面积的报告

（3）商品房、集资房、解困房、安居房初始登记流程（图 5-12）。

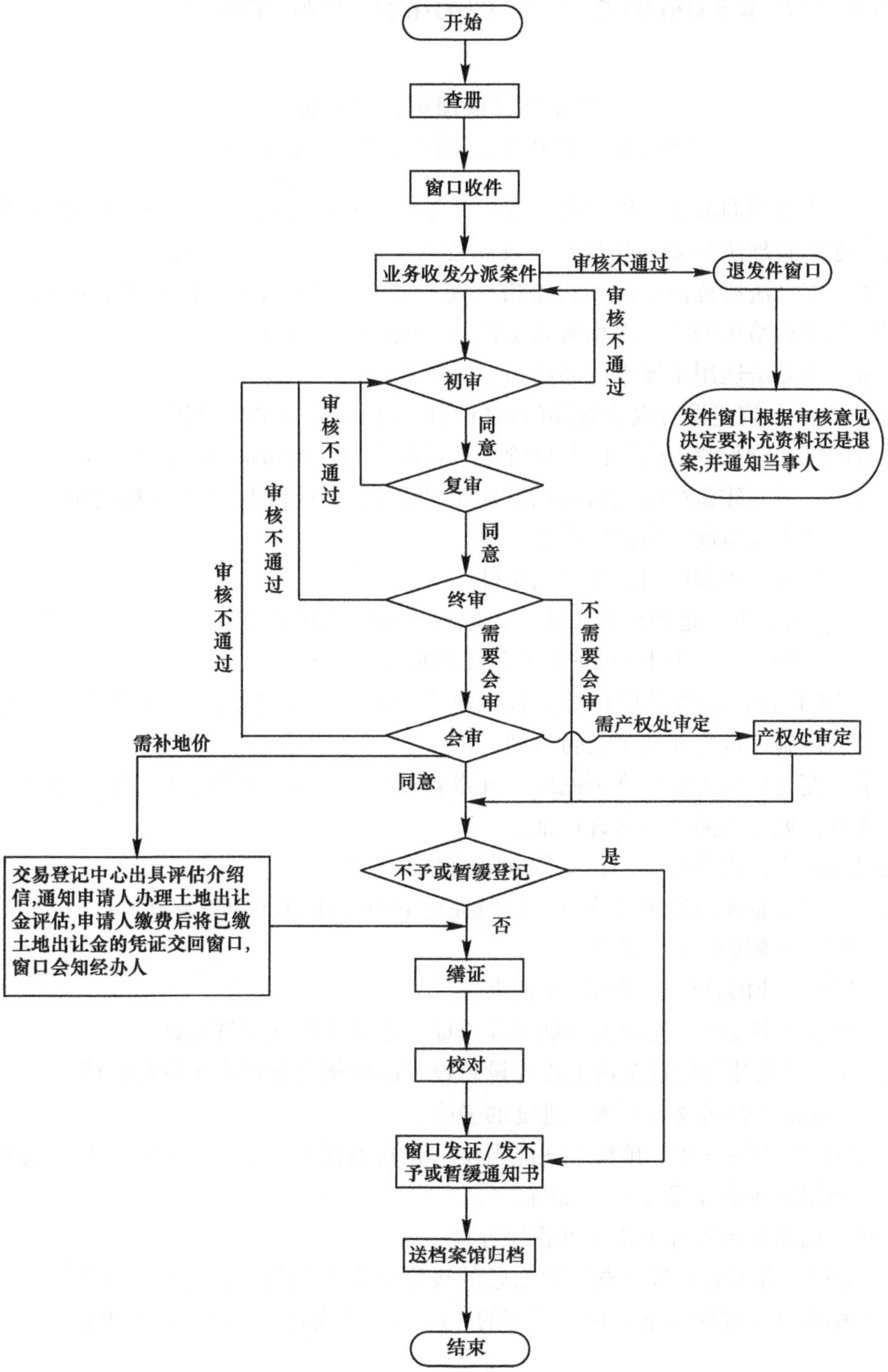

图 5-12　广州市商品房、集资房、解困房、安居房初始登记流程

附录5.1 城市商品房预售管理办法(2004年版)

城市商品房预售管理办法

(建设部令第131号,自2004年7月13日起施行)

第一条 为加强商品房预售管理,维护商品房交易双方的合法权益,根据《中华人民共和国城市房地产管理法》《城市房地产开发经营管理条例》,制定本办法。

第二条 本办法所称商品房预售是指房地产开发企业(以下简称开发企业)将正在建设中的房屋预先出售给承购人,由承购人支付定金或房价款的行为。

第三条 本办法适用于城市商品房预售的管理。

第四条 国务院建设行政主管部门归口管理全国城市商品房预售管理。

省、自治区建设行政主管部门归口管理本行政区域内城市商品房预售管理。

市、县人民政府建设行政主管部门或房地产行政主管部门(以下简称房地产管理部门)负责本行政区域内城市商品房预售管理。

第五条 商品房预售应当符合下列条件。

(一)已交付全部土地使用权出让金,取得土地使用权证书。

(二)持有建设工程规划许可证和建筑工程施工许可证。

(三)按提供预售的商品房计算,投入开发建设的资金达到工程建设总投资的25%以上,并已经确定施工进度和竣工交付日期。

第六条 商品房预售实行许可制度。开发企业进行商品房预售,应当向房地产管理部门申请预售许可,取得商品房预售许可证。

未取得商品房预售许可证的,不得进行商品房预售。

第七条 开发企业申请预售许可,应当提交下列证件(复印件)及资料:

(一)商品房预售许可申请表。

(二)开发企业的营业执照和资质证书。

(三)土地使用权证、建设工程规划许可证、建筑工程施工许可证。

(四)投入开发建设的资金占工程建设总投资的比例符合规定条件的证明。

(五)工程施工合同及关于施工进度的说明。

(六)商品房预售方案。预售方案应当说明预售商品房的位置、面积、竣工交付日期等内容,并应当附预售商品房分层平面图。

第八条 商品房预售许可依下列程序办理:

(一)受理。开发企业按本办法第七条的规定提交有关材料,材料齐全的,房地产管理部门应当当场出具受理通知书;材料不齐的,应当当场或者5日内一次性书面告知需要补充的材料。

(二)审核。房地产管理部门对开发企业提供的有关材料是否符合法定条件进行审核。

开发企业对所提交材料实质内容的真实性负责。

(三)许可。经审查,开发企业的申请符合法定条件的,房地产管理部门应当在受理之日起10日内，依法做出准予预售的行政许可书面决定，发送开发企业，并自作出决定之日起10日内向开发企业颁发、送达商品房预售许可证。

经审查，开发企业的申请不符合法定条件的，房地产管理部门应当在受理之日起10日内，依法做出不予许可的书面决定。书面决定应当说明理由，告知开发企业享有依法申请行政复议或者提起行政诉讼的权利，并送达开发企业。

商品房预售许可决定书、不予商品房预售许可决定书应当加盖房地产管理部门的行政许可专用印章，商品房预售许可证应当加盖房地产管理部门的印章。

（四）公示。房地产管理部门做出的准予商品房预售许可的决定，应当予以公开，公众有权查阅。

第九条　开发企业进行商品房预售，应当向承购人出示商品房预售许可证。售楼广告和说明书应当载明商品房预售许可证的批准文号。

第十条　商品房预售，开发企业应当与承购人签订商品房预售合同。开发企业应当自签约之日起30日内，向房地产管理部门和市、县人民政府土地管理部门办理商品房预售合同登记备案手续。

房地产管理部门应当积极应用网络信息技术，逐步推行商品房预售合同网上登记备案。

商品房预售合同登记备案手续可以委托代理人办理。委托代理人办理的，应当有书面委托书。

第十一条　开发企业预售商品房所得款项应当用于有关的工程建设。

商品房预售款监管的具体办法，由房地产管理部门制定。

第十二条　预售的商品房交付使用之日起90日内，承购人应当依法到房地产管理部门和市、县人民政府土地管理部门办理权属登记手续。开发企业应当予以协助，并提供必要的证明文件。

由于开发企业的原因，承购人未能在房屋交付使用之日起90日内取得房屋权属证书的，除开发企业和承购人有特殊约定外，开发企业应当承担违约责任。

第十三条　开发企业未取得商品房预售许可证预售商品房的，依照《城市房地产开发经营管理条例》第三十九条的规定处罚。

第十四条　开发企业不按规定使用商品房预售款项的，由房地产管理部门责令限期纠正，并可处以违法所得3倍以下但不超过3万元的罚款。

第十五条　开发企业隐瞒有关情况、提供虚假材料，或者采用欺骗、贿赂等不正当手段取得商品房预售许可的，由房地产管理部门责令停止预售，撤销商品房预售许可，并处3万元罚款。

第十六条　省、自治区建设行政主管部门、直辖市建设行政主管部门或房地产行政管理部门可以根据本办法制定实施细则。

第十七条　本办法由国务院建设行政主管部门负责解释。

第十八条　本办法自2004年9月6日起施行。

附录 5.2 房屋建筑和市政基础设施工程竣工验收备案管理办法（2009 年版）

房屋建筑工程和市政基础设施工程竣工验收备案管理办法

（住房和城乡建设部令第 2 号，自 2009 年 10 月 19 日起施行）

第一条 为了加强房屋建筑和市政基础设施工程质量的管理，根据《建设工程质量管理条例》，制定本办法。

第二条 在中华人民共和国境内新建、扩建、改建各类房屋建筑和市政基础设施工程的竣工验收备案，适用本办法。

第三条 国务院住房和城乡建设主管部门负责全国房屋建筑和市政基础设施工程（以下统称工程）的竣工验收备案管理工作。

县级以上地方人民政府建设主管部门负责本行政区域内工程的竣工验收备案管理工作。

第四条 建设单位应当自工程竣工验收合格之日起 15 日内，依照本办法规定，向工程所在地的县级以上地方人民政府建设主管部门（以下简称备案机关）备案。

第五条 建设单位办理工程竣工验收备案应当提交下列文件：

（一）工程竣工验收备案表。

（二）工程竣工验收报告。竣工验收报告应当包括工程报建日期，施工许可证号，施工图设计文件审查意见，勘察、设计、施工、工程监理等单位分别签署的质量合格文件及验收人员签署的竣工验收原始文件，市政基础设施的有关质量检测和功能性试验资料以及备案机关认为需要提供的有关资料。

（三）法律、行政法规规定应当由规划、环保等部门出具的认可文件或者准许使用文件。

（四）法律规定应当由公安消防部门出具的对大型的人员密集场所和其他特殊建设工程验收合格的证明文件。

（五）施工单位签署的工程质量保修书。

（六）法规、规章规定必须提供的其他文件。

住宅工程还应当提交《住宅质量保证书》和《住宅使用说明书》。

第六条 备案机关收到建设单位报送的竣工验收备案文件，验证文件齐全后，应当在工程竣工验收备案表上签署文件收讫。

工程竣工验收备案表一式两份，一份由建设单位保存，一份留备案机关存档。

第七条 工程质量监督机构应当在工程竣工验收之日起 5 日内，向备案机关提交工程质量监督报告。

第八条 备案机关发现建设单位在竣工验收过程中有违反国家有关建设工程质量管理规定行为的，应当在收讫竣工验收备案文件 15 日内，责令停止使用，重新组织竣工验收。

第九条 建设单位在工程竣工验收合格之日起 15 日内未办理工程竣工验收备案的，备案机关责令限期改正，处 20 万元以上 50 万元以下罚款。

第十条　建设单位将备案机关决定重新组织竣工验收的工程，在重新组织竣工验收前，擅自使用的，备案机关责令停止使用，处工程合同价款2%以上4%以下罚款。

第十一条　建设单位采用虚假证明文件办理工程竣工验收备案的，工程竣工验收无效，备案机关责令停止使用，重新组织竣工验收，处20万元以上50万元以下罚款；构成犯罪的，依法追究刑事责任。

第十二条　备案机关决定重新组织竣工验收并责令停止使用的工程，建设单位在备案之前已投入使用或者建设单位擅自继续使用造成使用人损失的，由建设单位依法承担赔偿责任。

第十三条　竣工验收备案文件齐全，备案机关及其工作人员不办理备案手续的，由有关机关责令改正，对直接责任人员给予行政处分。

第十四条　抢险救灾工程、临时性房屋建筑工程和农民自建低层住宅工程，不适用本办法。

第十五条　军用房屋建筑工程竣工验收备案，按照中央军事委员会的有关规定执行。

第十六条　省、自治区、直辖市人民政府住房和城乡建设主管部门可以根据本办法制定实施细则。

第十七条　本办法自发布之日起施行。

附录5.3　房屋登记办法（2008年版）

房屋登记办法

（建设部令第168号，自2008年7月1日起施行）

第一章　总则

第一条　为了规范房屋登记行为，维护房地产交易安全，保护权利人的合法权益，依据《中华人民共和国物权法》《中华人民共和国城市房地产管理法》《村庄和集镇规划建设管理条例》等法律、行政法规，制定本办法。

第二条　本办法所称房屋登记，是指房屋登记机构依法将房屋权利和其他应当记载的事项在房屋登记簿上予以记载的行为。

第三条　国务院建设主管部门负责指导、监督全国的房屋登记工作。

省、自治区、直辖市人民政府建设（房地产）主管部门负责指导、监督本行政区域内的房屋登记工作。

第四条　房屋登记，由房屋所在地的房屋登记机构办理。

本办法所称房屋登记机构，是指直辖市、市、县人民政府建设（房地产）主管部门或者其设置的负责房屋登记工作的机构。

第五条　房屋登记机构应当建立本行政区域内统一的房屋登记簿。

房屋登记簿是房屋权利归属和内容的根据，由房屋登记机构管理。

第六条　房屋登记人员应当具备与其岗位相适应的专业知识。

从事房屋登记审核工作的人员，应当取得国务院建设主管部门颁发的房屋登记上岗证书，持证上岗。

第二章 一般规定

第七条 办理房屋登记，一般依照下列程序进行：

（一）申请。

（二）受理。

（三）审核。

（四）记载于登记簿。

（五）发证。

房屋登记机构认为必要时，可以就登记事项进行公告。

第八条 办理房屋登记，应当遵循房屋所有权和房屋占用范围内的土地使用权权利主体一致的原则。

第九条 房屋登记机构应当依照法律、法规和本办法规定，确定申请房屋登记需要提交的材料，并将申请登记材料目录公示。

第十条 房屋应当按照基本单元进行登记。房屋基本单元是指有固定界限、可以独立使用并且有明确、唯一的编号（幢号、室号等）的房屋或者特定空间。

国有土地范围内成套住房，以套为基本单元进行登记；非成套住房，以房屋的幢、层、间等有固定界限的部分为基本单元进行登记。集体土地范围内村民住房，以宅基地上独立建筑为基本单元进行登记；在共有宅基地上建造的村民住房，以套、间等有固定界限的部分为基本单元进行登记。

非住房以房屋的幢、层、套、间等有固定界限的部分为基本单元进行登记。

第十一条 申请房屋登记，申请人应当向房屋所在地的房屋登记机构提出申请，并提交申请登记材料。

申请登记材料应当提供原件。不能提供原件的，应当提交经有关机关确认与原件一致的复印件。

申请人应当对申请登记材料的真实性、合法性、有效性负责，不得隐瞒真实情况或者提供虚假材料申请房屋登记。

第十二条 申请房屋登记，应当由有关当事人双方共同申请，但本办法另有规定的除外。

有下列情形之一，申请房屋登记的，可以由当事人单方申请。

（一）因合法建造房屋取得房屋权利。

（二）因人民法院、仲裁委员会的生效法律文书取得房屋权利。

（三）因继承、受遗赠取得房屋权利。

（四）有本办法所列变更登记情形之一。

（五）房屋灭失。

（六）权利人放弃房屋权利。

（七）法律、法规规定的其他情形。

第十三条 共有房屋，应当由共有人共同申请登记。

共有房屋所有权变更登记，可以由相关的共有人申请，但因共有性质或者共有人份额变更申请房屋登记的，应当由共有人共同申请。

第十四条 未成年人的房屋，应当由其监护人代为申请登记。监护人代为申请未成年人房屋登记的，应当提交证明监护人身份的材料；因处分未成年人房屋申请登记的，还应当提供为未成年人利益的书面保证。

第十五条 申请房屋登记的，申请人应当使用中文名称或者姓名。申请人提交的证明文件原件是外文的，应当提供中文译本。

委托代理人申请房屋登记的，代理人应当提交授权委托书和身份证明。境外申请人委托代理人申请房屋登记的，其授权委托书应当按照国家有关规定办理公证或者认证。

第十六条 申请房屋登记的，申请人应当按照国家有关规定缴纳登记费。

第十七条 申请人提交的申请登记材料齐全且符合法定形式的，应当予以受理，并出具书面凭证。

申请人提交的申请登记材料不齐全或者不符合法定形式的，应当不予受理，并告知申请人需要补正的内容。

第十八条 房屋登记机构应当查验申请登记材料，并根据不同登记申请就申请登记事项是否是申请人的真实意思表示、申请登记房屋是否为共有房屋、房屋登记簿记载的权利人是否同意更正，以及申请登记材料中需进一步明确的其他有关事项询问申请人。询问结果应当经申请人签字确认，并归档保留。

房屋登记机构认为申请登记房屋的有关情况需要进一步证明的，可以要求申请人补充材料。

第十九条 办理下列房屋登记，房屋登记机构应当实地查看：

（一）房屋所有权初始登记。

（二）在建工程抵押权登记。

（三）因房屋灭失导致的房屋所有权注销登记。

（四）法律、法规规定的应当实地查看的其他房屋登记。

房屋登记机构实地查看时，申请人应当予以配合。

第二十条 登记申请符合下列条件的，房屋登记机构应当予以登记，将申请登记事项记载于房屋登记簿：

（一）申请人与依法提交的材料记载的主体一致。

（二）申请初始登记的房屋与申请人提交的规划证明材料记载一致，申请其他登记的房屋与房屋登记簿记载一致。

（三）申请登记的内容与有关材料证明的事实一致。

（四）申请登记的事项与房屋登记簿记载的房屋权利不冲突。

（五）不存在本办法规定的不予登记的情形。

登记申请不符合前款所列条件的，房屋登记机构应当不予登记，并书面告知申请人不予登记的原因。

第二十一条 房屋登记机构将申请登记事项记载于房屋登记簿之前，申请人可以撤回登记申请。

第二十二条 有下列情形之一的，房屋登记机构应当不予登记。

（一）未依法取得规划许可、施工许可或者未按照规划许可的面积等内容建造的建筑申请登记的。

（二）申请人不能提供合法、有效的权利来源证明文件或者申请登记的房屋权利与权利来源证明文件不一致的。

（三）申请登记事项与房屋登记簿记载冲突的。

（四）申请登记房屋不能特定或者不具有独立利用价值的。

（五）房屋已被依法征收、没收，原权利人申请登记的。

（六）房屋被依法查封期间，权利人申请登记的。

（七）法律、法规和本办法规定的其他不予登记的情形。

第二十三条　自受理登记申请之日起，房屋登记机构应当于下列时限内，将申请登记事项记载于房屋登记簿或者作出不予登记的决定：

（一）国有土地范围内房屋所有权登记，30个工作日，集体土地范围内房屋所有权登记，60个工作日。

（二）抵押权、地役权登记，10个工作日。

（三）预告登记、更正登记，10个工作日。

（四）异议登记，1个工作日。

公告时间不计入前款规定时限。因特殊原因需要延长登记时限的，经房屋登记机构负责人批准可以延长，但最长不得超过原时限的一倍。

法律、法规对登记时限另有规定的，从其规定。

第二十四条　房屋登记簿应当记载房屋自然状况、权利状况以及其他依法应当登记的事项。

房屋登记簿可以采用纸介质，也可以采用电子介质。采用电子介质的，应当有唯一、确定的纸介质转化形式，并应当定期异地备份。

第二十五条　房屋登记机构应当根据房屋登记簿的记载，缮写并向权利人发放房屋权属证书。

房屋权属证书是权利人享有房屋权利的证明，包括房屋所有权证、房屋他项权证等。申请登记房屋为共有房屋的，房屋登记机构应当在房屋所有权证上注明"共有"字样。

预告登记、在建工程抵押权登记以及法律、法规规定的其他事项在房屋登记簿上予以记载后，由房屋登记机构发放登记证明。

第二十六条　房屋权属证书、登记证明与房屋登记簿记载不一致的，除有证据证明房屋登记簿确有错误外，以房屋登记簿为准。

第二十七条　房屋权属证书、登记证明破损的，权利人可以向房屋登记机构申请换发。房屋登记机构换发前，应当收回原房屋权属证书、登记证明，并将有关事项记载于房屋登记簿。

房屋权属证书、登记证明遗失、灭失的，权利人在当地公开发行的报刊上刊登遗失声明后，可以申请补发。房屋登记机构予以补发的，应当将有关事项在房屋登记簿上予以记载。补发的房屋权属证书、登记证明上应当注明"补发"字样。

在补发集体土地范围内村民住房的房屋权属证书、登记证明前，房屋登记机构应当就补发事项在房屋所在地农村集体经济组织内公告。

第二十八条　房屋登记机构应当将房屋登记资料及时归档并妥善管理。

申请查询、复制房屋登记资料的，应当按照规定的权限和程序办理。

第二十九条　县级以上人民政府建设(房地产)主管部门应当加强房屋登记信息系统建设，逐步实现全国房屋登记簿信息共享和异地查询。

第三章　国有土地范围内房屋登记

第一节　所有权登记

第三十条　因合法建造房屋申请房屋所有权初始登记的，应当提交下列材料：

（一）登记申请书。

（二）申请人身份证明。

（三）建设用地使用权证明。

（四）建设工程符合规划的证明。

（五）房屋已竣工的证明。

（六）房屋测绘报告。

（七）其他必要材料。

第三十一条　房地产开发企业申请房屋所有权初始登记时，应当对建筑区划内依法属于全体业主共有的公共场所、公用设施和物业服务用房等房屋一并申请登记，由房屋登记机构在房屋登记簿上予以记载，不颁发房屋权属证书。

第三十二条　发生下列情形之一的，当事人应当在有关法律文件生效或者事实发生后申请房屋所有权转移登记：

（一）买卖。

（二）互换。

（三）赠予。

（四）继承、受遗赠。

（五）房屋分割、合并，导致所有权发生转移的。

（六）以房屋出资入股。

（七）法人或者其他组织分立、合并，导致房屋所有权发生转移的。

（八）法律、法规规定的其他情形。

第三十三条　申请房屋所有权转移登记，应当提交下列材：

（一）登记申请书。

（二）申请人身份证明。

（三）房屋所有权证书或者房地产权证书。

（四）证明房屋所有权发生转移的材料。

（五）其他必要材料。

前款第(四)项材料，可以是买卖合同、互换合同、赠予合同、受遗赠证明、继承证明、分割协议、合并协议、人民法院或者仲裁委员会生效的法律文书，或者其他证明房屋所有权发生转移的材料。

第三十四条　抵押期间，抵押人转让抵押房屋的所有权，申请房屋所有权转移登记的，除提供本办法第三十三条规定材料外，还应当提交抵押权人的身份证明、抵押权人同意抵押房屋转让的书面文件、他项权利证书。

第三十五条　因人民法院或者仲裁委员会生效的法律文书、合法建造房屋、继承或者受遗赠取得房屋所有权，权利人转让该房屋所有权或者以该房屋设定抵押权时，应当将房屋登记到权利人名下后，再办理房屋所有权转移登记或者房屋抵押权设立登记。

因人民法院或者仲裁委员会生效的法律文书取得房屋所有权，人民法院协助执行通知书要求房屋登记机构予以登记的，房屋登记机构应当予以办理。房屋登记机构予以登记的，应当在房屋登记簿上记载基于人民法院或者仲裁委员会生效的法律文书予以登记的事实。

第三十六条　发生下列情形之一的，权利人应当在有关法律文件生效或者事实发生后申请房屋所有权变更登记：

（一）房屋所有权人的姓名或者名称变更的。
（二）房屋坐落的街道、门牌号或者房屋名称变更的。
（三）房屋面积增加或者减少的。
（四）同一所有权人分割、合并房屋的。
（五）法律、法规规定的其他情形。

第三十七条　申请房屋所有权变更登记，应当提交下列材料：

（一）登记申请书。
（二）申请人身份证明。
（三）房屋所有权证书或者房地产权证书。
（四）证明发生变更事实的材料。
（五）其他必要材料。

第三十八条　经依法登记的房屋发生下列情形之一的，房屋登记簿记载的所有权人应当自事实发生后申请房屋所有权注销登记：

（一）房屋灭失的。
（二）放弃所有权的。
（三）法律、法规规定的其他情形。

第三十九条　申请房屋所有权注销登记的，应当提交下列材料：

（一）登记申请书。
（二）申请人身份证明。
（三）房屋所有权证书或者房地产权证书。
（四）证明房屋所有权消灭的材料。
（五）其他必要材料。

第四十条　经依法登记的房屋上存在他项权利时，所有权人放弃房屋所有权申请注销登记的，应当提供他项权利人的书面同意文件。

第四十一条　经登记的房屋所有权消灭后，原权利人未申请注销登记的，房屋登记机构可以依据人民法院、仲裁委员会的生效法律文书或者人民政府的生效征收决定办理注销登记，将注销事项记载于房屋登记簿，原房屋所有权证收回或者公告作废。

第二节　抵押权登记

第四十二条 以房屋设定抵押的,当事人应当申请抵押权登记。

第四十三条 申请抵押权登记,应当提交下列文件:

(一) 登记申请书。

(二) 申请人的身份证明。

(三) 房屋所有权证书或者房地产权证书。

(四) 抵押合同。

(五) 主债权合同。

(六) 其他必要材料。

第四十四条 对符合规定条件的抵押权设立登记,房屋登记机构应当将下列事项记载于房屋登记簿:

(一) 抵押当事人、债务人的姓名或者名称。

(二) 被担保债权的数额。

(三) 登记时间。

第四十五条 本办法第四十四条所列事项发生变化或者发生法律、法规规定变更抵押权的其他情形的,当事人应当申请抵押权变更登记。

第四十六条 申请抵押权变更登记,应当提交下列材料:

(一) 登记申请书。

(二) 申请人的身份证明。

(三) 房屋他项权证书。

(四) 抵押人与抵押权人变更抵押权的书面协议。

(五) 其他必要材料。

因抵押当事人姓名或者名称发生变更,或者抵押房屋坐落的街道、门牌号发生变更申请变更登记的,无须提交前款第(四)项材料。

因被担保债权的数额发生变更申请抵押权变更登记的,还应当提交其他抵押权人的书面同意文件。

第四十七条 经依法登记的房屋抵押权因主债权转让而转让,申请抵押权转移登记的,主债权的转让人和受让人应当提交下列材料:

(一) 登记申请书。

(二) 申请人的身份证明。

(三) 房屋他项权证书。

(四) 房屋抵押权发生转移的证明材料。

(五) 其他必要材料。

第四十八条 经依法登记的房屋抵押权发生下列情形之一的,权利人应当申请抵押权注销登记:

(一) 主债权消灭。

(二) 抵押权已经实现。

(三) 抵押权人放弃抵押权。

(四) 法律、法规规定抵押权消灭的其他情形。

第四十九条　申请抵押权注销登记的，应当提交下列材料：
（一）登记申请书。
（二）申请人的身份证明。
（三）房屋他项权证书。
（四）证明房屋抵押权消灭的材料。
（五）其他必要材料。

第五十条　以房屋设定最高额抵押的，当事人应当申请最高额抵押权设立登记。

第五十一条　申请最高额抵押权设立登记，应当提交下列材料：
（一）登记申请书。
（二）申请人的身份证明。
（三）房屋所有权证书或房地产权证书。
（四）最高额抵押合同。
（五）一定期间内将要连续发生的债权的合同或者其他登记原因证明材料。
（六）其他必要材料。

第五十二条　当事人将最高额抵押权设立前已存在债权转入最高额抵押担保的债权范围，申请登记的，应当提交下列材料：
（一）已存在债权的合同或者其他登记原因证明材料。
（二）抵押人与抵押权人同意将该债权纳入最高额抵押权担保范围的书面材料。

第五十三条　对符合规定条件的最高额抵押权设立登记，除本办法第四十四条所列事项外，登记机构还应当将最高债权额、债权确定的期间记载于房屋登记簿，并明确记载其为最高额抵押权。

第五十四条　变更最高额抵押权登记事项或者发生法律、法规规定变更最高额抵押权的其他情形，当事人应当申请最高额抵押权变更登记。

第五十五条　申请最高额抵押权变更登记，应当提交下列材料：
（一）登记申请书。
（二）申请人的身份证明。
（三）房屋他项权证书。
（四）最高额抵押权担保的债权尚未确定的证明材料。
（五）最高额抵押权发生变更的证明材料。
（六）其他必要材料。

因最高债权额、债权确定的期间发生变更而申请变更登记的，还应当提交其他抵押权人的书面同意文件。

第五十六条　最高额抵押权担保的债权确定前，最高额抵押权发生转移，申请最高额抵押权转移登记的，转让人和受让人应当提交下列材料：
（一）登记申请书。
（二）申请人的身份证明。
（三）房屋他项权证书。
（四）最高额抵押权担保的债权尚未确定的证明材料。

（五）最高额抵押权发生转移的证明材料。
（六）其他必要材料。

最高额抵押权担保的债权确定前，债权人转让部分债权的，除当事人另有约定外，房屋登记机构不得办理最高额抵押权转移登记。当事人约定最高额抵押权随同部分债权的转让而转移的，应当在办理最高额抵押权确定登记之后，依据本办法第四十七条的规定办理抵押权转移登记。

第五十七条　经依法登记的最高额抵押权担保的债权确定，申请最高额抵押权确定登记的，应当提交下列材料：
（一）登记申请书。
（二）申请人的身份证明。
（三）房屋他项权证书。
（四）最高额抵押权担保的债权已确定的证明材料。
（五）其他必要材料。

第五十八条　对符合规定条件的最高额抵押权确定登记，登记机构应当将最高额抵押权担保的债权已经确定的事实记载于房屋登记簿。

当事人协议确定或者人民法院、仲裁委员会生效的法律文书确定了债权数额的，房屋登记机构可以依照当事人一方的申请将债权数额确定的事实记载于房屋登记簿。

第五十九条　以在建工程设定抵押的，当事人应当申请在建工程抵押权设立登记。

第六十条　申请在建工程抵押权设立登记的，应当提交下列材料：
（一）登记申请书。
（二）申请人的身份证明。
（三）抵押合同。
（四）主债权合同。
（五）建设用地使用权证书或者记载土地使用权状况的房地产权证书。
（六）建设工程规划许可证。
（七）其他必要材料。

第六十一条　已经登记在建工程抵押权变更、转让或者消灭的，当事人应当提交下列材料，申请变更登记、转移登记、注销登记：
（一）登记申请书。
（二）申请人的身份证明。
（三）登记证明。
（四）证明在建工程抵押权发生变更、转移或者消灭的材料。
（五）其他必要材料。

第六十二条　在建工程竣工并经房屋所有权初始登记后，当事人应当申请将在建工程抵押权登记转为房屋抵押权登记。

第三节　地役权登记

第六十三条　在房屋上设立地役权的，当事人可以申请地役权设立登记。
第六十四条　申请地役权设立登记，应当提交下列材料：

（一）登记申请书。
（二）申请人的身份证明。
（三）地役权合同。
（四）房屋所有权证书或者房地产权证书。
（五）其他必要材料。

第六十五条 对符合规定条件的地役权设立登记，房屋登记机构应当将有关事项记载于需役地和供役地房屋登记簿，并可将地役权合同附于供役地和需役地房屋登记簿。

第六十六条 已经登记的地役权变更、转让或者消灭的，当事人应当提交下列材料，申请变更登记、转移登记、注销登记：

（一）登记申请书。
（二）申请人的身份证明。
（三）登记证明。
（四）证明地役权发生变更、转移或者消灭的材料。
（五）其他必要材料。

第四节 预告登记

第六十七条 有下列情形之一的，当事人可以申请预告登记：

（一）预购商品房。
（二）以预购商品房设定抵押。
（三）房屋所有权转让、抵押。
（四）法律、法规规定的其他情形。

第六十八条 预告登记后，未经预告登记的权利人书面同意，处分该房屋申请登记的，房屋登记机构应当不予办理。

预告登记后，债权消灭或者自能够进行相应的房屋登记之日起 3 个月内，当事人申请房屋登记的，房屋登记机构应当按照预告登记事项办理相应的登记。

第六十九条 预售人和预购人订立商品房买卖合同后，预售人未按照约定与预购人申请预告登记，预购人可以单方申请预告登记。

第七十条 申请预购商品房预告登记，应当提交下列材料：

（一）登记申请书。
（二）申请人的身份证明。
（三）已登记备案的商品房预售合同。
（四）当事人关于预告登记的约定。
（五）其他必要材料。

预购人单方申请预购商品房预告登记，预售人与预购人在商品房预售合同中对预告登记附有条件和期限的，预购人应当提交相应的证明材料。

第七十一条 申请预购商品房抵押权预告登记，应当提交下列材料：

（一）登记申请书。
（二）申请人的身份证明。
（三）抵押合同。

（四）主债权合同。
（五）预购商品房预告登记证明。
（六）当事人关于预告登记的约定。
（七）其他必要材料。

第七十二条　申请房屋所有权转移预告登记，应当提交下列材料：
（一）登记申请书。
（二）申请人的身份证明。
（三）房屋所有权转让合同。
（四）转让方的房屋所有权证书或者房地产权证书。
（五）当事人关于预告登记的约定。
（六）其他必要材料。

第七十三条　申请房屋抵押权预告登记的，应当提交下列材料：
（一）登记申请书。
（二）申请人的身份证明。
（三）抵押合同。
（四）主债权合同。
（五）房屋所有权证书或房地产权证书，或者房屋所有权转移登记的预告证明。
（六）当事人关于预告登记的约定。
（七）其他必要材料。

第五节　其他登记

第七十四条　权利人、利害关系人认为房屋登记簿记载的事项有错误的，可以提交下列材料，申请更正登记：
（一）登记申请书。
（二）申请人的身份证明。
（三）证明房屋登记簿记载错误的材料。

利害关系人申请更正登记的，还应当提供权利人同意更正的证明材料。

房屋登记簿记载确有错误的，应当予以更正；需要更正房屋权属证书内容的，应当书面通知权利人换领房屋权属证书；房屋登记簿记载无误的，应当不予更正，并书面通知申请人。

第七十五条　房屋登记机构发现房屋登记簿的记载错误，不涉及房屋权利归属和内容的，应当书面通知有关权利人在规定期限内办理更正登记；当事人无正当理由逾期不办理更正登记的，房屋登记机构可以依据申请登记材料或者有效的法律文件对房屋登记簿的记载予以更正，并书面通知当事人。

对于涉及房屋权利归属和内容的房屋登记簿的记载错误，房屋登记机构应当书面通知有关权利人在规定期限内办理更正登记；办理更正登记期间，权利人因处分其房屋权利申请登记的，房屋登记机构应当暂缓办理。

第七十六条　利害关系人认为房屋登记簿记载的事项错误，而权利人不同意更正的，利害关系人可以持登记申请书、申请人的身份证明、房屋登记簿记载错误的证明文件等材料申请异议登记。

第七十七条 房屋登记机构受理异议登记的,应当将异议事项记载于房屋登记簿。

第七十八条 异议登记期间,房屋登记簿记载的权利人处分房屋申请登记的,房屋登记机构应当暂缓办理。

权利人处分房屋申请登记,房屋登记机构受理登记申请但尚未将申请登记事项记载于房屋登记簿之前,第三人申请异议登记的,房屋登记机构应当中止办理原登记申请,并书面通知申请人。

第七十九条 异议登记期间,异议登记申请人起诉,人民法院不予受理或者驳回其诉讼请求的,异议登记申请人或者房屋登记簿记载的权利人可以持登记申请书、申请人的身份证明、相应的证明文件等材料申请注销异议登记。

第八十条 人民法院、仲裁委员会的生效法律文书确定的房屋权利归属或者权利内容与房屋登记簿记载的权利状况不一致的,房屋登记机构应当按照当事人的申请或者有关法律文书,办理相应的登记。

第八十一条 司法机关、行政机关、仲裁委员会发生法律效力的文件证明当事人以隐瞒真实情况、提交虚假材料等非法手段获取房屋登记的,房屋登记机构可以撤销原房屋登记,收回房屋权属证书、登记证明或者公告作废,但房屋权利为他人善意取得的除外。

第四章 集体土地范围内房屋登记

第八十二条 依法利用宅基地建造的村民住房和依法利用其他集体所有建设用地建造的房屋,可以依照本办法的规定申请房屋登记。

法律、法规对集体土地范围内房屋登记另有规定的,从其规定。

第八十三条 因合法建造房屋申请房屋所有权初始登记的,应当提交下列材料:

(一)登记申请书。
(二)申请人的身份证明。
(三)宅基地使用权证明或者集体所有建设用地使用权证明。
(四)申请登记房屋符合城乡规划的证明。
(五)房屋测绘报告或者村民住房平面图。
(六)其他必要材料。

申请村民住房所有权初始登记的,还应当提交申请人属于房屋所在地农村集体经济组织成员的证明。

农村集体经济组织申请房屋所有权初始登记的,还应当提交经村民会议同意或者由村民会议授权经村民代表会议同意的证明材料。

第八十四条 办理村民住房所有权初始登记、农村集体经济组织所有房屋所有权初始登记,房屋登记机构受理登记申请后,应当将申请登记事项在房屋所在地农村集体经济组织内进行公告。经公告无异议或者异议不成立的,方可予以登记。

第八十五条 发生下列情形之一的,权利人应当在有关法律文件生效或者事实发生后申请房屋所有权变更登记:

(一)房屋所有权人的姓名或者名称变更的。
(二)房屋坐落变更的。

（三）房屋面积增加或者减少的。
（四）同一所有权人分割、合并房屋的。
（五）法律、法规规定的其他情形。

第八十六条　房屋所有权依法发生转移，申请房屋所有权转移登记的，应当提交下列材料：

（一）登记申请书。
（二）申请人的身份证明。
（三）房屋所有权证书。
（四）宅基地使用权证明或者集体所有建设用地使用权证明。
（五）证明房屋所有权发生转移的材料。
（六）其他必要材料。

申请村民住房所有权转移登记的，还应当提交农村集体经济组织同意转移的证明材料。

农村集体经济组织申请房屋所有权转移登记的，还应当提交经村民会议同意或者由村民会议授权经村民代表会议同意的证明材料。

第八十七条　申请农村村民住房所有权转移登记，受让人不属于房屋所在地农村集体经济组织成员的，除法律、法规另有规定外，房屋登记机构应当不予办理。

第八十八条　依法以乡镇、村企业的厂房等建筑物设立抵押，申请抵押权登记的，应当提交下列材料：

（一）登记申请书。
（二）申请人的身份证明。
（三）房屋所有权证书。
（四）集体所有建设用地使用权证明。
（五）主债权合同和抵押合同。
（六）其他必要材料。

第八十九条　房屋登记机构对集体土地范围内的房屋予以登记的，应当在房屋登记簿和房屋权属证书上注明"集体土地"字样。

第九十条　办理集体土地范围内房屋的地役权登记、预告登记、更正登记、异议登记等房屋登记，可以参照适用国有土地范围内房屋登记的有关规定。

第五章　法律责任

第九十一条　非法印制、伪造、变造房屋权属证书或者登记证明，或者使用非法印制、伪造、变造的房屋权属证书或者登记证明的，由房屋登记机构予以收缴；构成犯罪的，依法追究刑事责任。

第九十二条　申请人提交错误、虚假的材料申请房屋登记，给他人造成损害的，应当承担相应的法律责任。

房屋登记机构及其工作人员违反本办法规定办理房屋登记，给他人造成损害的，由房屋登记机构承担相应的法律责任。房屋登记机构承担赔偿责任后，对故意或者重大过失造成登记错误的工作人员，有权追偿。

第九十三条　房屋登记机构工作人员有下列行为之一的，依法给予处分；构成犯罪的，依法追究刑事责任：

（一）擅自涂改、毁损、伪造房屋登记簿。

（二）对不符合登记条件的登记申请予以登记，或者对符合登记条件的登记申请不予登记。

（三）玩忽职守、滥用职权、徇私舞弊。

第六章 附则

第九十四条 房屋登记簿的内容和管理规范，由国务院建设主管部门另行制定。

第九十五条 房屋权属证书、登记证明，由国务院建设主管部门统一制定式样，统一监制，统一编号规则。

县级以上地方人民政府由一个部门统一负责房屋和土地登记工作的，可以制作、颁发统一的房地产权证书。房地产权证书的式样应当报国务院建设主管部门备案。

第九十六条 具有独立利用价值的特定空间以及码头、油库等其他建筑物、构筑物的登记，可以参照本办法执行。

第九十七条 省、自治区、直辖市人民政府建设（房地产）主管部门可以根据法律、法规和本办法的规定，结合本地实际情况，制定房屋登记实施细则。

第九十八条 本办法自 2008 年 7 月 1 日起施行。《城市房屋权属登记管理办法》（建设部令第 57 号）、《建设部关于修改〈城市房屋权属登记管理办法〉的决定》（建设部令第 99 号）同时废止。